中国高铁出版工程——运营管理系列

高速铁路安全运营的自然灾害预警系统

胡启洲　郭　庆　著

西南交通大学出版社
·成　都·

图书在版编目（CIP）数据

高速铁路安全运营的自然灾害预警系统 / 胡启洲，郭庆著. —成都：西南交通大学出版社，2018.9
（中国高铁出版工程. 运营管理系列）
ISBN 978-7-5643-6319-2

Ⅰ. ①高… Ⅱ. ①胡… ②郭… Ⅲ. ①高速铁路 – 自然灾害 – 预警系统 Ⅳ. ①U238

中国版本图书馆 CIP 数据核字（2018）第 177662 号

中国高铁出版工程——运营管理系列
高速铁路安全运营的自然灾害预警系统
胡启洲　郭　庆　著

责 任 编 辑	孟苏成
封 面 设 计	SA 工作室
出 版 发 行	西南交通大学出版社 （四川省成都市二环路北一段 111 号 西南交通大学创新大厦 21 楼）
发行部电话	028-87600564　028-87600533
邮 政 编 码	610031
网　　　址	http://www.xnjdcbs.com
印　　　刷	四川煤田地质制图印刷厂
成 品 尺 寸	170 mm × 230 mm
印　　　张	14
字　　　数	227 千
版　　　次	2018 年 9 月第 1 版
印　　　次	2018 年 9 月第 1 次
书　　　号	ISBN 978-7-5643-6319-2
定　　　价	50.00 元

图书如有印装质量问题　本社负责退换
版权所有　盗版必究　举报电话：028-87600562

前 言

1964年10月1日，随着世界上首条高速铁路（High-Speed Railways）在日本的正式营运，高铁开启了交通发展的新时代。"交通强国，铁路先行，高铁领头"，高速铁路作为一种安全可靠、快捷舒适、运载量大、低碳环保的运输方式，已经成为世界交通业发展的主流交通方式，引领人类走向新时代。但是高速铁路的安全问题也是大家关注的热点问题。本书在对高速铁路安全运营的现状和客观态势分析的基础上，从"动态跟踪、态势评估、预警管理"理念出发，探寻自然灾害导致高速铁路交通事故的发生机理，建立高速铁路安全运营的自然灾害预警系统，给出自然灾害下高速铁路安全运营的管理措施和方法。而高速铁路安全运营的自然灾害预警系统包含了高速铁路安全运营的横风灾害预警系统、雨量预警系统、温度预警系统、地震灾害预警系统、地质灾害预警系统、雷电预警系统等子系统。通过该预警系统，可以提高自然灾害下高速铁路安全运营评估和预警能力，实现高速铁路安全、快捷、经济、低碳、环保的发展目标，并为改善高速铁路安全状况提供理论依据与技术支撑。

本书得到了中央高校基本科研业务费专项资金资助项目"高铁环境下经济圈交通网络资源优化配置的关键技术研究"（NO.30916011338），河南省重点科技攻关项目"应急交通抢修的智能决策技术"（NO.182102310004），国家铁路局科技计划项目"铁路旅客运输服务能力与运行动态监测分析方法研究"（NO. YJ2018-10）和江苏省"六大人才高峰"高层次人才项目（NO. JXQC-021）的资助，在此表示感谢。

本书由胡启洲团队创作，高宁波、吴鹏、郑丽媛、刘琛、刘倩茜、陈杰等研究生参与了编写工作。

由于作者水平有限，书中难免存在不妥之处，敬请读者批评指正。本书可作为高等院校交通运输工程、管理科学、系统工程、应用数学等有关专业的高年级学生和研究生教材，也可以作为研究人员、工程技术人员和相关学者的参考书。

作　者

2018 年 5 月

目 录

第1章 绪 论 ·· 1
   1.1 研究背景 ··· 2
   1.2 国外高速铁路自然灾害预警系统 ······················· 3
   1.3 我国高速铁路的自然灾害预警系统 ····················· 7
   1.4 主要预警内容 ·· 10

第2章 高速铁路安全运营的地震灾害预警系统 ················ 14
   2.1 地震预警系统的现状分析 ····························· 15
   2.2 高速铁路地震灾害预警系统 ·························· 22
   2.3 地震对高速铁路安全运营的影响机理 ················· 28
   2.4 高速铁路的地震预警系统 ····························· 37
   2.5 高速铁路的地震预警模式 ····························· 40
   2.6 小 结 ·· 52

第3章 高速铁路安全运营的雷电预警系统 ···················· 53
   3.1 高速铁路防雷预警系统的现状分析 ··················· 54
   3.2 雷电对高速铁路安全运营的影响机理 ················· 58
   3.3 高速铁路安全运营的雷电预警系统 ··················· 66
   3.4 小 结 ·· 76

第4章 高速铁路安全运营的温度预警系统 ···················· 77
   4.1 温度灾害预警系统现状分析 ·························· 77
   4.2 温度对高速铁路安全运营的影响机理 ················· 83
   4.3 高速铁路安全运营的温度预警系统 ··················· 88
   4.4 高速铁路轨道温度的预警系统 ······················· 90
   4.5 小 结 ·· 97

第 5 章 高速铁路安全运营的暴雨预警系统 ………… 98
5.1 暴雨预警系统研究现状 ………………………… 99
5.2 暴雨灾害下高速铁路安全运营的预警机理 ……… 104
5.3 雨量对高速铁路安全运营的影响机理 …………… 107
5.4 高速铁路安全运营的暴雨预警系统 ……………… 113
5.5 暴雨灾害下高速铁路安全运营的预警系统 ……… 116
5.6 小 结 …………………………………………… 122

第 6 章 高速铁路安全运营的地质灾害预警系统 ……… 124
6.1 地质灾害预警系统研究现状 …………………… 126
6.2 泥石流对高速铁路安全运营的影响机理 ………… 128
6.3 高速铁路安全运营的泥石流灾害预警架构 ……… 138
6.4 高速铁路泥石流灾害预警系统 ………………… 139
6.5 小 结 …………………………………………… 146

第 7 章 高速铁路安全运营的横风灾害预警系统 ……… 147
7.1 横风预警系统研究现状 ………………………… 148
7.2 高速铁路安全运营的横风影响机理 ……………… 157
7.3 高速铁路安全运营的风速预测机理 ……………… 162
7.4 高速铁路安全运营的横风预警阈值 ……………… 163
7.5 高速铁路安全运营的横风预警系统 ……………… 167
7.6 高速铁路安全运营的强风预警系统 ……………… 177
7.7 小 结 …………………………………………… 183

第 8 章 高速铁路安全运营的自然灾害综合预警系统 …… 185
8.1 高速铁路安全运营的自然灾害综合监控系统 …… 186
8.2 高速铁路安全运营的自然灾害预警模型 ………… 191
8.3 高速铁路安全运营的自然灾害综合预警机理 …… 202
8.4 高速铁路安全运营的自然灾害预警系统 ………… 204
8.5 小 结 …………………………………………… 211

参考文献 ………………………………………………… 212

第 1 章 绪 论

到 2017 年年底，我国高速铁路运营里程达到 2.5 万千米，居世界第一，占世界高速铁路总里程的 65%以上。我国高速铁路与其他铁路共同构成了快速客运网，形成了"四纵四横"高速铁路网络，而世界上其他国家和地区高速铁路基本上是单线运行。特别是随着"复兴号"的运行，我国高速铁路进入了新的发展时期。2016 年 7 月，中国发布了《中长期铁路网规划》，勾画了新时期"八纵八横"和"四大跨国干线"高速铁路网络。到 2020 年，我国高铁运营里程将达到 5 万千米以上，连接所有省会城市和 50 万人口以上城市，覆盖全国 90%以上人口，实现"人便其行、货畅其流"的目标。但高速铁路在快速发展的同时，安全问题也越来越引起大家的关注，特别是自然环境复杂背景下的高速铁路安全运营问题。

我国地域辽阔，地形地质复杂，气候类型多样，致使自然灾害较为严重，灾害的种类多，发生频率高，且分布地域广。特别是横风、暴雨、地震、泥石流、温度、雷电等灾害一直是影响我国高速铁路行车安全的重要因素，基本上凡有高速铁路经过的地方均受不同程度的自然灾害侵袭，且往往在一种诱发因素作用下形成群发性的灾情。自然灾害平均每年造成铁路运输中断 100 余次，累计 1 000～2 000 h，最高峰曾达到年断道 211 次。如我国西北地区，高速铁路运营面临横风和沙尘暴问题；东北地区，高速铁路运营面对暴雪问题；西南地区，高速铁路运营面临泥石流问题；东南地区，高速铁路运营面临暴雨问题等。图 1.1 显示了从 2009 年至 2015 年铁路交通事故 10 亿吨公里事故率的变化趋势。

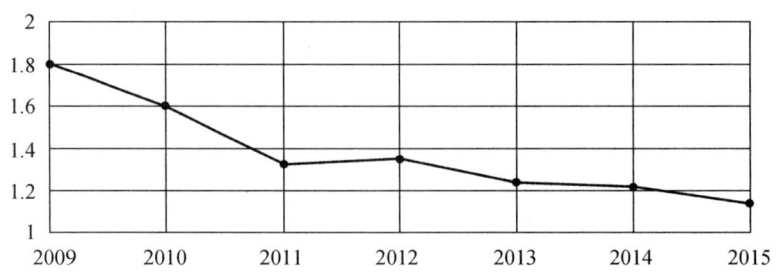

图 1.1　2009 年至 2015 年铁路交通事故 10 亿吨公里事故率趋势图

随着高速铁路运营速度的不断提高，发车密度不断加大，除了要求机车车辆、线路、供电以及通信信号设备等可靠性高外，还要对各种可能发生的自然灾害（横风、暴雨、地震、泥石流、雷电、温度等）事故以及设备故障等进行全面有效的预警和监测，这样才能保证高速铁路的安全运营。

目前，各种自然灾害给我国铁路部门造成了巨大损失，也对高速铁路安全、正点运行构成了极大的威胁。例如，2011 年 7 月 23 日，雷击造成温州南站附近沿线铁路牵引供电接触网故障，由北京南站开往福州站的 D301 次动车组与由杭州站开往福州南站的 D3115 次动车组列车发生追尾事故，造成 40 人死亡，约 200 人受伤。2014 年 5 月 13 日，因受暴雨灾害影响，广州南站至深圳北站区段内发生泥石流灾害，导致该区段内动车组列车停运约 9 h。2015 年 5 月 31 日，因风灾导致供电网接触网停电，哈尔滨至大连高铁沈阳至大连区段内 10 多趟高铁列车不能正常通行。由此可见，自然灾害给高速铁路的安全运营造成了很大危害。

1.1　研究背景

由于高速铁路上列车运营速度极快，一旦遇上灾害环境，就极易发生特大交通事故。特别是在近几年来自然灾害频繁出现的情况下，随之而来的高速铁路安全问题也日益突出，灾害环境诱导的交通事故已造成了严重的社会影响和经济损失。因此，如何应用交通工程理论及现代科学技术，在现有铁路系统的基础上，通过对灾害环境下高速铁路安全的风险界定、预警监测和应急管理的研究，提高高速铁路安全管理水平，减少交通事故,几乎是所有国家面临的重要问题。

自然灾害引发的高速铁路安全风险主要是极端天气,如暴雨、大风、地震、沙尘、冰雹、雷电和大雾等。因此,自然灾害环境下高速铁路安全的风险界定与应急管理研究是指通过对过去已经发生自然灾害环境下高速铁路事故的资料进行统计分析和处理提炼,结合现场模拟实验,掌握各种自然灾害影响下各类事故发生的作用机理,发展变化规律,在此基础上,建立科学评估系统,然后根据评估模型以及实时现状对还不明确的事故预先做出合乎逻辑的推断,进而根据危害程度进行及时的超前预测、预报,并定出相应的预警级别,最后依据预警级别提出相应的管理措施。

因此,本书针对自然灾害环境下高速铁路安全运营的现状和宏观态势进行深入探讨,研究各类交通事故发生与各种灾害环境类型、强度、特征之间的相互关联度,建立自然灾害环境下高速铁路安全的风险界定与应急管理测定的理论体系,以提高高速铁路安全运营评估和预警能力,找准症结并对症下药,变交通安全管理的被动防范为主动预防,并逐步形成有序运行与交通安全之间的互动机制,实现高速铁路安全有序、快捷方便、经济合理的可持续发展目标。

1.2 国外高速铁路自然灾害预警系统

高速铁路安全运营的自然灾害预警系统是保证高速铁路行车安全的主要系统。自然灾害预警系统对危及高速列车运行安全的自然灾害(风、雨、雪、地震、地质、温度等)、异物侵限以及突发事件等进行实时监测,采集和汇总各类监测设备的监测信息,实现监测信息的分布获取、集中管理、综合运用,全面掌握灾害动态,提供及时准确的灾害报警和预警功能。自然灾害预警系统依据灾害严重程度立即采取相应的紧急处置措施,防止或减轻因灾害引发的损失,避免次生灾害,并为调整运行计划,下达行车管制、抢险救援、维修等工作提供数据基础依据,是现代化铁路运输系统中不可缺少的重要技术保障。

高速铁路列车运行的安全性,是世界各国铁路部门特别重视的问题。以日本、法国、德国等国家为代表的高速铁路,一直把确保旅客生命财产和行车安全放在首位,把安全技术作为高速铁路的先导型核心技术加以系统研究。这些国家均在高速铁路建设的先期就开始规划并建设针对自然灾害的监测系统,并针对其所处的自然环境、地理条件以及运营条件的不同,分别采取了各自不同的安全保障措施,并通过实际运用不断完善和提高,以防止或减轻自然灾害或突发事件对高速铁路行车安全的危害。

1.2.1　日本高速铁路的自然灾害预警系统

日本是一个台风、暴雨、地震、滑坡及大雪等自然灾害频繁发生的国家,铁路经常遭受自然灾害的侵袭。据统计,日本铁路大约有 1/3 的行车事故是由各类自然灾害引发的。自然灾害严重威胁着日本高速铁路的行车安全,特别是其引发的次生灾害(也称二次灾害)不但导致重大行车事故,而且造成了重大的经济损失。因此,日本铁路部门非常重视对自然灾害的研究、防治工作,自新干线建成运营以来,经过 50 余年的不断研究和开发,已经从简单的观测、报警、防护等逐步构建形成一整套完善的自然灾害预测系统,可对地震、强风、暴雨和大雪等自然灾害进行检测,确保日本铁路的安全运营。按照灾害信息的种类和系统功能划分,日本铁路的自然灾害监测系统分为自然灾害预测系统和自然灾害检测系统。日本自然灾害预测系统是根据监测数据对灾害发生的可能性进行预测,通过采取灾害前的预警措施和行车规定,保障行车安全;日本自然灾害检测系统是针对已经发生的灾害,通过检测判断,阻止列车进入灾害区段,避免次生灾害的发生。日本铁路还制定了灾害情况下相应的行车安全规则,以降低灾害对行车的影响,并已研究开发了很多针对不同自然灾害的自动监控系统,如地震紧急检测报警系统、防灾管理控制系统、气象信息系统、河流信息系统、轨温监测系统等[1-3]。

目前,日本新干线采用的是综合自然灾害监测系统(见图 1.2),它是通过设置在沿线的雨量计、风向风速仪、水位计和相应地点的地震仪等观测装置和落石、滑坡、泥石流等沿线灾害检测装置,以及轨温及异物入侵检测设备,基础设施、大型建筑物和车站灾害监测设备,沿线防护开关和防护电话等,将沿线的各类灾害信息全部送到中央调度控制室并严密监视线路的状态,一旦发生灾害,系统自动发出警报,阻止列车运行，确保新干线行车安全。

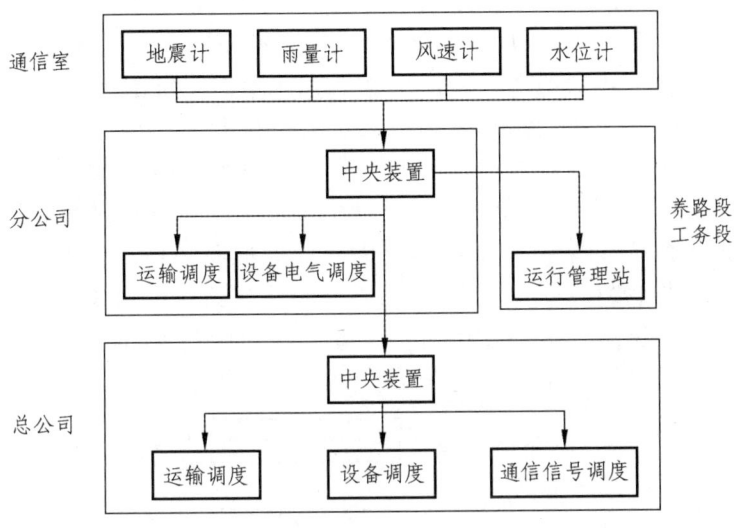

图1.2 北海道综合防灾信息系统结构示意图

日本防灾信息系统采用自动控制、自动监测、自动检测、自动报警及卫星通信、数据通信、微机处理等先进技术，使得新干线的防灾能力有了很大提高。所以，日本新干线运行50多年来，事故率极低。日本高速铁路系统不仅从技术上对设备本身状态和自然灾害进行实时监测，设置保证安全的防护工程，建立严格的管理体制，制定严密的异常状况下的列车运行管理规则，还制定和颁布了保证高速铁路安全运营的国家法律。事实证明，日本铁路采用的自然灾害监测系统效果十分明显，铁路行车事故大大降低，基本上能够控制次生灾害的发生。

1.2.2 法国高速铁路的自然灾害预警系统

法国地中海高速铁路为有砟轨道结构，运营速度达到300~320 km/h，其自然灾害预警系统中心设在马赛，沿线设置大风、地震、异物侵限和防护开关等安全防灾监测设备，通过法国国家铁路的通信网络将监测点和监控中心相连。在法国列车自动控制系统（ATC, Automatic Train Control）中，除完成速度自动控制外，还增加了设备状态和自然环境检测、报警子系统，进一步强化了列车安全运行的保障功能。

法国自然灾害监测系统包括列车自动检测（轮轴不转或防滑系统双重故障，万向节的失衡和断裂，转向架的稳定性能检测）、接触网电压检测、热轴检测、降雨监测、降雪监测、大风监测、立交桥下落物监测等7个子系统装置。法国高速铁路沿线设有防护开关和应急电话，还和国家地震局在地中海线设置了地震监测系统。法国铁路和国家地震局在地中海沿线联合设置了24个无人值守地震监测站。监测站间拥有光缆和卫星两套通信系统，保证信息可靠传输，同时监测系统（见图1.3）还连接到法国国家地震验证中心[4-5]。地震监测系统由铁路出资、使用，国家地震局设计、建造。地震发生后的强度级别确认及灾后救援由国家地震局验证中心和法国铁路共同进行。

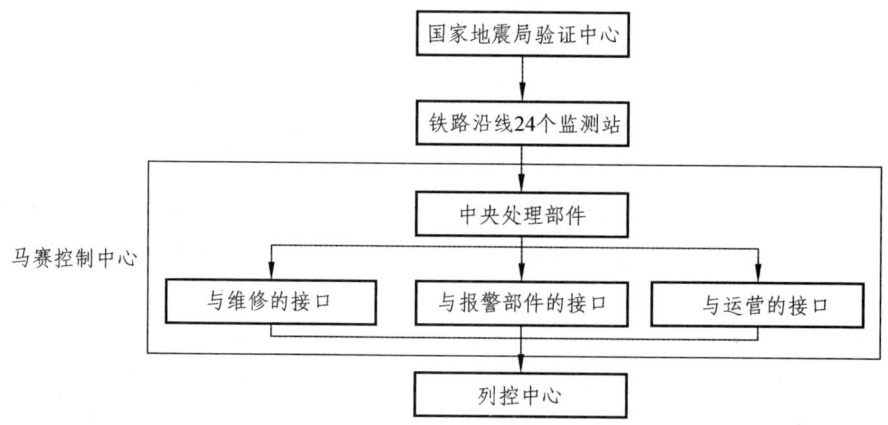

图 1.3　法国地中海线地震预警系统

1.2.3　德国高速铁路的自然灾害预警系统

德国高速铁路不同于日本、法国两国的高速铁路，德国高速铁路属客、货混运型，且隧道约占线路总长的1/3，因此，隧道内的行车安全成为其安全保障的重点。德国高速铁路制定了严格有效的防范措施。例如，禁止无加固和防护措施的货物列车或装有危险货物的列车驶入隧道；尽可能减少客、货列车在隧道内交会，并要求限速运行；专门制造了两列隧道救援列车，随车带有医疗卫生救助设备，并同地方政府共同组织消防、救援队，当出现意外事故时，能及时进行救援。

德国高速铁路也采用了新型防灾报警系统（见图1.4），除可监督线路装备的运用状况外，还可识别和及时报告环境对行车安全的影响，以及移动设备发生破损的情况。该警报系统在全线南、北、中段设有中央控制单元，相互连通；每个中央控制单元又连接若干设在沿线总站信号楼内的各种报警和记录单元，并与之进行信息和命令交换。记录单元接受安装在沿线的探测报警仪器采集的信息。这些探测报警仪器主要有：热轴探测器、隧道气流报警设备（在长度大于1.5 km的隧道内安装）、风测量仪（在所有桥梁上安装）、火灾报警仪、道岔加热设备、沿线设置防护开关、隧道口坍方报警仪。隧道两端及隧道内每1 000 m设置应急电话，仅需扳动手柄就可打开电话箱，紧急呼叫的信息具有绝对优先权[6-8]。

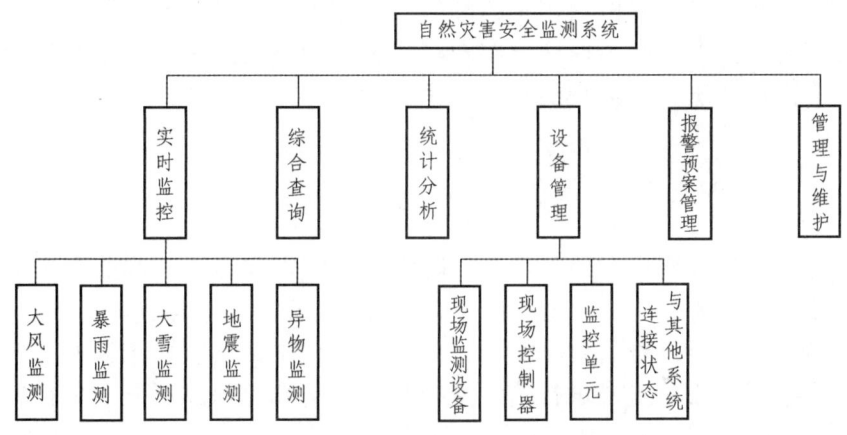

图1.4 德国高速铁路防灾预警系统

1.3 我国高速铁路的自然灾害预警系统

我国国土面积辽阔，地区自然条件差异较大，自然灾害呈现种类多、频率高、区域性和季节强等特点。高速铁路具有跨区域的特点，各种自然灾害都可能对高速铁路运输造成不利影响。自然灾害对我国高速铁路的主要影响有：

（1）气象灾害对高速铁路的影响：我国春季西北地区的沙尘暴及新疆地区的大风、夏季东南沿海地区的台风、冬季北方地区的冰雪等对高速铁路运输带来不便。

（2）地质灾害对高速铁路的影响：我国西南地区地质结构复杂，容易产生塌方、泥石流等，影响高速铁路安全运营。

（3）地震灾害对高速铁路的影响：我国部分地区地震灾害呈活跃趋势，而且突发性和破坏性极强，防范难度较大，因此对高速铁路的安全运营带来很大不便。

我国高速铁路自然灾害监测系统由风、雨、雪以及异物入侵等现场监测设备，沿线 GSM-R（Global System for Mobile Communications - Railway）基站设置的现场监控单元、各站监控数据处理设备、各站综合工区工务值班室工务终端、各站调度所设备以及传输网络等组成。其中风、雨监测设备由风向风速仪、雨量计及相应的采集传输单元组成，异物侵限监测设备由双电网传感器和轨旁控制器以及异物监测模块组成。高密度的监测点提高了高速铁路自然灾害监测系统的可靠性，是保障我国高速铁路系统安全运行的重要技术手段。

1.3.1 自然灾害的预警系统

高速铁路自然灾害预警系统由防灾安全管理和客运专线防灾安全监控两级系统构成，并与调度指挥、应急救援、行车安全监控、客运服务、综合维修、牵引供电、列车控制、中国气象科学数据共享服务网和国家强震监测网等相关系统进行信息交换和共享。高速铁路自然灾害预警系统总体结构如图 1.5 所示。

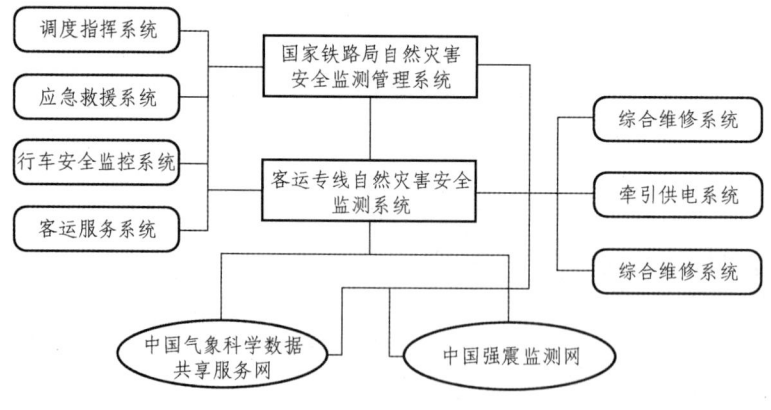

图 1.5 高速铁路自然灾害预警系统

我国高速铁路自然灾害预警系统充分利用铁路既有计算机网络通道资源，自然灾害监测系统总体联网结构如图 1.6 所示。

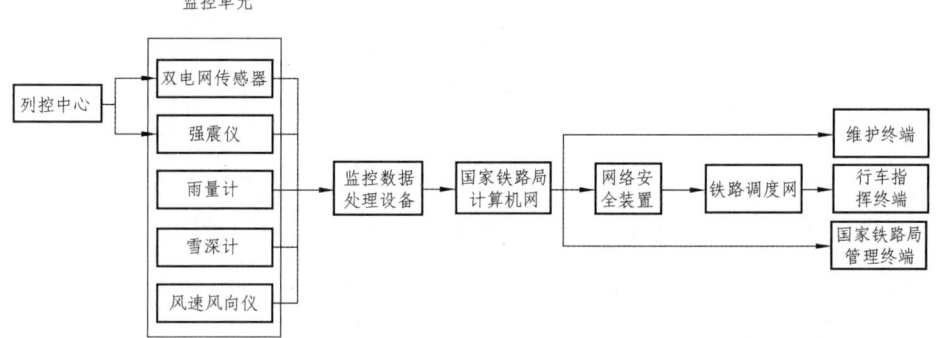

图 1.6　高速铁路自然灾害预警系统结构

由图 1.6 可知，我国高速铁路自然灾害预警系统工作过程如下：

（1）风、雨、雪、地震及异物等入侵现场监测点经由相邻 GSM-R 基站、车站通信机械室通过 2 Mb/s 专线通道接入铁路计算机网络，实现与交通运输部和客运专线公司的网络连通。

（2）交通运输部防灾安全管理系统和客运专线自然灾害监测系统分别接入本地生产局域网。

（3）中国气象科学数据共享服务网和国家强震监测网通过 Internet 接入铁路安全信息平台，实现与交通运输部和客运专线公司的网络连通。

1.3.2　自然灾害的预警功能

交通运输部灾害安全管理系统构建全路防灾安全管理统一平台，提供灾害安全的宏观管理、信息共享、决策支持分析等。主要功能包括：全路监测网布局、报警阈值设定、紧急处置措施、监测设备选型、运用情况和应急预案管理等，提供相关基础数据和监测数据等，并掌握灾害监测报警和设备运用状态，对各客运专线自然灾害监测系统的运行情况进行监督和指导，通过对全线路灾害监测数据的分析，为铁路自然灾害监测系统建设提供决策支持服务。高速铁路自然灾害预警系统功能如图 1.7 所示。

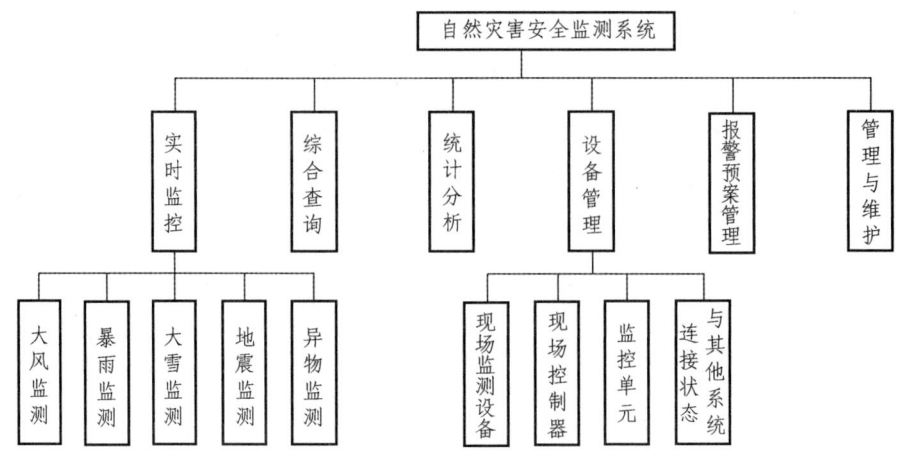

图 1.7　高速铁路自然灾害预警系统功能

高速铁路自然灾害预警系统由沿线现场监测点（风、雨、雪、地震灾害及异物入侵监测设备）、监控单元、监控中心和相关系统接口等 4 部分构成，提供自然灾害及突发事件的实时监测、报警和预警功能，实现灾害报警紧急处置，最大限度地减少因灾害导致的损失，防止次生灾害发生。

1.4　主要预警内容

我国自然灾害种类多，但对高速铁路安全运营影响最大的自然灾害有：横风、雷电、地震、地质、温度、暴雨等。因此，自然灾害下，要保证高速铁路行车安全运营，就必须对自然灾害进行风险识别和预警管理研究。本书在总结横风、雷电、地震、地质、温度、暴雨等自然灾害发生机理的基础上，通过研究国内外高速铁路安全运营监控系统，提出了一套适合我国高速铁路的自然灾害预警系统。该预警系统能够在自然灾害发生之前，提前对高速铁路采取控车模式，控制列车减速或者停车，降低灾害损失，实现实时监测与预警。该预警系统在获取自然灾害数据之后，对数据进行分析，获取灾害安全风险阈值，若超过所设定的安全阈值，则开始进行预警。高速铁路自然灾害预警系统架构如图 1.8 所示。

第1章 绪 论

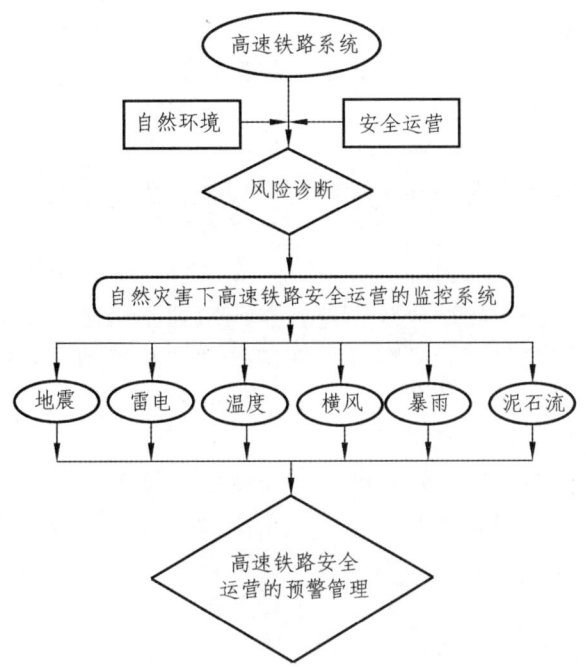

图 1.8 自然灾害下高速铁路安全运营的预警系统

由图 1.8 可知，构建自然灾害下高速铁路安全运营预警系统的目的在于：在灾害发生之前，提前对高速铁路采取控车模式，控制列车减速或者停车，降低灾害损失，实现实时监测与预警。其预警流程如图 1.9 所示。

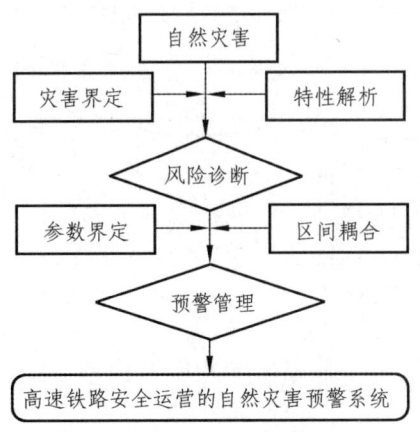

图 1.9 预警系统架构

高速铁路安全运营的自然灾害预警系统在获取自然灾害数据之后，对数据进行分析，获取自然灾害安全风险阈值，若超过所设定的安全阈值，则开始进行预警。因此，本书的主要内容为：

（1）对自然灾害特性进行解析。主要针对横风、雷电、地震、地质、温度、暴雨等自然灾害对高速铁路行车安全造成的影响，分析其自然灾害特性，以此确定影响高速行车安全的关键参数。

（2）对灾害影响机理进行分析。不同的自然灾害对高速铁路行车安全的影响机理不同，如横风对高速铁路的影响是由于列车迎风侧和背风侧流场的非对称性，车辆必然经受横向气动力和气动力矩的作用；而地震则是由于纵波和横波的共同作用引起。故不同的灾害条件下，其影响参数亦不同，其参数的确定至关重要。

（3）对关键参数进行量化解析。在确定关键参数之后，根据经验值以及不同的预测模型，划分不同的安全等级，界定参数的预警阈值。

（4）构建高速铁路安全运营的自然灾害预警系统。在对自然灾害进行特性解析、灾害影响机理分析、关键参数确定的基础上，构建自然灾害条件下高速铁路安全运营的预警系统。

因此，本书在分析我国自然灾害特性的基础上，研究横风、雷电、地震、地质、温度、暴雨等灾害对列车运行安全的危害性，结合我国高速铁路实际情况，提出自然灾害下高速铁路安全监测系统的总体结构、系统功能，建立横风、雷电、地震、地质、温度、暴雨等预警方法，实现横风、雷电、地震、地质、温度、暴雨等自然灾害对高速铁路安全运营影响的实时预警目的。所以，本书的研究技术路线如图1.10所示。

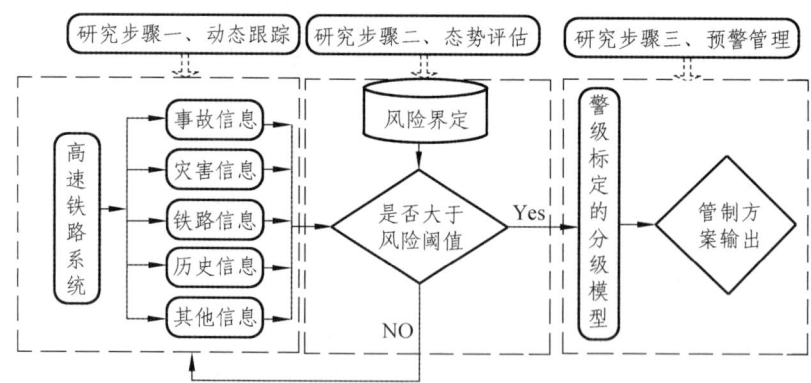

图 1.10　技术路线

本书将基于我国自然灾害（自然灾害主要是：横风、雷电、地震、地质、温度、暴雨等）下高速铁路安全运营的实际情况，充分吸收和借鉴国际先进理论和技术，并在我们已有研究工作基础上，综合应用系统科学、不确定性数学方法、非线性科学、动力系统理论和交通工程理论等，在对自然灾害下高速铁路安全运营的现状分析基础上，从"动态跟踪、态势评估、预警管理"理念出发，构建自然灾害下高速铁路安全运营的预警管理方法，以减少交通事故的发生，使高速铁路运营达到安全、快捷、经济、舒适和低公害的目的，为改善高速铁路安全运营状况提供理论依据与技术支撑。同时，通过对已有灾害监测和报警数据的统计分析，为进一步完善高速铁路系统设计，优化高速铁路系统功能提供数据支撑。

第 2 章 高速铁路安全运营的地震灾害预警系统

地震是对高速列车安全运营威胁最大的自然灾害之一，而且人类对地震防范能力有限，无法有效预防。特别是在目前地震预报技术还不是很成熟的情况下，研究地震预警技术是减轻或避免地震对高速铁路安全运营危害的重要措施。如 2004 年 10 月，日本新潟发生 6.8 级地震，在地震发生时，行驶于浦佐至长冈间的新干线列车"朱鹮 325 号"发生脱轨事故，如图 2.1 所示，由 10 节车厢组成的列车中有 7 节车厢脱轨，所幸没有造成人员伤亡。本章研究地震预警技术的原理及其在高速铁路方面的应用，主要对国内外已有的高速铁路地震预警系统的发展现状进行综合分析，构建我国高速铁路的地震预警系统。

高速铁路安全运营的地震预警系统，主要是针对高速铁路预警系统的报警阈值、监测点的布置、列车控制方式和预警系统的基本组成等关键问题进行系统研究。本章通过借鉴国内外高速铁路地震预警的经验，针对我国高速铁路建设运行情况和地震地质条件进行深入研究，建立高效、可靠、可行的高速铁路地震预警系统。

图 2.1 2004 年因地震而脱轨的新干线列车"朱鹮 325 号"

结合我国国情和铁路交通自身特点，从地震信息识别与分析，地震报警与铁路列控系统、调度中心、车站等重要场所接口关系，地震报警与铁路防灾安全监控系统关系等方面进行研究。重点分析地震监测信息采集和判识、地震报警阈值、地震监控系统与铁路防灾安全监控系统融合及信息共享等内容。

2.1 地震预警系统的现状分析

高速铁路由于列车高速度、高密度运行，对行车安全保障体系提出了更高的要求。世界各国在修建高速铁路时，建立了高速铁路安全监测系统。而高速铁路安全监测系统主要针对风、雨、轨温、崩塌和落石、地震等自然灾害进行防范和监测。在危害高速铁路安全运行的众多自然灾害中，地震是一种发生概率较小，但危害性最大的突发性灾害。当列车在低速运行时地震的危害性不是很突出，但由于轮轨之间的横向力与列车运行速度的平方成正比，当速度超过 200 km/h 时，即使是较小的地震也可能造成列车出轨甚至翻车的重大安全事故。如 2010 年 3 月 5 日，我国台湾高雄发生里氏 6.7 级地震，造成高速铁路列车出轨。所以，为了防止或减轻地震对高速铁路的危害，世界上已经拥有高速铁路的国家和地区都针对高速铁路建立了地震预警系统。我国也是地震多发国家，也在研究高速铁路安全运营的地震预警系统。

2.1.1 日本地震灾害预警系统

日本是个多地震的国家，建立了许多地震检测警报系统。日本铁道综合技术研究所开发了 UREDAS（早期地震检测警报系统，Urgent Earthquake Detection and Alarm System）系统，其工作原理是：地震发生时，由设置在检测点的 P 波检测仪检测 P 波，在 4 s 内推断地震的震级、位置及震源深度，并对可能受害的线路区段发出警报，感震器就会启动，停止对前后约 40 km 区间的供电，列车就紧急制动，停止运行，从而保证在危害较大的 S 波传到新干线之前将列车运行速度降至 100～170 km/h，减小有可能产生的损失或事故发生的概率[9]。为应对日本内陆地震，建立了沿铁路线每隔 20 km 设置地震仪的检测系统；为对付太平洋中的地震，建立了沿海岸线每隔约 80 km 设置地震仪的检测系统。

特别是地震发生后,针对不同的地震强度,日本采取不同的处理措施,见表 2.1。

表 2.1 地震时新干线铁路行车和检查规定

地震的规模	运行规定	检查方法	备 注
<0.8 m/s^2	>30 km/h	—	供电停止后马上再次送电恢复行车
0.8~1.2 m/s^2	<30 km/h	乘车巡视	养路、供电维修人员乘车巡回时以 70 km/h 以下速度运行
>1.2 m/s^2	停止运行	徒步巡视	巡视结束后以 70 km/h 以下速度运行

日本除在沿线(大部分在变电所)设置加速度报警检测仪及显示用地震仪外,东北、上越、长野新干线还沿海岸线设置地震监测系统,以便提前检测到 40 Gal(Gal 常用于地震工程学中,用来描述地震加速度)以上的地震波。东海道和山阳新干线由于距东海及关东地震区很近,则采用了更为先进的"地震 P 波早期监测警报系统(UREDAS)",利用沿线地震报警仪(设定 40Gal)和 M(震级)-Δ(距震中距),对运行管制区域进行判断和管制[10-12]。日本地震信息系统如图 2.2 所示。

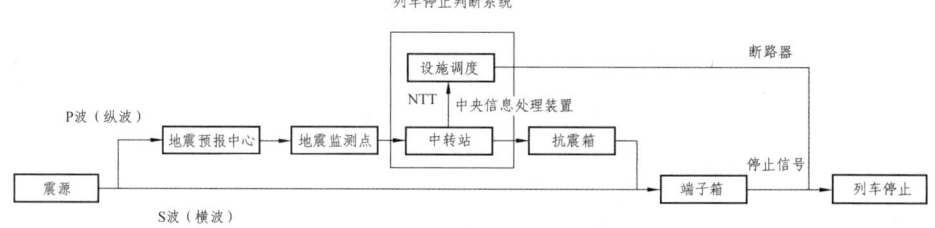

图 2.2 日本地震信息系统

为了能提早检测到地震的发生,在地震主震到达线路之前,有尽可能多的时间让高速运行的列车减速,并防止列车进入受灾区,发生地震时的处理过程[13-15]如图 2.3 所示。

第 2 章 高速铁路安全运营的地震灾害预警系统

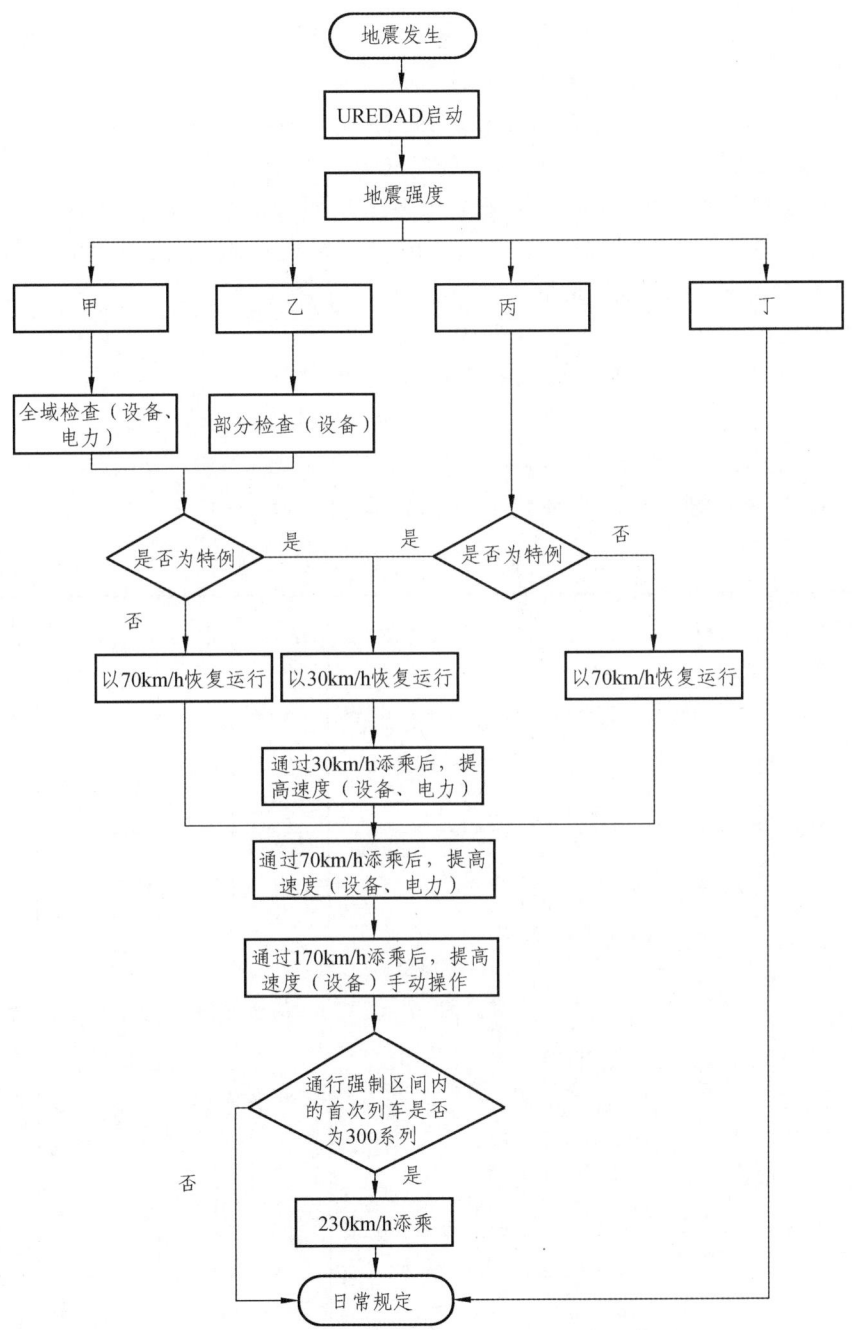

图 2.3 日本地震发生时的处理过程框图

（1）注 1：图 2.3 中，"地震强度"是早期监测系统判定的地震强度。而"特例"是指以下情况之一：

情况一：连续降雨量达到 120 mm 以上时发生地震；
情况二：气温上升，轨道温度达 50 °C 以上时发生地震；
情况三：日落以后（包括浓雾）发生地震（地震强度丙时除外）。

（2）注 2：图 2.3 中，甲、乙、丙、丁是根据震级-震中距关系曲线划分的为恢复行车而采取相应措施的 4 档规定：

规定一：甲——停车后对全线巡检；
规定二：乙——停车后对部分区间巡检；
规定三：丙——停车后，从 70 km/h 逐步提速；
规定四：丁——没有停车后规定。

日本发生地震时列车运行规则见表 2.2。

表 2.2　日本发生地震时列车运行规则

震感器最大值/Gal	判定震度	运行规则		紧急巡检		提速/(km/h)		
		停车	限速	地面巡检	添乘巡检	30	70	>70
[40,80]	<3	—	监管范围内 70 km/h 以下，但判定震度未明确前 30 km/h 以下，特例 30 km/h 以下	—	无	—	设备电气	设备
	>4	—	监管范围内 30 km/h 以下，但有设备及电气人员添乘 70 km/h 以下，特例 30 km/h 以下	—	特例时同限速区间	设备电气	设备电气	设备
[80,120]	<3	—	监管范围内 30 km/h 以下，但有设备及电气人员添乘 70 km/h 以下，特例 30 km/h 以下	—	特例时同限速区间	设备电气	设备电气	设备
	4	监管范围内	监管范围内，有设备及电气人员添乘 70 km/h 以下，特例 30 km/h 以下	停车区间的特定地点	特例时同限速区间	设备电气	设备电气	设备
	>5	监管范围内	监管范围内，有设备及电气人员添乘 70 km/h 以下，特例 30 km/h 以下	停车区间	特例时同限速区间	设备电气	设备电气	设备
[120,∞]	—	监管范围内	监管范围内，有设备及电气人员添乘 70 km/h 以下，特例 30 km/h 以下	停车区间	特例时同限速区间	设备电气	设备电气	设备

2.1.2 法国地震灾害预警系统

法国不但是一个高铁强国，也是一个地震频发国家。法国在整个高速线路上建立了地震预警系统。地中海线地震监控网的中心设在法国马赛，主要基于 SNCF［法国国家铁路公司（法语：Société nationale des chemins de fer français，SNCF）］的通信网络。法国在高铁沿线设置了 24 个监测点，平均 10 km 设置 1 个监测点，24 个监测点构成了法国的地中海线地震预警系统[16-18]，如图 2.4 所示。而且法国在监测站间拥有 2 套通信网络，保证地震信息可靠传输，同时系统还连接国家地震局检验中心。各地震监测点与在马赛的控制中心相连，当中心接收到地震监测点的报警信息时，中心要经过与国家地震局检验中心验证，然后通过控制中心传输至列车控制系统，并根据设定的报警阈值向列车发出运行控制指令。该系统的报警准确率高，但是信号的传输环节过多、延时长，且控制中心需要人工发出列车制动指令。

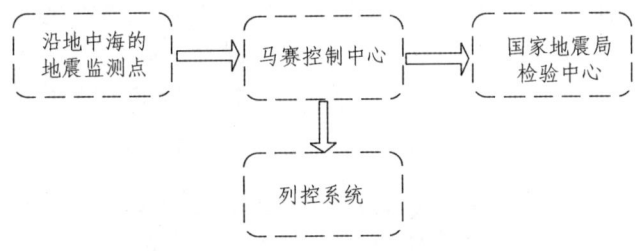

图 2.4　法国地中海线地震预警系统

与日本不同，法国地中海线的监测点站房不设在牵引变电所，而是在沿线单独设置，为地下型站房，四周有防护网。设置在地下的优点是保持室温，避免安装空调。法国监测点之间具备双通道网络连接，负责每个区段的局部监测是各自独立工作的，但与中央的决策系统（马赛控制中心）相连，以形成地震监测网络。

法国马赛控制中心具有双机冗余的判别处理和报警装备，接收到相邻 3 个监测站的地震报警信息后（若某一监测站单独发出报警，系统处理为非地震警报信息，以防止误报），要通过国家地震部门验证（验证中心位于原子能机构内），确认后向列车控制系统发出控制列车运行的信息。

在高速铁路地震防灾建设较为完备的日本和法国，由于具体情况不同，采取了不同的报警方式，见表 2.3。

表 2.3　日本新干线和法国地中海线地震报警方式比较

名　称	日本新干线	法国地中海线
控车方式	向牵引供电系统发出控制信息停止供电，列车立即制动	向列控系统发出停车信号
报警主体	沿线地震仪判别地震真伪后直接控制牵引供电系统，无须调度中心确认	根据沿线地震仪信号经国家验证中心验证后向列控系统发出控制信息
监测点设置	较为简单，设置在牵引变电所	较为复杂，必须单独修建站房
控制信号输入	直接控制，传输环节少，可靠性高	经国家地震中心验证地震真伪，再通过控制中心传输至列控系统，传输环节多
优点	实时性强，能在监测到地震的第一时间控制列车制动	报警准确率高
缺点	如果判别不准，可能发生误报	延时长，由于控制中心需要人工发出列车制动指令，不具备紧急处理的功能

在针对地震灾害制定相关的法案和应急预案方面，法国于 2008 年 8 月颁布了 2006-1279 号法令，主要关注铁路运输安全，其中规定应急管理总体预案必须由法国国营铁路公司以省为单位进行制定（法国共计有 95 个行政省份）[19]。这样安排可以结合当地的情况和基础设施的特征，做出更准确的风险分析。

2.1.3　德国地震灾害预警系统

基于德国人的严谨，德国高速铁路的地震预警技术也领先于世界。特别是德国科学家成功研制出适用于绝大多数国家和地区的新一代智能铁轨网络系统，它相当于世界上最大的地震传感器。德国新一代智能铁轨可以不断提高震灾情况分析的精确度和完整度，相当于一个拥有自我调节能力和学习能力的神经网络系统[20]。德国地震灾害预警系统如图 2.5 所示。

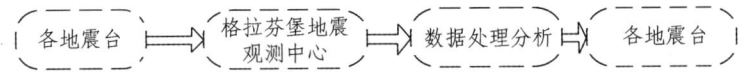

图 2.5　德国地震灾害预警系统

为了解决预警系统的信号干扰问题，德国研发人员还开发出了一种"嵌入式铁路系统"（ERS，Embedded Rail System）[21]，如图 2.6 所示。该系统已在德国、西班牙和荷兰的部分社区投入应用。铁路附近的街道交通、农场拖拉机或是火车本身传来的振动都会对传感系统造成一定的干扰，而"嵌入式铁路系统"可以清楚地分辨出频率为 30 Hz 的地震波和几百赫兹的火车振动。

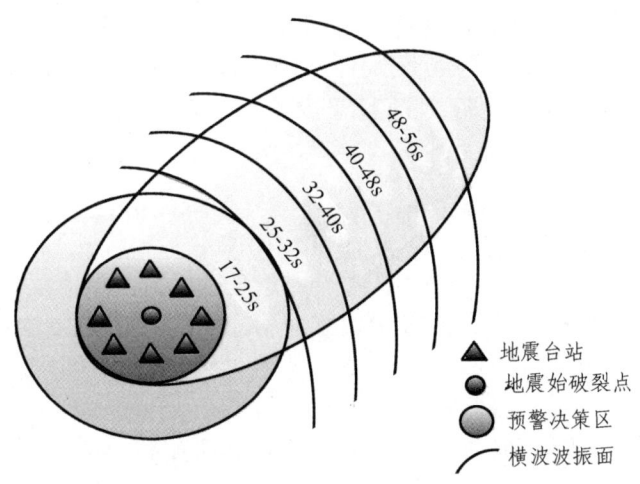

图 2.6　嵌入式铁路系统应用

在针对地震灾害制定相关的法案和应急预案方面，德国在《铁路通用法》的第 4 条中对应急管理方案的制定做出了相应规定[22]。在紧急事件的处理上，铁路公司应给予全力支持。此外，铁路公司还有义务在铁路范围内以及基础设施区域内预防风险，并针对发生的事件进行调查。

2.2 高速铁路地震灾害预警系统

地震又称地动、地振动，是地壳快速释放能量过程中造成振动，期间会产生地震波的一种自然现象。地球上板块与板块之间相互挤压碰撞，造成板块边沿及板块内部产生错动和破裂，是引起地震的主要原因。而地震监控系统按系统工程概念，应从地震数据采集方式，观测点布设，地震信息识别与分析，干扰信息滤除，地震信息传输网络技术，多条线路地震信息共享，可靠度指标确定，地震报警阈值合理确定，地震报警信息发布范围，地震报警与高速铁路列车控制系统、调度中心、车站等重要场所接口关系，地震报警与目前铁路防灾安全监控系统关系，地震时列车减速或制动控制等方面进行综合研究，结合我国国情和高速铁路自身特点，吸纳和借鉴国外成功经验和研究成果，深入研究不同地域、不同场地条件下地震发生规律与地震波传递规律，以及高速列车在地震响应下的行车安全性指标，构建一套高速铁路安全运营的地震预警系统。

2.2.1 地震预警信息的采集和判识

高速铁路地震监控系统的地震监测信息采集研究包括：国家地震局网监测信息、铁路自建监测点（站）及两者结合方式的技术经济比较，以及深层监测与浅表层监测方式的比较等。

（1）地震预警系统的预警方式：地震参数预警和地震动值预警。

（2）地震监测信息判识内容：信息采集、信息理解和信息识别。

① 地震信息采集：主要是地震监测信息与地震局信息验证、单点判识与多点联合判识、干扰信息的过滤与分析；

② 地震信息理解：由于高速铁路沿线地质构造不同、构筑物也不同，应准确判定预警信息及预警信息发布范围；

③ 地震信息识别：主要是提高地震判识准确性与判识速度。

2.2.1.1 地震预警参数

地震参数（Earthqurake Parameter）又称震源参数，是根据地震资料分析对地震震源特征的定量表述。包括地震基本参数（如震中经纬度、震源深度、发震时刻、地震震级或地震能量）、地震机制解和震源动力学参数等。

1. 按照传播方式分类

地震波（Seismic Wave）按传播方式分为 3 种类型：纵波（Longitudinal Wave）、横波（Transverse Wave）和面波（Surface Wave）。纵波地震波也叫 P 波（Primary Wave），横波地震波也叫 S 波（Secondary Wave）。

（1）地震纵波。纵波也是推进波，地壳中的传播速度为 7~8 km/s，最先到达震中，又称 P 波，它使地面发生上下振动，破坏性较弱。

（2）地震横波。横波也是剪切波，在地壳中的传播速度为 4~5 km/s，第二个到达震中，又称 S 波，它使地面发生前后、左右抖动，破坏性较强。

（3）地震面波。面波又称 L 波，是由纵波与横波在地表相遇后激发产生的混合波。其波长大、振幅强，只能沿地表面传播，是造成建筑物强烈破坏的主要因素。

2. 按照地震波分类

地震波主要分为两种，一种是表面波，只在地表传递；另一种是实体波，能穿越地球内部。另外，地震波还包含：表面波、勒夫波和瑞利波等波。

（1）地震的实体波（Body Wave）：在地球内部传递，又分成 P 波和 S 波两种。

地震的 P 波：P 代表主要（Primary）或压缩（Pressure），为一种纵波，粒子振动方向和波前进方平行，在所有地震波中，前进速度最快，也最早抵达[23]。而且 P 波能在固体、液体或气体中传递。

地震的 S 波：S 意指次要（Secondary）或剪力（Shear），前进速度仅次于 P 波，粒子振动方向垂直于波的前进方向，是一种横波[24]。而且 S 波只能在固体中传递，无法穿过液态外地核。

（2）地震的表面波（Surface Wave）：浅源地震所引起的表面波最明显。表面波有低频率、高振幅和频散（Dispersion）的特性，只在近地表传递，是最有威力的地震波。

（3）地震的勒夫波（Love Wave）：粒子振动方向和波前进方向垂直，

但振动只发生在水平方向上,没有垂直分量,类似于 S 波,差别是侧向振动振幅会随深度增加而减少。

(4)地震的瑞利波(Rayleigh wave):又称为地滚波,粒子运动方式类似海浪,在垂直面上,粒子呈逆时针椭圆形振动,振动振幅一样会随深度增加而减少[25]。

2.2.1.2　地震预警机理

目前,利用 P 波和 S 波的传递速度不同,以及两者之间的走时差,可作简单的地震定位。

(1)地震参数预警机理。地震参数预警利用台站的 P 波或 S 波来确定震级、震源深度、震中距等参数,然后确定预警范围和级别。其所需的决策时间长,但有效性高。

(2)地震动值预警机理。地震动值预警利用给定的阈值进行预警,不区分 P 波与 S 波,不确定地震的有关参数,有效性较低。

(3)高铁地震预警机理。高速铁路地震预警方案首选地震参数预警,地震动值预警作为补充,采用地震 P 波数据,实现快速确定地震参数,成为地震预警的关键。

2.2.1.3　地震预警参数的采集流程

地震预警参数的采集流程是一个复杂过程,不但涉及信息采集、信息判识,而且也涉及数据存储。高速铁路安全运营地震预警参数的采集流程如下:

(1)高速铁路安全运营的地震监测信息采集。利用国家地震局网的监测信息难度大,实时性不符合高速铁路运营监控需要。获取的国家地震台网信息初期不具备与行车运营联动的时效条件,可作为地震发生后的灾情预判及救援抢险等级确定的必要参考条件。

地震监测信息采集方式中深层监测设备的前端监测采用混凝土桩,安装在岩层位置,可得到较为真实的地震信息,避免地面行车、施工或其他外部因素对地震监测值的影响。

(2)高速铁路安全运营的地震监测信息判识。高铁强震仪采集的原始数据包括地震动信息和各种环境噪声(爆破噪声、列车振动噪声、人为干扰等)等数据,从噪声中识别出地震波数据是研究关键,通过应用地震信息判识研究成果达到有效识别地震波信号。对强震仪原始数据进行频谱分析得出真实地震波，再根据地震波与噪声的频谱特点设计地震识别算法，有效滤除噪声信号。

（3）高速铁路安全运营的地震信息数据存储。为便于数据查询，需要存储大量的历史数据，数据存储和查询效率成为关键问题。研究多级地震数据特征值存储方案，将强震仪采集的原始数据进行特殊编码存储，然后从原始数据中提取出数据的特征值进行存储。在数据查询时，根据用户指定的时间跨度自动选择，从不同的数据表中检索数据，在保证数据准确的基础上，大大提高查询效率。

（4）高速铁路安全运营的地震预警参数界定。由于 P 波和 S 波存在走时差，可在地震波中对铁路危害较大的 S 波到达之前，通过 P 波检测，高速铁路安全运营的报警系统提前向列车发出停止运行信息。P 波报警存在数据积累周期长、技术难度大、预警准确度较低的问题。因此，采用 P 波实现高铁地震预警，利用地震波初动部分检测到地震发生的同时，迅速判断出地震的大小与地震位置等参数。

2.2.2 地震灾害的预警阈值

不同铁路线路的地震报警阈值应各异。研究不同速度目标值、不同地质条件、不同工程设施、不同坡度和曲线半径情况下的列车安全运行加速度（水平加速度及纵向加速度）临界值是高速铁路地震监控需要研究解决的关键问题。

当地震监控系统监测到地震信息后，以此确定运营管理应对方案，这是高速铁路地震监控系统与运营管理结合的基础。地震阈值设置的关键是要保证列车安全运行及排除其他因素影响（车体自身运动引起的加速度）。日本早期地震监控系统采用的阈值为 $0.045g$，相当于七度地震区多遇地震水平[26]。近年来，日本以结构破坏指标 DI（Damage Index）作为监测目标，即结构的加速度 a 与速度 v 的乘积对数作为 DI[$DI = \log(a \cdot v) + 7.0$]，该指标与地震烈度关系为里氏震级（Richter Magnitude Scale）RI($RI = DI - 0.6$)[27]。

高速铁路地震预警系统的阈值选取途径：

研究方法：采用桥-车耦合及车-线耦合动力仿真分析手段。

研究步骤：利用抗震设计规范给出的反应谱曲线拟合生成地震时程响应波，将其作用于桥梁结构和路基线路上，生成与轨道不平顺谱合成后的时程响应，进而分析在不同桥梁类型与坡度、不同路基高度、不同曲线半径、不同列车速度条件下的列车动力响应。

研究思路：研究分析列车脱轨系数和轮重减载率的变化规律，确定可满足列车运行安全的结构最大允许竖向和横向加速度，以及反推得到的地面运动加速度值，即为地震报警理论阈值，并结合国内外的研究与工程应用实例，进行综合评估，推出高速铁路地震报警阈值标准。

2.2.3 地震预警系统与铁路防灾安全预警的耦合系统

在减小灾害损失、迅速稳妥的原则下，最大限度利用既有防灾安全监控系统设备、传输通道、电源、接地及响应终端和运营管理策略，其中还包括研究列控系统中心的应急对策和车站等铁路其他重要场合的报警方式及相应对策等，达到地震监控系统与防灾安全监控系统相互耦合关系，如图2.7所示。

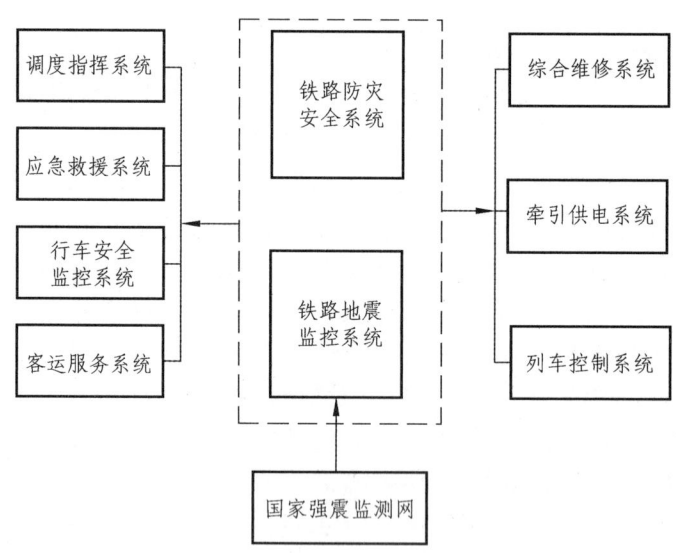

图 2.7 高速铁路防灾安全与地震预警系统总体结构

目前，国内外高速铁路防灾安全监控系统的监控对象主要分为两类：一类是渐变型参量，主要包括风监测、雨量监测、积雪监测等；另一类是突变型参量，主要包括异物侵限和地震监测。本章研究地震灾害下，高速铁路安全运营的预警机理，构建我国高铁地震监控系统。

由于地震监控系统的特殊性，其应用软件与其他防灾安全监控子系统的应用软件相对独立，地震信息数据库的调用和数据存储格式与其他系统不同。所以，在安全、可靠、及时的原则下，高铁地震监控系统应该最大限度利用既有防灾安全监控系统的服务器、传输通道、电源及接地、防灾查询终端等单元，以提高地震监控系统的综合利用率。

2.2.4 地震预警的信息共享系统

高铁地震监控系统在地震监控系统与防灾安全监控系统相互耦合的基础上，解决多条线路的地震监控系统联网和信息共享问题，如图 2.8 所示，使邻近线路或在地震影响范围的其他高速铁路线路上的列车尽早采取措施，进一步提高高速铁路运营的安全性。

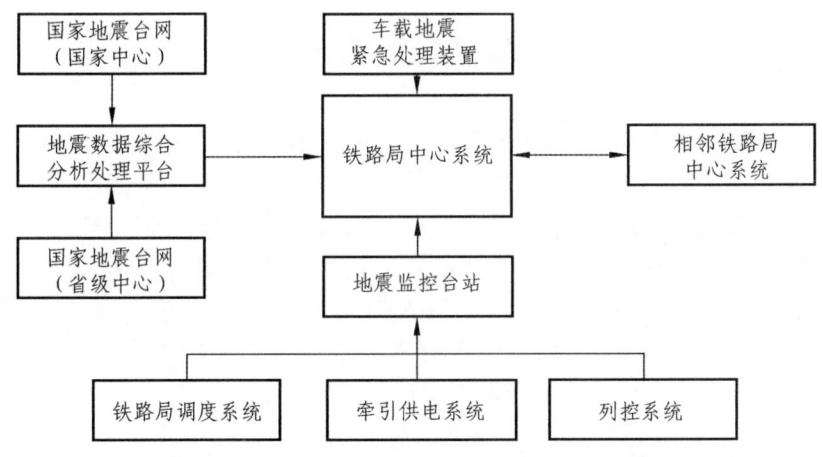

图 2.8 地震预警系统联网和信息共享模式

高铁地震监测信息共享主要包括外部共享和内部共享，外部共享是与国家地震台网的信息共享，内部共享是多条高速铁路线路地震监测系统之间的信息共享。为确保近期或远期能与国家地震台网共享数据，高铁地震监测系统采取收集国家地震台网地震监测信息的编码格式与帧结构约定，并结合铁路自身特点，制定铁路系统地震监控信息格式和编码要求。

高速铁路地震监控系统设计和建设是保障高速铁路安全运营的需要。高铁地震监测系统根据国家地震烈度表收集新建铁路沿线的地震台站位置，并结合其地震监控点布设间距、高速铁路线路走向，综合确定铁路地震监控系统的布设位置和实施方案，达到有效监控的目的。高速铁路系统和地震系统网络通过数据安全交换区域互联，如图2.9所示。

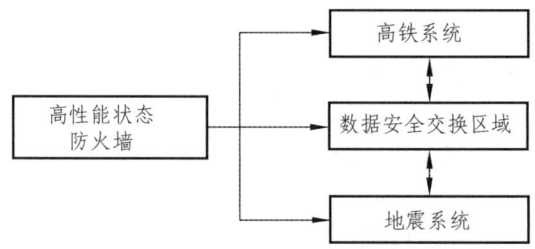

图 2.9　高速铁路系统和地震系统耦合

2.3　地震对高速铁路安全运营的影响机理

地震发生时会产生多种地震波，但主要有P波和S波。地震时P波和S波同时发生，P波的传播速度较快，破坏性较小；S波传播速度较慢，却是引起破坏的主要原因。因此，可以利用电磁波和地震波、P波与S波之间的速度差，在地震已经发生而破坏性的地震波尚未到达之前的数秒至数十秒间发出地震警报，通知正在行驶的高速列车减速或停车，避免造成安全事故。

2.3.1　高铁地震预警方式，预警距离分类

2.3.1.1　高铁地震预警方式分类

按照预警方式，高铁地震预警技术分为地震参数预警与地震动值预

警。地震动值预警是较为传统的预警方式,而现代的地震预警系统的主要发展方向为地震参数预警。

(1)高铁地震参数预警。高铁地震参数预警是利用地震仪检测到的振动信息推算震级、震源深度、震中距等参数,确定预警的范围和级别。这种方式决策时间长,但有效性高。

(2)高铁地震动值预警。高铁地震动值预警是直接利用地震动值是否超过给定的阈值来预警。这种方法准确性高,但其既不区分 P 波与 S 波,震相也不确定地震的有关参数,有效性较低。

2.3.1.2 高铁地震预警距离分类

根据震中与预警目标区(需要向其发出警报的地区,此处是指高速行驶的列车)的距离,高铁地震预警系统在理论上可以分为 2 大类:异地震前预警系统(front-detection EWS)和本地地震预警系统(onsite-detection EWS)。

(1)高铁异地地震预警。高铁异地地震预警是将地震仪安装在潜在震源区,利用电磁波和地震波之间的速度差,对离震源几十千米(具体的距离与所采用的预警系统及场地条件有关)以外的预警目标区(高铁线路)进行预警[28],如图 2.10 所示。高铁异地地震系统通过 S 波来确定各种地震参数,准确性较好,但从地震发生到警报发布的时间较长。

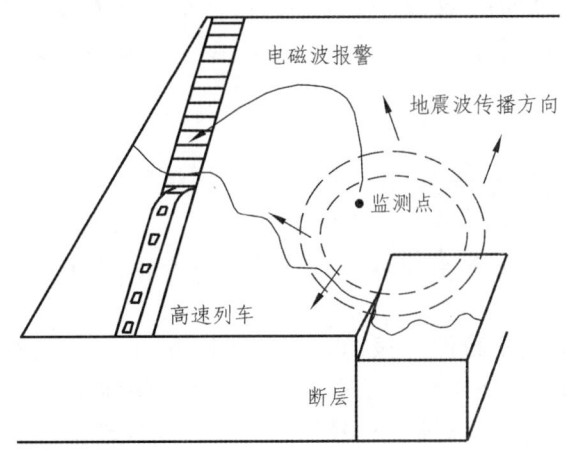

图 2.10 异地地震预警原理

（2）高铁本地地震预警。高铁本地地震预警利用 P 波与 S 波之间的速度差，通过 P 波的初始段来确定震源参数，可在 S 波到达之前发出预警[29]，如图 2.11 所示。高铁本地地震系统的预警速度最快，但误报率和漏报率较高。

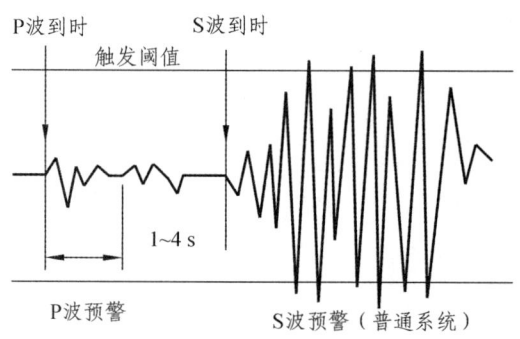

图 2.11　本地地震预警原理

对于高速铁路而言，地震预警就是在潜在震源附近（异地震前预警）或铁路沿线（本地地震预警）设置地震仪，当地震发生并达到报警水平时，利用电磁波与地震波的速度差或 P 波与 S 波之间的速度差，赶在破坏性的地震波到达之前，向正在行驶的列车发出警报，使列车减速或停车，避免造成安全事故。为了提高应用于高速铁路的地震预警系统的有效性，也可以将高铁异地地震预警系统和高铁本地地震预警系统结合起来使用，这样虽然成本加大了，但预警效率提高了。

2.3.2　高铁地震特性分析

在地震波中，包含有纵波、横波和面波等波，而不同波具有不同属性特征。

（1）P 波的地震特性。振动方向与传播方向一致的波为 P 波，即纵波，传播速度较快，到达地面时人感觉颠动，物体上下跳动。其传播速度为 7~8 km/s，但振动强度比较弱，一般不导致破坏性后果。基岩中传播速度更快、振动幅值更小，人体几乎感觉不到。

（2）S 波的地震特性。振动方向与传播方向垂直的波为 S 波，即横波，传播速度比纵波慢，到达地面时人感觉摇晃，物体会来回摆动。其传播速度为 4~5 km/s，在地震中产生的破坏性后果较大。基岩中传播速度更慢、振动幅值更大，人体感觉明显，造成构造物损坏严重。

（3）面波的地震特性。当体波到达岩层界面或地表时，会产生沿界面或地表传播的幅度很大的波，称为面波。面波传播速度小于横波，所以跟在 S 波的后面，在地表传播，能量最大，波速约为 3.8 km/s，低于体波的面波（主震，$v≈4$ km/s）。

由于纵波在地球内部传播速度大于横波，所以地震时，纵波总是先到达地表，而横波总落后一步。所以，高速铁路沿线变电所内的地震仪通常是在主震袭击线路后才报警，如果此时有高速列车正好在地震受灾区运行，很可能因来不及减速而掉道翻车。根据日本铁路震害经验，震级低于 M5.5（Magnitude，地震级数 5.5 级）的地震不会对行车产生危害。

2.3.3 高铁地震监测点设置

高速铁路地震监测点的布置不但要降低成本，而且要满足高速铁路地震预警系统的有效预警时间要求，所以要合理布置地震监测点，目前这方面的研究相当匮乏。根据高速铁路地震监测点的设置间距与报警阈值之间的非线性反比关系，法国地中海线的地震报警阈值定为 65Gal，地震监测点的平均距离为 10 km；日本新干线的地震报警阈值为 40Gal，监测点平均距离为 20 km；如果我国报警阈值按照 45Gal 考虑，则地震监测点的设置间距应为 20~30 km，并尽量将其设置在铁路沿线的牵引变电所内。

为了达到更好的预警效果，可以将国家强震动观测台网的国家台网监测点作为外围监测点。目前，我国建立的强震台网各监测点间的间距都在 100 km 以上，无法满足高速铁路地震预警系统对监测点的要求。但可以将其作为预警系统的外围监测点，利用异地预警的原理，以便更早监测到地震[30]，如图 2.12 所示。

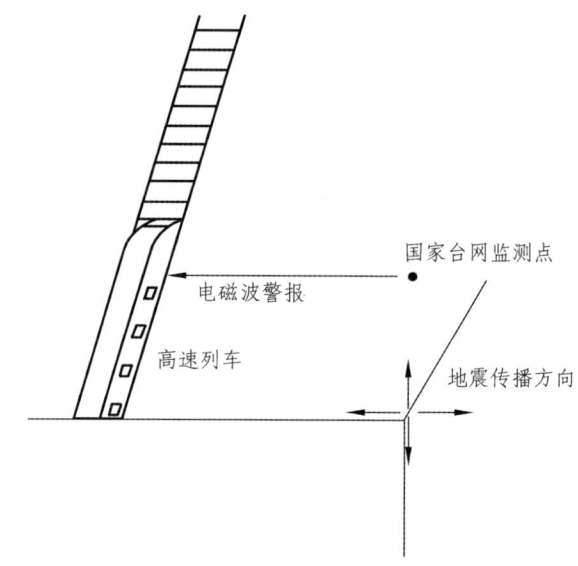

图 2.12 国家地震监测点作为铁路预警外围监测点

2.3.4 高铁地震阈值界定

当地震的强度达到设定的阈值时,高铁地震预警系统即发出警报。地震强度指标包括地震烈度和地震动加速度(Gal 值)。高铁地震预警系统的报警阈值一般采用 Gal 值来表示(1 Gal = 1 cm/s²)。

2.3.4.1 高速铁路地震报警阈值的函数关系式

高速铁路地震预警系统的报警阈值 $f(\text{EAT})$ 函数关系式:

$$f(\text{EAT}) = v_{[A]} / \mu_D \tag{2.1}$$

式中 $f(\text{EAT})$——高速铁路地震预警系统的报警阈值(EAT: Earthquake Alarm Threshold);

$v_{[A]}$——保证高速列车正常运行的轨道横向加速度限值(Gal);

μ_D——高速铁路各种典型构筑物(如路基、桥梁)在不同地震波激励下的动力响应系数之最大值,可通过车线桥或车线耦合的动力响应分析来确定。

1. 高铁地震预警系统 μ_D 的界定

选取了 100 多条具有代表性的地震波，进行了系统分析，并计算出高速铁路典型的桥梁和标准路基，在不同地震激励下的动力响应系数，求得了 95%保证率下的响应系数概率统计上位值的最大值 $\mu_D = 2.55$。

2. 高铁地震预警系统 $v_{[A]}$ 的界定

高铁轨道横向加速度限值 $v_{[A]}$，需要通过车线桥耦合的动力响应分析来确定。车线桥或车线被耦合到一起同时进行动力响应分析，通过脱轨准则判断高速列车是否脱轨。造成高速列车脱轨的临界值即轨道的横向加速度限值。

2.3.4.2 高速铁路地震系统的报警阈值界定准则

造成高速列车脱轨的临界值，以通用的脱轨准则来界定。通过国内外案例分析和综合研究，主要有 3 种：

1. 地震环境下高速列车脱轨准则一

根据高速列车车轮作用于钢轨的横向力 Q 来评定车轮抗脱轨稳定性。假定高速列车车轮已经爬轨并达到临界点（即已经达到轮缘倾角最大点，见图 2.13），且不考虑轮对冲角和轮轨接触点提前量的作用，由 Nadal 公式可知高速列车车轮的脱轨系数

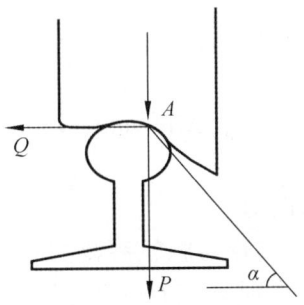

图 2.13 轮轨作用力图

$$F(\text{WDC}) = \frac{\tan\alpha - \mu}{1 + \mu\tan\alpha} \tag{2.2}$$

式中 $F(\text{WDC})$——车轮脱轨系数（WDC: Wheel Derailment Coefficient）;

α——最大轮缘倾角（简称轮缘角）；
μ——轮缘与钢轨侧面的摩擦系数。

式（2.2）表示了高铁车轮对在爬轨临界点的平衡状态方程。根据国内外研究成果，高铁车轮脱轨系数 $F(\text{WDC}) \geq 1.2$ 时列车有脱轨的危险。

高速列车脱轨的预警阈值：高速列车的车轮脱轨系数 ≥ 1.2。

2．地震环境下高速列车脱轨准则二

根据构架力 H 来评定高速车轮对抗脱轨稳定性（轮对与轨道的接触及相互作用力，见图2.14）。

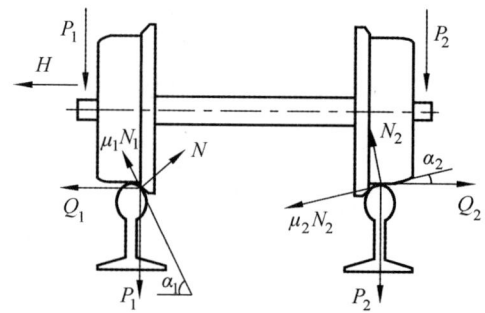

图 2.14　轮对与轨道的接触及相互作用力图

当 H 的作用时间大于 0.05 s，$\mu_2 = 0.24$ 时，高速列车脱轨系数的容许值：

$$F(\text{AV}) = \frac{H + \mu_2 p_2}{p_1} \leq 1.2 \qquad (2.3)$$

式中　$F(\text{AV})$——容许值（AV：Allowable Value）；
　　　H——构架力；
　　　P_1，P_2——车轮垂向力。

式（2.3）表示了高速车轮对脱轨系数的容许值方程。根据国内外研究成果，当容许值大于1.2时列车有脱轨危险。

高速铁路脱轨的预警阈值：高速列车脱轨系数的容许值 ≥ 1.2。

3．地震环境下高速列车脱轨准则三

根据高速列车的轮重减载率评定车轮抗脱轨稳定性。高速列车的轮重减载率

$$F(\text{WLRR}) = \frac{\Delta P}{P} \tag{2.4}$$

式中 $F(\text{WLRR})$——轮重减载率（WLRR：Wheel Load Reduction Rate）；
P——轮重；
ΔP——轮重减载量。

式（2.4）表示了高速列车轮重减载率的状态方程。根据国内外研究成果，高速列车轮重减载率大于 0.65 时，高速列车车轮有脱轨的危险。

高速铁路脱轨的预警阈值：高速列车的轮重减载率≥0.65。

2.3.4.3 高速铁路地震报警的注意事项

高铁地震预警系统的误报（不必要的报警）和漏报（需要报警却没有报警）是地震预警系统面临的两大问题。一方面，从旅客的角度看，希望尽量减小误报率；另一方面，从安全性的角度看，希望减少漏报的比例。因此，高铁地震预警系统的报警阈值在确定后，还应该根据实际运行中漏报和误报的情况进行调整，确保有效预报。

由于高速铁路沿线的地质环境不同，地震波在经过某些地区时会产生放大作用，而有的地区则不会放大，甚至产生衰减。因此，应根据不同的地质环境，分区段预警，提高高铁地震预警的准确率，尽量减少因误报给行车带来的不便。

2.3.5 高铁地震报警范围界定

高速铁路地震预警系统的报警模式大致可分为两种：一种是基于机械式的加速度报警仪的报警模式（对应地震动值预警）。当该地震仪监测到地震动水平加速度超过报警的阈值时，自动发出报警；另一种是基于带 P 波监测的电子式地震仪的报警模式（对应地震动参数预警），根据检测到的 P 波估算出地震震中距铁路线的距离、震级等参数，并根据震级和震中距来判断是否需要对列车进行管制，以及对多大范围的行车进行管制。因此，不同级别的地震，高速铁路的受害半径（需要控车的范围）不同。如何界定高铁地震预警半径，是科学研究的重点问题之一。

2.3.5.1 基于 M-R 的高铁地震报警半径界定

为了确定 M-R 判别标准，我国学者刘林等提出了基于 M-R 判别法的报警判别准则。他们在研究中利用了学者彭克中提出的我国华北地区的地震动水平峰值加速度的衰减公式：

$$\lg A = -0.474 + 0.613M - 0.873\lg R - 0.002\,06R \quad (2.5)$$

式中　M——震级；

　　　R——震中距（km）；

　　　A——震中距为 R（km）处的地面水平峰值加速度，单位为 Gal。

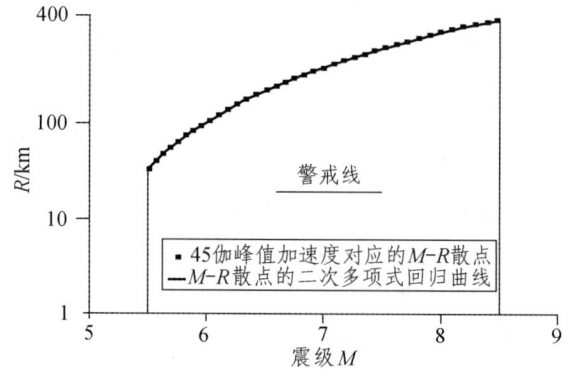

图 2.15　M-R 判别标准曲线及警界

在假定报警阈值为 45 Gal 的前提下，利用衰减公式经数值分析可得 M-R 关系。即，令 $A = 45$ Gal，使震级从 $M5.5$ 变化到 $M8.5$，即可求出相应的震中距 R 的值。将 M-R 散点在半对数坐标系下采用二次多项式进行回归分析，得到如式（2.6）所示的关系。当列车处于受害半径以内时，需要发出警报。

$$\lg R = -4.317\,74 + 1.440\,6M - 0.073\,88M^2 \quad (2.6)$$

其中，$M = 5.5 \sim 8.5$，根据地震级别来确定，震级越高取值越大。

2.3.5.2 基于日本地震经验的高铁地震报警半径界定

根据日本震害经验，由于地震大小不同但具有相同加速度的地震，也可能在有些时候引起严重破坏，有些时候却不会带来丝毫的破坏。因此，根据日本地震经验的高铁地震报警半径界定准则：

（1）高铁地震报警标准一：高铁速度小于 200 km/h。当高速列车时速在 200 km/h 以下时，较弱地震作用对高速列车的危害并不是太严重，考虑行车的舒适度和报警的简便性，可以统一将 61Gal 作为报警阈值。

（2）高铁地震报警标准二：高铁速度小于 350 km/h 大于 200 km/h。当高速列车时速超过 200 km 时，地震作用对高速列车的危害逐渐变大，因而报警阈值的设定也随着车速提高而线性降低。

（3）高铁地震报警标准三：高铁速度大于 350 km/h。当高速列车时速达到 350 km 时，报警阈值建议取为 46 Gal，见表 2.4。

表 2.4 列车报警阈值

速度等级区间	列车运行速度（v：km/h）	报警阈值（EAT：Gal）
一级区间	$v<200$	60
二级区间	200-350	45
三级区间	$v>350$	30

2.4 高速铁路的地震预警系统

高速铁路的地震预警系统是一个很复杂的系统，本章在研究地震监测理论的结构基础上，构建高速铁路的地震监测系统。

2.4.1 高铁地震预警系统的架构

高速铁路地震预警系统架构主要包括数据信息采集、评估、报警和控制装置等结构，如图 2.16 所示。因此，高速铁路地震预警系统主要由地震信息采集模块、存储模块、通信模块、监控主机、警报发布模块和控制模块等部件组成。

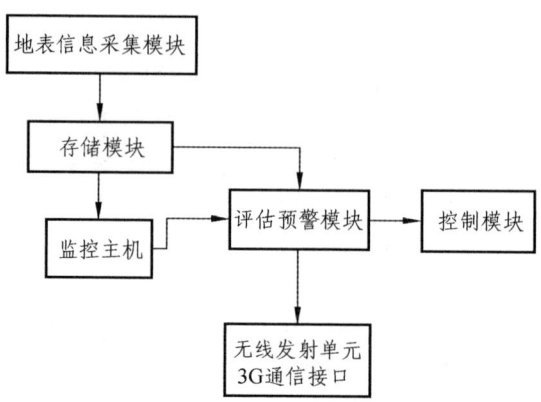

图 2.16 地震预警装置结构图

地表信息采集模块，用于收集地表运动的基础数据；存储模块，用以将处理分析后的数据存储在系统中；评估预警模块，用以判断获取的数据与预警阈值的大小并做出评估；控制模块，在预警判断完成后，针对不同震级对列车采取不同控制措施；无线发射单元，将预警信息及时地发送到无线用户端。

根据国内外现有的研究，现将高速铁路运行控制用基本地震动参数设定列于表 2.5。

表 2.5 高速铁路运行控制地震动参数设定

序号	名称	阈值/Gal
1	警报值	40
2	限速值	80
3	停车值	120

2.4.2 高铁地震预警流程

高速铁路地震预警系统的结构应该根据具体的线路情况进行设计，但应尽量把监测点设置在车站和沿线的牵引变电所内。地震监测点设备由地震仪和感震距组成，其中地震仪包括机械式地震仪和电子式地震仪各一台以提高安全性。当监测点的地震仪监测到等于或大于报警阈值的地震加速度之后，都将读取邻近监测点测得的信息，通过互相验证以免误报，进而发布地震警报。

高速铁路地震预警系统的一般工作流程为：地震监测点（机械式地震仪、电子式地震仪、感震柜）→通信系统（电话线、无线拨号上网、中继站）→控制中心（计算机和专用软件）→警报发布系统→列控系统或牵引供电系统。预警系统的基本组成如图 2.17 所示。

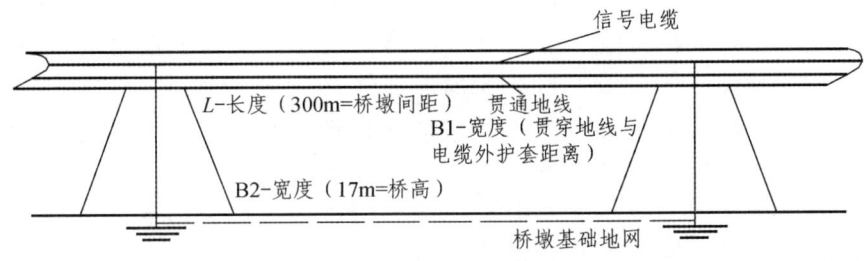

图 2.17　地震预警系统的基本组成

1．高速列车控车模式

高速列车接到报警时，对列车施行控制的模式（即高速列车如何刹车，简称控车），称为高速列车控车模式。目前，高速列车控车模式主要有两种：

（1）法国高速列车控车模式：以法国地中海线为代表的列控系统控制模式，接到报警时，由列控系统发出控制列车运行的信号，自动控制列车停止运行。

（2）日本高速列车控车模式：以日本新干线为代表的牵引变电系统控制模式。接到报警时，牵引变电所停止向列车供电，高速列车因失去动力而自动减速直至停止运行。

2．地震预警流程

我国的地震预警系统还不成熟，如果直接接入安全性要求很高的列控系统难度很大，建议采用牵引变电系统模式的控车模式。高速铁路地震预警流程为：

（1）获取地表运动数据，根据所得数据计算地震参数，生成地震曲线图，并由此计算数据获取点的地震强度。

（2）由系统读取预先设置的地震强度阈值，将计算得到的地震强度与阈值进行对比，若地震强度超过阈值，则开始进入报警流程，预警开始。

（3）根据装置中存储的数据，得到地震点位置，并启动控车模式，若高速列车得到控制，则预警流程结束，否则继续进行报警流程。

2.5 高速铁路的地震预警模式

地震破坏高铁线路桥梁隧道等铁路构筑物，容易使高速行驶的列车发生车毁人亡的事故。目前我国高速铁路发展迅速，但地震灾害监测系统的研究还处于起步阶段，与世界先进国家还有相当的差距。高速铁路的安全技术集中体现了现代高新技术的发展，研发高速铁路地震灾害监测与预警技术，才能保障国家财产和乘客生命安全。我国是地震多发国家，地震对我国高速铁路运营安全构成严重威胁。通过借鉴国外高速铁路地震预警的经验，针对我国高速铁路运行情况和地震地质条件进行综合研究，构建高效可靠可行的高速铁路地震预警模式十分迫切。

2.5.1 地震灾害的监测范围

地震的地理分布受地质构造控制，因而它有一定的规律，最明显的是成带性。全球的地震主要分布：一是环太平洋地震带，这是世界上地震最活跃的地带，全球 80% 的地震，就集中在这条带上；二是欧亚地震带，全球 15% 左右的地震发生在这条带上。我国地处欧亚板块的东南部，受环太平洋地震带和欧亚地震带的影响，是个多地震的国家。但我国地震活动在空间分布上具有很强的不均匀性，它们往往集中发生在某些地区或某些地带上。

我国地震活动空间不均匀性最明显的表现是地震成带分布，各地震区地震活动也不均匀。根据地震活动，我国可划分为 8 个地震区：台湾地震区、青藏高原地震区、西北地震区、华北地震区、华南地震区、东北地震区、华中地震区、南海地震区。因此，应根据我国地震活动在空间分布的实际情况，构建高速铁路安全运营的地震监测系统。

2.5.2 高铁地震预警的数据处理模型

对高铁地震监测的数据分析时,主要靠数字地震台网来进行分析处理。数字地震台网中心承担着数字地震台网资料的汇集、处理等任务。

2.5.2.1 高铁地震预警的数据采集

根据高速铁路地震灾害监测方法,一般地震灾害监测的关键参数有:地震的 P 波(速度为 7~8 km/h)和地震的 S 波(速度为 4~5 km/h)。

2.5.2.2 高铁地震预警的数据处理

根据数字地震台网承担的任务,其数据处理的主要内容是:震相分析、参数测定和震级界定。

(1)高铁震相分析。地震台网主要是监测地方震和近震,因此,高铁震相分析的主要内容是高铁震相的识别和震相到时及相应振幅、周期的读取。

(2)高铁地震参数测定。当一个地震发生后,通过台网的观测资料,使用特定的方法,测定出地震震源基本参数,包括地震发震时刻、震中经纬度、震源深度。特别是必须满足的已知条件:高铁台站位置坐标、速度模型或走时表、清晰可靠的震相记录。

(3)高铁震级界定。震级是表征地震强弱的量度,它是地震的基本参数之一,是地震预报和其他有关地震学研究中的一个重要参数。

数字地震台网数据处理系统根据不同的需要可分为,主要用于地震速报目的的数据处理系统和用于编辑出版地震目录与观测报告的数据处理系统。前者追求的是"快速"测定地震位置,定位结果尽量准确,后者追求的是"精确"测定地震位置,定位结果要准确。一般情况下,后者是对前者地震定位结果的重新修订。

2.5.2.3 高铁地震预警的数据处理模式

高铁地震预警的数据处理模式主要包括地震的触发时间计算和地震的方位角计算。

1. 高铁地震的触发时间

假设 X 为地震波信号,X_i 为 i 时刻地震波幅值,则 n 时刻,高铁地

震的短时平均值

$$f(\text{STMV}) = \frac{\sum_{i=n-m}^{n} X_i}{N_{\text{sta}}} \qquad (2.7)$$

式中 $f(\text{STMV})$ ——高铁地震的短时平均值（STMV, Short Time Mean Value）；

N_{sta} ——该短时窗内包含的事件点数。若采样时间为 Δt，则该短时窗的时间长度为 $N_{\text{sta}} \cdot \Delta t$。

同理，n 时刻，高铁地震的长时平均值

$$f(\text{LTMV}) = \frac{\sum_{i=n-l}^{n} X_i}{N_{\text{lta}}} \qquad (2.8)$$

式中 $f(\text{LTMV})$ ——高铁地震的长时平均值（LTMV, Long Time Mean Value）；

N_{lta} ——该长时窗内所包含的事件点数。若采样时间为 Δt，则该长时窗的时间长度为 $N_{\text{lta}} \cdot \Delta t$。

2．高铁地震的方位角

高铁地震的方位角计算就是空间角度计算，是指在三维空间里，已知和待求参数都是角度这一物理量的计算。方位角在高铁地震信号的识别、震相的关联和事件定位等多个方面都起关键性作用。本章采用向量求解方位角的基本算法，即通过三分量传感器上各通道的平均速度分量比值求对应的夹角。

高铁地震中南北方向上的平均振动速度

$$\overline{v}_n = \frac{1}{k} \sum_{i=0}^{k} F_n(i) \qquad (2.9)$$

高铁地震中东西方向上的平均振动速度

$$\overline{v}_e = \frac{1}{k} \sum_{i=0}^{k} F_e(i) \qquad (2.10)$$

高铁地震中上下方向上的平均振动速度

$$\bar{v}_z = \frac{1}{k}\sum_{i=0}^{k} F_z(i) \tag{2.11}$$

式中　　k——三分量振动信号中 k 个时间长度；

　　　　$F_n(i)$、$F_e(i)$ 和 $F_z(i)$——分别表示 n（南北）、e（东西）和 z（高程）方向上的振动速度随时间变化的函数；

　　　　$\bar{v}_n$、$\bar{v}_e$ 和 $\bar{v}_z$——分别表示对应方向上各个事件点数的平均振动速度。

高铁地震中，利用各方向上的平均速度值进行反正切运算求取对应的方位角度：

高铁地震中水平面上的投影角

$$f(\text{azim}) = \arctan\frac{\bar{v}_e}{\bar{v}_n} \tag{2.12}$$

式中　　$f(\text{azim})$——水平面上的投影角。

高铁地震中垂直面与水平面之间的投影角

$$f(\text{dip}) = \arctan\frac{\sqrt{\bar{v}_e^2 + \bar{v}_n^2}}{\bar{v}_z} \tag{2.13}$$

式中　　$f(\text{dip})$——垂直面与水平面之间的投影角。

2.5.2.4　高铁地震预警的事件定位

地震中的事件定位是数据分析处理中最重要的一个环节，不仅要计算事件的坐标，还要确定事件的能量大小等参数。

1．高铁地震的 P 波定位法

由于 P 波在地震波中传播速度最快，而且初至时间易于识别，所以采用 P 波定位。假设岩层是均匀速度模型，P 波传播速度为已知，同时要在至少 4 个以上不同地点布设监测台站。

本章采用均匀速度模型来界定高铁地震中心。假定震源到各台站间的岩层均匀，则 P 波的传播速度 v 是定值。设 O 为震源，坐标为 (x_0, y_0, z_0)；$T_i(i=1,2,\ldots,n)$ 为第 i 个监测高铁台站，各高铁台站坐标是 $(x_i, y_i, z_i)(i=1,2,\cdots,n)$；$l_i(i=1,2,\ldots,n)$ 为各高铁台站至震源的距离；$t_i(i=1,2,\ldots,n)$ 是 P 波到达各高铁台站的时刻，t_0 是震源产生的时刻。则

高铁地震中 P 波到达各高铁台站的时刻

$$t_i = \frac{l_i}{v} + t_0 \quad (2.14)$$

高铁地震中高铁台站至震源的距离

$$l_i = \sqrt{(x_i - x_0)^2 + (y_i - y_0)^2 + (z_i - z_0)^2} \quad (2.15)$$

其中，$t_i(i=1,2,\cdots,n), v, (x_i, y_i, z_i)(i=1,2,\cdots,n)$ 是已知量，地震事件震源位置 (x_0, y_0, z_0)，震源产生的时刻 t_0 属未知量，需要求解。

设 $\bar{t}$ 为 P 波到达各高铁台站的平均时刻，$\bar{l}$ 为各高铁台站至震源的平均距离，那么

$$\bar{t} = \frac{1}{n}\sum_{i=1}^{n} t_i \quad (2.16)$$

构成最小二乘函数 $\min f_k = \sum_{i=1}^{n}(t_i - \bar{t})^2$，求解出其最小二乘解，即可得到震源位置 (x_0, y_0, z_0)、震源产生时刻 t_0 的解。

2．高铁地震波射线法

在地震监测过程中，有些地震事件的触发高铁台站可能少于 4 个。这些事件可以采用地震波射线法或者 P 波射线传播方向交汇点法进行定位。当触发高铁台站为单台站时，可采用地震波射线法得到震源位置。

高铁地震中 P 波到达各高铁台站的时刻

$$t_p = \frac{v_s \Delta t}{v_p - v_s} \quad (2.17)$$

高铁地震中 P 波和 S 波走时差

$$\Delta t = t_s - t_p = T_s - T_p \quad (2.18)$$

高铁地震中震源至高铁台站距离

$$L = v_p t_p \quad (2.19)$$

式中 L——震源至高铁台站距离；

T_s——S 波到达高铁台站时刻；

T_p——P 波到达高铁台站时刻；

v_p——传播速度；

t_s——S 波行走时间；

t_p——P 波行走时间；

Δt——P 波和 S 波走时差。

从而求出了震源至监测高铁台站的距离。之后根据高铁台站接收到的地震波，测出东西、南北、垂直方向 P 波初动振幅，可根据公式求得震源方位角 α。则

$$\tan\alpha = \frac{A_{\mu E}}{A_{\mu N}} = \frac{\alpha_{\mu E}/V_E}{\alpha_{\mu N}/V_N} \quad (2.20)$$

高铁地震中震源方位角

$$\alpha = \arctan\left|\frac{\alpha_{\mu E}/V_E}{\alpha_{\mu N}/V_N}\right| \quad (2.21)$$

式中　$A_{\mu E}$——东西方向 P 波位移（单位：μm）；

$A_{\mu N}$——南北方向 P 波位移；

$\alpha_{\mu E}$——初至 P 波东西方向振幅；

$\alpha_{\mu N}$——初至 P 波南北方向振幅；

V_E、V_N——分别为东西方向和南北方向的放大倍数。

2.5.3　高铁地震灾害预警系统

我国是地震多发国家，地震对我国高速铁路运行构成严重威胁。通过借鉴国外高速铁路地震预警的经验，建立高效可靠可行的高速铁路地震预警系统，是解决我国地震区高速铁路建设的关键问题。

2.5.3.1　高铁地震灾害预警系统的主要组成

根据国内外现状，我国高速铁路的地震预警系统包括：

元件一，基于地震传感器，实现地震信息采集接口设计；

元件二，基于 802.11—WIFI 无线发射模块，实现传感器数据实时传输；

元件三，基于 Visual Studio 平台，设计上位机数据融合处理中心；

元件四，在传统地震预警判别的基础上，综合考虑地震对列车运行的影响，设计了基于地震强度的高速铁路运营安全评估算法；

元件五，基于移动通信基站，实现高速铁路运营安全评估信息推送功能。

2.5.3.2 高铁地震灾害预警系统的设计流程

基于地震检测的高速铁路预警系统，可划分为：阈值判别、预警算法、系统结构、整合测试等 4 个部分。

1. 高铁地震预警阈值界定

当地震的强度达到设定的阈值时，预警系统即发出警报。地震强度指标包括烈度和地震动加速度，高速铁路的报警阈值一般采用 Gal 值来表示。高速铁路地震报警阈值 $f(EAT)$ 由公式（2.7）计算，地震预警阈值界定见表 2.6。

表 2.6 地震预警阈值界定

等级	地震动加速度/Gal	地震的震级/级	地震的烈度/度	运行规定
一级	[0，40)	[1，3)	[1，4)	减速 0~30%
二级	[40，60)	[3，4.5)	[4，7)	减速 40%~60%
三级	[60，90)	[4.5，6)	[7，9)	减速 60%~80%
四级	[90，120)	[6，8)	[9，12)	停车
五级	>120	>8	>12	停车

表征地震强度的指标主要有震级和烈度两种。震级是地震大小的度量，反映不同地震释放能量的差异，是通过地震仪记录到的地面运动的振动幅度来测定的；烈度是指地震在不同地点地面遭受地震影响造成破坏的程度，分为 12 级。

2. 高铁地震预警算法

根据检测到的 P 波估算出地震震中距铁路线的距离、震级等参数，并根据震级和震中距来判断是否需要对列车进行管制，以及对多大范围的行车进行管制。现利用学者彭克中提出的我国华北地区的地震动水平峰值加速度的衰减公式计算，即 $\lg A = -0.474 + 0.613M - 0.873\lg R - 0.00206R$。因此，当列车处于受害半径以内时，需要发出警报。

3．高铁地震预警流程

高速铁路地震数据信息采集、评估、报警和控制装置结构参见图 2.16，包括地震信息采集模块、存储模块、通信模块、监控主机、警报发布模块和控制模块等。其预警流程如图 2.18 所示。

高速铁路地震预警流程，具体过程如下：

Step 1：获取参数信息。采集模块的装置所处位置的地表运动信息。

Step 2：计算机根据当前采集得到的最新地表运动参数信息，计算地震参数，快速估计受影响的区域。

Step 3：读取初步设定的铁路地震强度阈值数据。

Step 4：判断是否超过设定的地震强度阈值。

Step 5：如果线路地震强度信息未超过安全阈值，则返回 Step1；如果控制模块识别到地震强度超过安全阈值时，控制模块启动安全预警装置，进入 Step 6。

Step 6：安全预警装置启动，预警开始。

Step 7：当接收到预警装置的警报信号，立即获取地震信息采集模块内置的空间坐标信息，对受影响的线路进行定位。

Step 8：控制模块启动控车模式，模块驱动继电器控制牵引电的开合。

Step 9：判断继电器是否成功断开，列车是否得到控制。如果列车没有得到控制，返回步骤 Step5，发出警报；如果列车得到有效控制，进入步骤 Step10，退出整个流程。

Step 10：列车得到控制，退出流程。

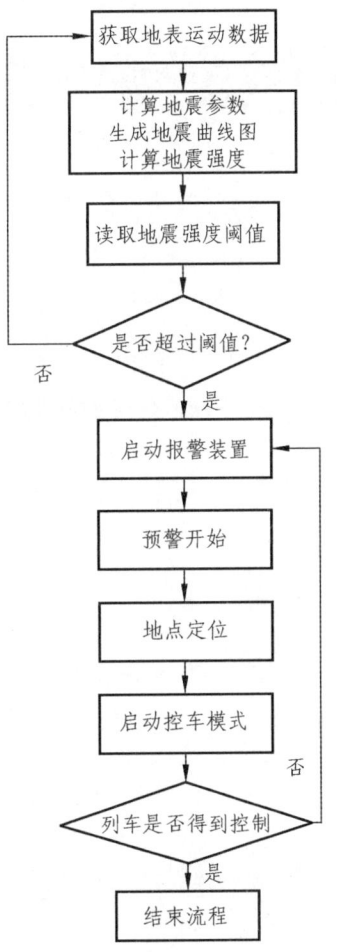

图 2.18　高铁地震预警流程

4．高铁地震预警系统测试

地震波的输入是进行地震分析的重要依据，当地震波不同时，高速列车出轨的峰值加速度不尽相同。现在理论及程序实现的基础上，研究不同地震等级下该系统对高速铁路的不同控车模式。在实际的测试中，将预警等级划分为 3 级。最终得到的测试结果如图 2.19 所示。

（a）低等级地震预警结果（b）低等级地震预警结果（c）低等级地震预警结果

（d）高速铁路预警系统界面

图 2.19 基于地震等级检测的高速铁路预警系统测试结果

2.5.4 高速铁路的地震预警系统

高速铁路的地震预警系统组成有：数据采集终端、高速通信网络、数据处理中心、报警与控制装置。高速铁路的地震预警系统构架影响甚至决定了系统的鲁棒性、可维护性、运行效率、安全性等。本章根据目前我国高速铁路的现状和世界地震预警系统的发展成果，构建了适合于我国高速铁路地震预警系统的硬件构架和软件构架。

2.5.4.1 高速铁路地震预警系统的硬件构架

高速铁路地震预警系统中最重要的基础设施是由多个地震台站形成的网络。国家地震局的台站有的不具有实时传输数据的能力或不具备被铁路系统直接利用的条件，通过实时性改造后可以作为外围监测点。而铁路系统自建台站依靠其自身的通信网络，全部都满足实时性要求。将国家台网和铁路自建台网结合，可以提高计算精度、获得更多的响应时间。

高速铁路地震预警系统的硬件包括：数据采集终端设备、监控主机、通信设施、数据处理服务器、Web 服务器、数据库服务器等（见图 2.20）。将数据采集终端设备和监控主机布设到各个牵引变电所，数据处理服务器和数据库服务器布设到各个铁路段分中心，这样方便管理和列车控制。由通信网络连接铁路段分中心和它所管辖的各个台站。数据采集终端使用强震仪，由强震记录仪和力平衡传感器组成。数据采集终端是地震预警系统风险分析中风险传递最多的一个部分。检测时，由监控主机中的状态监控模块向强震记录仪发送测试指令，之后检测强震记录仪返回的波形。若在指定的时间段没有返回波形，或者返回的波形畸形，则产生错误消息。记录仪需要向铁路系统的授时服务器同步，采用嵌入式系统设计的记录仪能方便地利用嵌入式 Linux 系统的 NTP 服务实现时钟同步。

高速铁路地震预警系统通信设施有：集线器、双绞线、光端机、光缆等。网络拓扑结构采用星型网络，这样网络结构简单，方便控制和管理，容易检测和隔离故障。数据处理服务器分析各个台站的震相到时，再根据数据库服务器中各个台站的地理位置或活动断层等信息，估计地震震级、震中、破坏程度，生成 Shake Map 等。

高速铁路安全运营的自然灾害预警系统

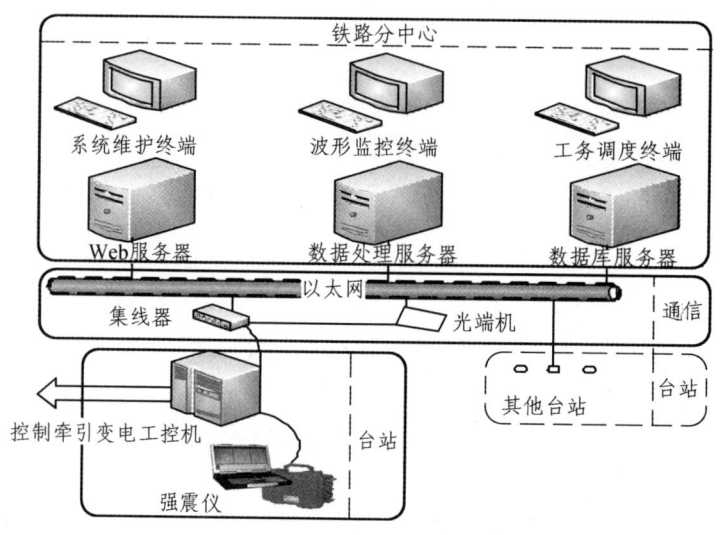

图 2.20　硬件架构

由于采用牵引变电系统的控车模式，需要有监控主机来驱动继电器控制牵引电的开合。高速铁路地震预警系统监控主机宜采用稳定可靠的工业控制计算机。根据采用的预警模式，监控主机的任务可能还有自动分发强震仪的数据包，地震波震相的捡拾等。若采用单台预警模式，监控主机分析本台的地震数据，决定采取的措施。

2.5.4.2　高速铁路地震预警系统的软件构架

高速铁路地震预警系统软件框架设计的目标有：模块化、扩展性、鲁棒性、互联性。在软件系统中使用共享内存区形成环形消息队列，用于缓存数据、匹配数据处理速度不同的各个模块。模块在启动时读取各自的配置文件，这些文件定义了它所监听的消息队列、将处理结果输出的消息队列等。这些文件还定义了模块的运行参数，比如心跳间隔、监听端口、滤波器参数等。高速铁路地震预警系统每个模块要有日志记录功能，详细记录各个模块中发生的事件和相应的时间等信息。日志输出的粒度可通过配置文件控制，在开发或测试阶段输出详细信息，而布设到预警系统后输出必要的简略信息。高速铁路地震预警系统的软件架构如图 2.21 所示。

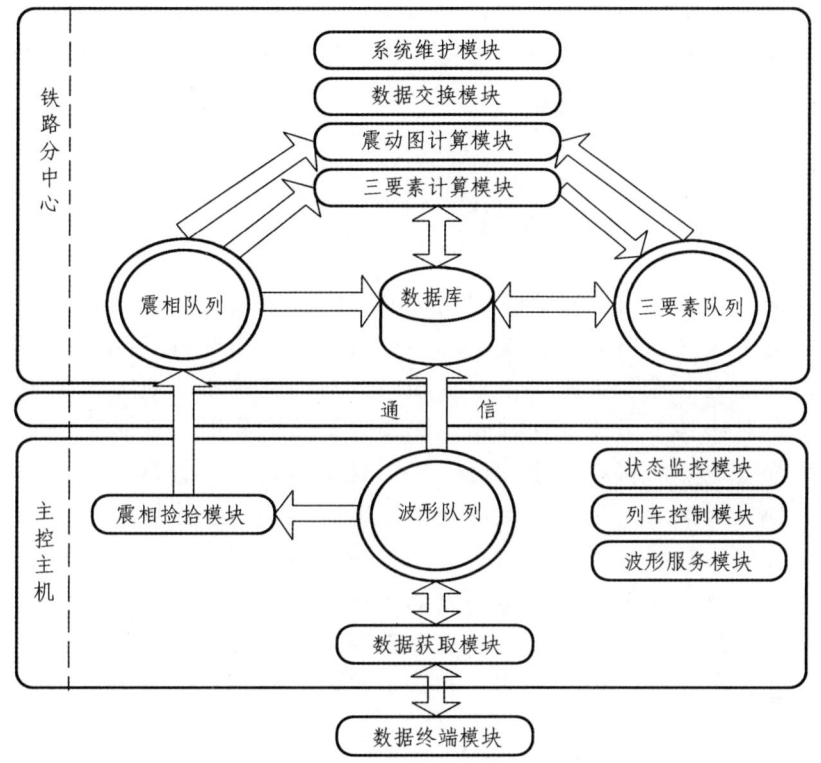

图 2.21 软件架构

高速铁路地震预警系统强震记录仪若采用嵌入式系统设计，Open Service Gateway Initiative（OSGi）框架是个理想的选择。OSGi 是 Java 语言中的支持完全动态组件模式的服务平台。应用以组件（也叫作 Bundles）的形式可以任意地安装、启动、更新和卸载，而不需要运行程序重新启动。组件在需要的时候启动，可以节约资源，不同的组件可以组合成不同的复杂功能。震动图（Shake Map）是对地震引起的地震动的图形化表示。在高速铁路预警系统中使用 Shake Map 可以快速估计受影响区域。这样就可以只对地震影响范围内的列车采取列控措施。地震结束后根据完整的台网记录计算震动图，恢复行车等系统参考。

高速铁路预警系统能及时将预警信息提供给高速列车控制系统，争取在危险性地震波到达前采取有效措施，确保行车安全。本章研究高速铁路地震预警系统中所需要的硬件和软件模块及其相互关系，为高速铁路中的地震预警系统提供了一个良好的框架，有助于保证预警系统的鲁棒性、扩展性、安全性等。

2.6 小 结

地震是对高速列车安全运营威胁最大的自然灾害。在目前地震预报技术还很不成熟的情况下，发展地震预警技术是当前减轻或避免地震对高速铁路危害的重要措施。本章从国内外对高速铁路的地震预警研究角度出发，对比各个国家高速铁路地震预警系统的异同，针对我国地震发生的频率或地点的特点，建立适合我国具体情况的预警系统，并创新性提出了预警阈值的界定，从地震动加速度、地震强度等级以及地震烈度等3个方面定量界定了地震发生时的报警阈值，并针对各个不同的预警等级采取不同程度的控车措施，例如减速限速、停车。本章还相应给出了阈值界定指标的确定方法，确定地震预警的整个流程，并且完成了对应的实体程序，对接用户层面，完善了预警程序，具有一定的应用性。

第 3 章　高速铁路安全运营的雷电预警系统

高速铁路大规模运行以来，雷击事件已成为造成高速铁路牵引供电系统、信号系统故障的主要因素之一。雷击事件不但会导致高速列车设备损坏、列车失电，而且导致运输中断，严重时还会造成行车事故和人员伤亡。如 2011 年 7 月 23 日，我国温州南站沿线铁路牵引供电接触网遭到雷击，导致 D301 与 D3115 次动车发生追尾特大事故（见图 3.1），在事故发生后 7 min 内，雷击累积近 100 次，最后造成 40 人死亡、172 人受伤，中断行车 32 h 35 min。

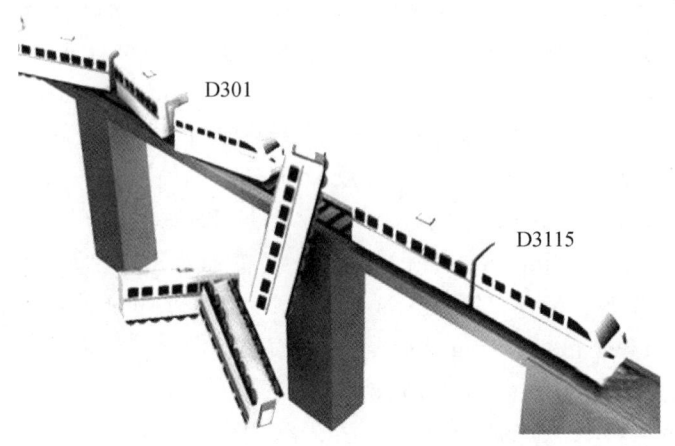

图 3.1　"7.23"甬台温事故示意图

由于我国高速铁路存在高架桥多、沿线气候复杂、采用综合贯通地线等特点，使我国高速铁路被雷击的概率更高、运营中遇到雷击风险更多。目前，我国沿用传统的铁路防雷体系，防雷体系效率不高。特别是我国地质、气候、供电系统结构等差异性，不能套用国外高速铁路发达国家（如德国、日本等国）的防雷标准。因此，要结合我国的实际情况，构建适合我国高速铁路系统的防雷技术，才能保障高速列车安全运行。

目前我国高速铁路运营里程占世界第一，但我国高速铁路防雷技术是在普通铁路防雷技术的基础上发展而来的。由于普通铁路对供电的可靠性要求较低，且普通铁路基本上无高架桥运行，因此，原有普通铁路防雷的经验在高速铁路上不一定适用。特别是我国高速铁路多为长距离线路，如武广线（武汉到广州的高速铁路，1 069 km）、京沪线（北京到上海的高速铁路，1 318 km）等均跨多个省份，而我国的雷暴总体南多北少，各地区之间差异很大，线路与线路之间雷电活动差异很大。这些特点决定了构建我国高速铁路雷电灾害预警系统的特殊性和复杂性。

3.1　高速铁路防雷预警系统的现状分析

高速铁路系统是一个集各种高新技术于一身的自动化控制系统，由多个子系统构成，其中主要有：通信信号子系统 CSS（Communication Signal Subsystem）、车辆 5T 系统 TADS（Truck side Acoustic Detection System）、滚动轴承早期故障轨边声学诊断系统 TFDS（Trouble of moving Freightcar Detection System）、运行故障动态图像检测系统 THDS（Track Hotbox Detection System）、红外线轴温探测系统 TPDS（Truck Performance Detection System）、运行状态地面安全监测系统 TCDS（Train Coach Running Diagnosis System）、运行安全监控系统 OSMS（Operation safety monitoring system）、防灾安全监控系统 SMCS（Safety monitoring and control system for disaster prevention）等。这些系统是保障高速铁路运营安全、杜绝事故发生，保证列车正点、快捷、高密度不间断运行的重要技术装备。高速铁路系统好比一张纵横复杂的神经网，只有在通信信号畅通，电子设备运转正常时，整个高速铁路系统才能安全、高效运作，否则就会陷入混乱。因此，高速铁路防雷预警系统在高速铁路系统中的地位十分重要。

3.1.1 德国高速铁路的防雷预警系统

德国高速铁路经实际测量表明,欧洲中部地区每 100 km 接触网在 1 年的时间内可能遭受 1 次雷电冲击,因此,在高速铁路接触网防雷设计中,没有考虑直击雷防护,只采用避雷器手段限制感应雷击过电压[31]。由于雷击次数少,采用自动重合闸的手段完全能够满足可靠供电的要求。德国高铁如图 3.2 所示。

图 3.2 德国高铁

3.1.2 日本高速铁路的防雷预警系统

日本在电气化高速铁路防雷设计中,根据雷击频度及线路重要程度,将国土的防雷等级划分为 A、B、C 区域,并规定了相应的防雷措施[32],具体如表 3.1 所示。

表 3.1 日本高速铁路接触网防雷预警措施

区域	防雷措施	架空避雷线	避雷器设置位置
A 区	雷害严重且重要线路进行全面防雷保护	全线架设避雷线	牵引变电所出口;接触网隔离开关两侧;架空线与电缆连接处;架空线终端
B 区	雷害比较严重且重要的线路,对雷害场所、重点设备进行必要的防雷保护	特别重要的场所沿接触网架设避雷线	牵引变电所出口;接触网隔离开关两侧;架空线与电缆连接处;架空线终端
C 区	A 和 B 以外的区域	—	牵引变电所出口;接触网隔离开关两侧;架空线与电缆连接处

欧洲国家由于雷击次数少，高速铁路防雷措施很简单，没有形成一套有效的高速铁路防雷预警系统；而日本的高速铁路防雷体系相对复杂但系统完善，值得我国借鉴。

3.1.3　我国高速铁路的防雷预警系统

我国高速铁路采用的通信信号系统都是国际上最先进的微电子设备，许多采集行车信息的传感器分布在线路上或线路旁。特别是高速铁路的钢轨也是传递行车信息的传输通道，这些电子设备都是雷电防护的重点。由于传统高速铁路通信信号系统设备用分离的电子元件时，分离晶体管 PN 结的破坏能量为 1 J，而现在的大规模集成电路芯片的破坏能量仅为 10^{-8} J。我国在高速铁路通信信号系统中采取了防雷措施，但是高速铁路雷害还是经常发生。因此，有必要对高速铁路信号系统的特点进行深刻分析，这样才能更好地做好高速铁路的防雷工作。高速铁路通信信号系统"综合防雷"如图 3.3 所示。

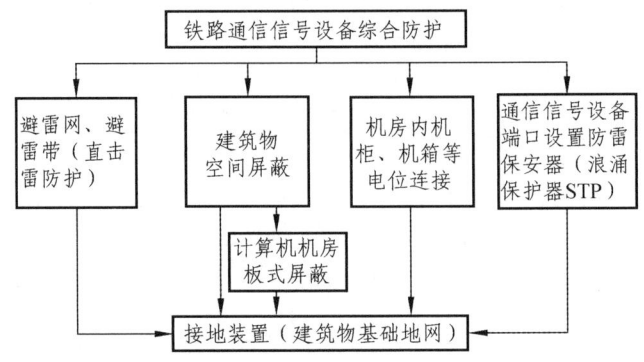

图 3.3　高速铁路通信信号系统综合防雷

高速铁路信号系统设备依赖计算机技术，而高速铁路信号系统设备的雷害有 80% 多是这些设备的雷害。对于高速铁路信号系统，雷电可能进入设备的途径如下：

（1）高铁系统中雷电由电源线侵入。高铁系统中铁路信号供电一般是两路输入：一路为高速铁路信号专用供电（专电）；另一路由电气化区段的电源供电（牵引电）。两路电源为主备关系，专电为主用，牵引电为备用。引入机房信号都用埋地电缆,电网或电网附近落雷可以由电源线传导进入机房。

(2)高铁系统中雷电由钢轨侵入。高铁系统中所有车站及编组站都装备有信号设备,这些设备大部分安装在高速铁路沿线,显示列车动态和指挥列车行进的信息在钢轨上传输,也就是说,钢轨还是闭塞信息的传输线,高速铁路都是电气化区段,轨道在牵引供电网的庇护下不会受到雷电直击,但是可能遭受因牵引供电网遭到直接雷击后引发的二次雷击,也就是雷电电磁脉冲干扰影响是不可避免的,所以高速铁路系统中钢轨也是雷电侵入信号设备的重要途径。

(3)高铁系统中雷电由信号传输线侵入。高铁系统中区间和站内的信息都由电缆传输,进入信号机房的电缆最长的有 10 km,最短的也有 1.5 km 以上,虽然这些电缆埋地敷设,由于信号电缆的敷设特点,使得信号电缆有被雷电电磁脉冲感应的危险。

我国高速铁路的特点是高架桥多,隧道多,"贯通地线"(Buried Earth Cable,BEC)与信号电缆在桥隧区段同沟埋设或临近埋设。贯通地线的任务主要有两个:一个是回流部分机车牵引电流;另一个是贯通连接高速铁路各接地子系统,以构成大的高速铁路综合接地系统。

假若在远方大地有一击雷,且落雷点为 O 点。当落雷点 O 点遭受电流幅值为 i_0 的雷击时,距落雷点 O 点为 S_a 处的雷电电磁场强度为 H_0,如图 3.4 所示[33],则

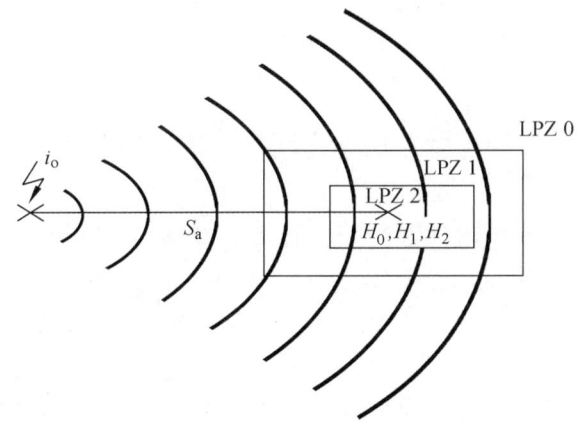

图 3.4 近旁雷击时磁场值

落雷点 O 点，雷电电磁场强度[34]

$$f(H_0) = \frac{i_0}{2\pi S_a} H_0 \qquad (3.1)$$

一般直击雷都不垂直于大地，因此可用雷击电流矢量来分析。雷击的水平分量与图 3.4 中贯通地线-桥墩中的主筋-地网-大地构成一个闭环，因此可以计算一定直击雷电流 i_0 时，S_a 处的雷电场强，进而可以计算距贯通地线的信号外护套上的雷电流和电缆芯线上的感应雷电流。

3.1.4 国内外高速铁路防雷预警系统对比

我国国土面积辽阔，所以雷电现象频发，但我国不同地区又有差别。全球雷暴主要的活动范围在 40°N ~ 40°S 之间，在 40°N 线以北的地区雷暴活动强度相对都比较低。如我国黑龙江省与德国的纬度相当，德国的中心纬度为北纬 51°04′左右，哈尔滨的纬度为北纬 45°4′左右，所以在雷暴活动上基本相当。对于日本，虽然其高速铁路具备较为完善的防雷系统，但日本国土面积较小，并且日本雷电活动并不频繁，只有 25 ~ 30 个雷电日。因此，我国雷暴活动与德国、日本的雷暴活动有着本质的区别，加之我国幅员辽阔，东北、西北、华南等不同区域间气候差异大，从整体来讲，国外的高速铁路防雷技术不能满足我国的实际需要，必须建立适合我国国情的高速铁路防雷预警系统。

3.2 雷电对高速铁路安全运营的影响机理

根据我国雷电作用密度区间，在综合分析国内外已有研究成果基础上，本章将我国雷电险情划分为 4 个等级，即一级（严重地区）、二级（一般严重地区）、三级（轻微地区）以及四级（安全地区）等 4 个等级，见表 3.2。

根据表 3.2 中我国雷电险情等级划分方法，我国各省的雷电险情划分情况见表 3.3。

表 3.2　我国雷电险情等级

序号	险情等级	雷电险情	雷电密度区间/[次/(km²·年)]
1	一级	严重地区	50~70
2	二级	一般严重地区	30~50
3	三级	轻微地区	10~30
4	四级	安全地区	0~10

表 3.3　我国雷电险情区域划分

等级	密度区间 次/(km²·年)	地区	雷电次数 次	最大密度 次/(km²·年)
严重地区	50~70	浙江	480 076	76
		四川	1 045 599	57.256
一般严重	30~50	广东	890 135	48.25
		江苏	545 433	40.25
		海南	154 481	38.75
		安徽	476 831	35.75
		福建	411 407	35.5
		江西	600 154	35
		山东	189 081	32.5
		贵州	501 600	31.75
		河南	256 751	30.67
轻微地区	10~30	河北	423 712	29.997
		湖南	399 485	29
		山西	359 818	27.41
		云南	610 940	27.21
		广西	432 526	26.25
		重庆	218 773	23.58
		上海	30 800	17.176
		陕西	193 579	15.46
		黑龙江	371 687	15.44
		北京	44 583	13.61
		吉林	129 387	9.25
安全地区	0~10	辽宁	105 895	8.75
		天津	24 008	8.6
		宁夏	8 575	4.77

根据表 3.3 划分，目前我国雷电险情大概情况：

一级险情：浙江、四川等省属于雷电险情严重地区；

二级险情：广东、江苏、海南等 9 个地区属于雷电险情一般严重地区；

三级险情：河北、湖南、云南等 11 个地区属于雷电险情轻微地区；

四级险情：辽宁、天津和宁夏地区属于雷电险情安全区域。

因此，我国不同的地域应该采用不同的管制措施，减少雷击事件，保证高速铁路的安全运营。

从我国高速铁路线路所经区域来看，我国高速铁路最容易受到雷电影响的线路是甬温线、温福线、沪杭线、渝利线、遂渝线和达成线；京沪线、合蚌线、武广线、广深线、福厦线、合武线、合宁线、胶济线、沪宁线等属于我国雷电险情一般严重的线路；而京石线、汉宜线、宜万线、石太线属于我国雷电险情轻微的线路。因此，不同区域的高速铁路线路要采用不同的雷电预警系统。

3.2.1 雷电对高速铁路信号系统的影响机理

目前，雷电对高速铁路的危害形式有多种方式。本章通过综合分析，把雷电对我国高速铁路的危害形式总结成 6 种，即：

（1）雷电对高速铁路输变电系统造成损害。高速铁路变配电所是高速铁路电力供应的枢纽，一旦遭受雷击将会引起大范围的停电事故，影响高速列车运营。

（2）雷电对高速铁路信号系统产生危害。铁轨是雷电的良导体，与高速铁路轨道连接的信号设备容易受到雷击危害。

（3）雷电对高速铁路通信系统产生危害。雷电通过传导、感应损坏站内通信信号设备及网络通信设备；通过入侵计算机通信线路损害高速铁路无线通信设备。

（4）雷电对电气化高速铁路的接触网系统造成损害。高速铁路接触网系统中支柱和绝缘子损坏会造成牵引系统永久性接地故障，迫使供电中断。

（5）雷电对高速铁路其他弱电系统造成危害。如售检票系统、设备监控系统、火灾自动报警系统等。

（6）雷电对高原线路客车产生影响。因高速铁路运行环境一般极其恶劣，高海拔、强雷电环境对高速铁路客车电气产品的影响非常显著。

在这 6 种危害中，雷电对于高速铁路信号系统的影响出现最为频繁，是高速铁路防雷技术研究的重要部分。

3.2.1.1 雷击环境下高铁信号系统的脆弱性

高速铁路信号系统易受雷击影响与系统自身的特点有关。高速铁路信号系统庞大，设备分布广泛，其中信号机、道岔等设备与轨道等部件相连延绵几十千米，而且高速铁路信号系统直接暴露在空间大气中，很容易受到雷击影响。

1. 高速铁路车站信号楼的脆弱性

高速铁路车站信号楼是高速铁路信号集中的地方，由于高速铁路信号系统要求可靠性高，而高速铁路信号设备的耐压电压强度又低，与普通建筑物受雷击影响相比，高速铁路信号楼易受雷击影响的主要原因有：

（1）车站信号楼的地理位置因素。我国高速铁路大部分编组站和车站都远离城市中心，高速铁路信号楼多处在高速铁路站场内较空旷地区，使信号楼处于易接收雷电的环境中，并且信号楼附近有很容易引起雷击的高大物体[35]。

车站信号楼的自身特点因素。首先，高速铁路信号楼一般比较高，由于雷电易击突出物，所以易受雷击影响；其次，因为信号楼不同于一般的建筑，它是高速铁路车站信号系统集中的地方，微电子设备多，给雷电入侵提供了多变的途径；最后，由于这些信号楼内信号设备大多是弱电设备，工作电压较低，抗电磁干扰能力和抗过电压能力很低，所以很容易受到雷电感应影响，干扰设备正常工作[36]。

2. 高速铁路轨道电路的脆弱性

高速铁路轨道电路是接受直击雷和感应雷的良好导体，又由于轨道暴露在各种地形中，并且经历从寒温带到亚热带多种气候环境，所以雷暴情况也很复杂。特别是南方多雨地区，高速铁路信号系统由于雷雨天气多导致受雷电影响的机会变多，所以，相关高速铁路信号设备，受到雷击威胁的机会也就增多。

3.2.1.2　雷电活动下高铁信号系统的差异性

雷电活动的强度因地区而异，有的地区强，有的地区弱。我国幅员辽阔，高速铁路贯通全国各地，经历各种气候和地形条件，所以所受雷电活动强度也各不相同。目前我国仍是用年平均雷电日来表示雷电活动的强度。我国的雷电活动大体可以划分为 4 个地区：

（1）西北地区雷电活动的强度。西北地区年平均雷暴日，一般在 20 日以下，全国最弱的地方是新疆地区，年平均雷暴日最少，雷暴季节也最短。

（2）长江以北地区雷电活动的强度。长江以北地区，包括东北地区，年平均雷暴日为 20~40 日。

（3）长江以南地区雷电活动的强度。长江以南地区（北纬 23°以北）年平均雷暴日，一般为 40~80 日。

（4）西南地区雷电活动的强度。西南地区北纬 23°以南地区年平均雷暴日在 80 日以上。

由于我国雷电活动主要集中在 6~8 月，其中以 7 月的雷电活动最为频繁。因此我国雷电活动的规律，可以归纳为：

（1）我国雷电活动南方多于北方。越往南，越靠近赤道和热带地区，雷电活动就越强；越往北，也就是气温较冷、雨量较少的地区，雷电活动就较弱。

（2）我国雷电活动山地多于平原。高原地区的雷电活动就比同纬度的其他地区强。此外，我国山地的雨量一般比平原多，所以山地雷电活动多于平原。

（3）我国雷电活动内陆多于沿海。在其他条件相同时，临近大海或者靠近大江大河地区的雷电活动较其他地区弱。

年平均雷暴活动日是雷电影响分析必要的一个指标，是防雷设计的重要依据。我国各地年平均雷暴活动日数的统计数据如表 3.4 所示。年雷暴活动日多的地方高速铁路信号系统受到雷电影响的机会就多，所以，在雷电活动日多的地区就要加强雷电防护，提高雷电防护等级。

表 3.4　我国各地年平均雷暴活动日

地区	年平均雷暴日	地区	年平均雷暴日
上海	35	西安	20
北京	40	重庆	40
南京	38	南昌	60
天津	30	长沙	50
广州	90	福州	60
哈尔滨	80	兰州	25
沈阳	33	太原	40

3.2.2　雷电环境下高铁牵引供电系统的脆弱性

高速铁路牵引供电系统由变电所和牵引网组成[37]，如图3.5所示。高速铁路中变电所的进线侧电压一般为220 kV，其雷电防护与电力系统一致。电力系统运行经验表明，造成遍布全国的高压输电网跳闸的首要原因即雷电，跳闸比例为 40%～70%。高速铁路牵引网属于低压供电线路，全线没有架设避雷线，且80%左右架设在高架桥梁上，因此耐雷水平更低，极易受到雷击而引起故障。据统计，武广、京广、杭甬等高铁投运后也发生过多次因雷击牵引网故障造成的列车大面积严重晚点、乘客长时被困情况。

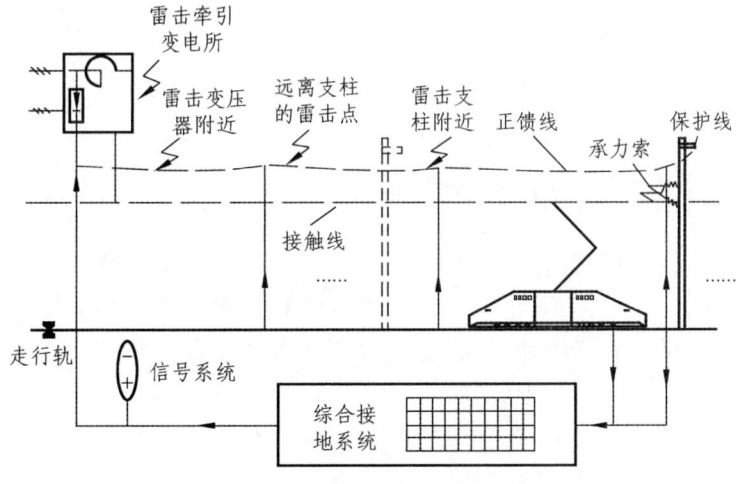

图 3.5　高速铁路牵引供电系统

我国电气化铁道接触网防雷设计，主要依据《铁路电力牵引供电设计规范》（TB10009--2005）和《铁路防雷、电磁兼容及接地工程技术暂行规定》（铁建设[2007]39号）的相关规定[39-40]。根据雷电日的数量分为4个等级的区域，划分为4个等级，见表3.5。

表 3.5　我国雷电险情等级

序号	雷电等级	雷电区域	年平均雷电日/天
1	一级	少雷区	小于 20
2	二级	多雷区	20～40
3	三级	高雷区	40～60
4	四级	强雷区	大于 60

高速铁路接触网遭受雷击的频度与年平均雷暴日数 T_d 有关。一般来说，若 T_d 变大，每 1 km² 大地 1 年的雷击次数也随之变大。根据国际大电网会议推荐：当高速铁路接触网侧面限界取 3 m，承力索距轨面平均高度取 7 m，则

单线高速铁路接触网遭受雷击次数[41]

$$N = 0.122 T_d^{1.3} \tag{3.2}$$

复线高速铁路接触网遭受雷击次数[42]

$$N = 0.244 T_d^{1.3} \tag{3.3}$$

式中　T_d ——年平均雷暴日数。

3.2.3　雷电灾害预警参数界定

雷电参数用来描述雷电放电的特性，它是进行雷击影响分析的重要依据。雷电的发生与地形条件、季节条件和气象等诸多因素有关，例如海洋雷电活动大于陆地雷电活动，山区雷电活动高于平原地区。而且雷电发生的随机性很大，因此描述雷电放电特性的参数是由统计规律得来的。本小节根据各国对典型雷暴地区的长期观测资料得到的数据进行综合分析，得到了雷电放电参数的统计数据。

1．年平均雷暴日

雷暴日指该天发生雷暴的日子，即在一天内只要听到一次或一次以上的雷声就算一个雷暴日，而不论该天雷暴发生的次数和持续的时间，而所有雷暴日都不能反映一天中雷暴发生多少次或雷暴持续时间。因此，不同年份雷暴日数不同，而且变化较大，所以要采用多年的平均值——年平均雷暴日来表示。雷暴日多的地区遭受雷击的可能性较大。我国电压保护规程中规定：

少雷区：年平均雷暴日不足20天的地区；
多雷区：年平均雷暴日大于20天小于40天的地区；
高雷区：年平均雷暴日大于40天小于60天的地区；
强雷区：年平均雷暴日大于60天的地区。

2．年雷击率

年雷击率指一年内，某建筑物或其他物体单位面积内遭受雷电袭击的次数。具体数值与建筑物等效面积、当地雷暴日及建筑物地况有关。依据GB 50057—2010《建筑物防雷设计规范》，建筑物年预计雷击次数[43]计算方法：

$$N = kN_g A_g \quad (3.4)$$

式中　N——建筑物预计雷击次数（次/a）；
　　　k——雷击次数校正系数，一般情况下取2；
　　　A_g——与建筑物接收相同雷击次数的等效面积（km²）。

3．地面落雷密度

为了能具体地描述雷暴活动的频繁程度，表示雷击与地面放电的次数。从防雷角度分析，确定地闪影响建筑物的最重要的参数是地面落雷密度，即每个雷电日每平方公里上的雷击次数[44]，计算公式：

$$N_g = 0.024 T_d \quad (3.5)$$

式中　N_g——建筑物所处地区雷击大地的年平均密度[次/(km²·a)]；
　　　T_d——该地区的年平均雷电日数。

式（3.5）表明：年平均雷暴日数越大，对地雷击密度也越大。

3.3 高速铁路安全运营的雷电预警系统

根据气象部门发布的灾害预警信息,以及高速铁路沿线的雷电灾害信息,在雷电灾害爆发之前,对雷电灾害可能造成的牵引供电系统损失进行评估,则可能对由于雷击引起的牵引供电系统故障进行预测,并对高速铁路安全运营进行预警,从而提高高速铁路列车在雷雨天气下安全运行的可靠性。

3.3.1 高铁雷电灾害的预警方法

国际雷电防护标准 IEC 62305 率先将风险评估引入至建筑物雷电防护中,提出高铁雷害风险 R,计算函数式[45]

$$R = NPL \tag{3.6}$$

式中 R ——高铁雷害风险;

$R = NPL$ ——高铁牵引网危险事件的数目;

$R = NPL$ ——损害的概率;

L ——高铁雷害风险导致的损失。

3.3.1.1 雷击损害的风险源

以往我国高速铁路牵引网设计规范中表征雷电风险源的参数主要依据气象雷暴日,而无法准确描述雷电地闪密度和雷电流强度,也基本上无法定量反映牵引网沿线各段雷击损害风险。目前,电力行业已建成了包含约 500 个雷电探测站的中国电网雷电监测网,经过多年运行积累了 1 012 字节级雷电监测数据,通过这些数据可以统计分析得到详细、准确、真实的雷电密度和强度参数。

我国高速铁路跨度非常大,为得到高铁线路走廊雷害风险源分布情况,可采用"线路走廊网格法",将沿线等距离划分为若干网格,考虑到雷击地面感应雷的作用范围、雷电监测网定位误差以及工程实际需要,该网格沿线路横切面宽度选沿线左右各 5 km。风险源的发生频次可以以其密度来表示,即地闪密度[单位:次($km^2 \cdot a$)];发生强度可以以雷电流幅值来表示。

3.3.1.2 雷击损害的类型

高铁牵引网绝缘子雷电冲击 50% 放电电压约为 400 kV,因此,可能引起牵引网跳闸的雷击损害方式有 2 种[46],如图 3.6 所示。

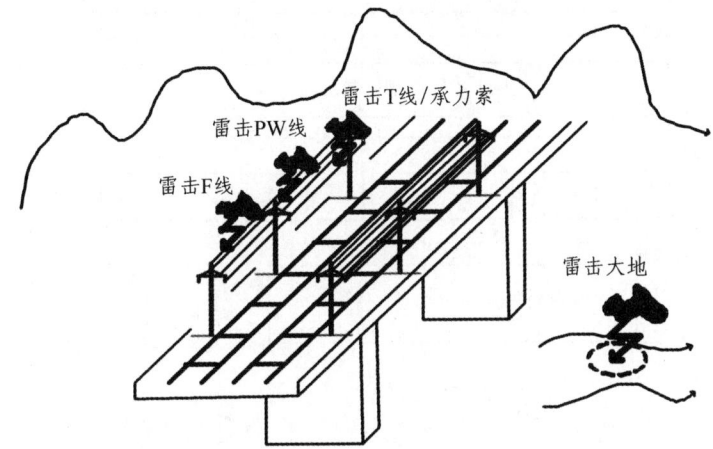

图 3.6 高速铁路牵引网雷击损害类型示意图

1. 雷电直击的损害方式

雷电直击高速铁路牵引网产生的过电压:① 雷击 T 线(电能传输线)/承力索,使 T 线电位抬升,超过绝缘水平,造成 T 线绝缘子闪络;② 雷击 F 线(馈线,与 T 线相位相反),使 F 线电位抬升,超过绝缘水平,造成 F 线绝缘子闪络;③雷击 PW 线(中性线),雷电流通过支柱和 PW 线入地,造成雷击点对地电位抬升,超过绝缘水平,造成 T 线或 F 线绝缘子闪络。

2. 雷电感应的损害方式

雷击附近大地或物体造成的感应过电压,包括雷击附近的地面、山体、树木、建筑物、输电线路等,由于电磁感应,在导线上感应出电压,超过绝缘水平,造成 T 线或 F 线绝缘子闪络。

3.3.1.3 雷击损害的概率

高铁牵引网雷击损害概率与其耐雷水平有直接关系，还需将雷击产生的过电压与绝缘耐受电压进行比较。高速铁路雷击损害概率计算流程如图 3.7 所示。

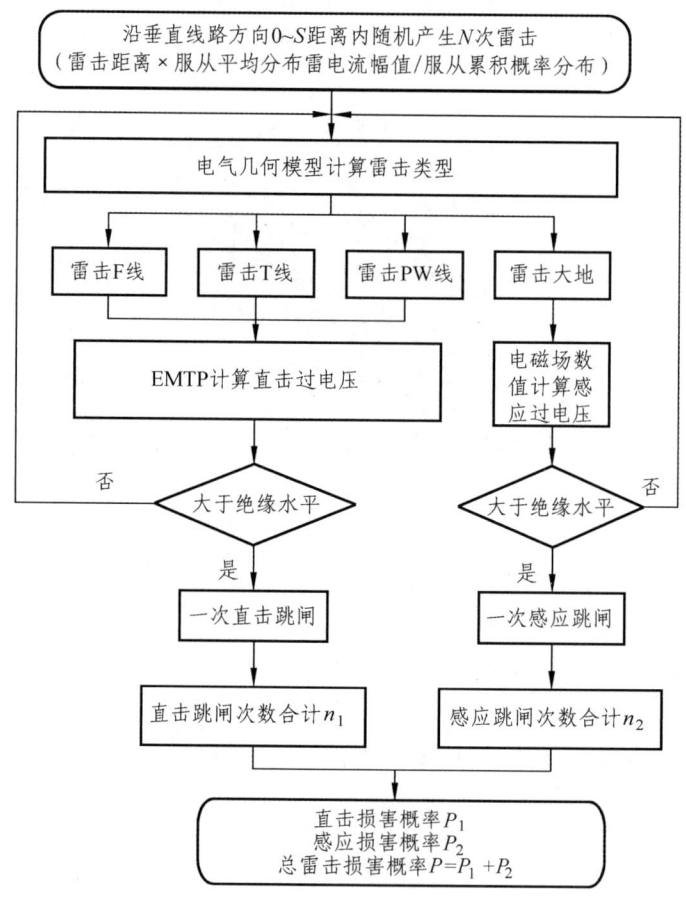

图 3.7 牵引网雷电损害概率计算流程

高速铁路雷击损害概率的计算步骤如下：

（1）沿垂直线路方向，从 0~S（S 应大于计算所取的最大雷电流能使牵引网绝缘闪络的最远距离，单位为 m）距离内，随机产生 N 次雷电 $F_i(x_i, I_i)$，其中：x_i 为雷电 F_i 的 x 方向位置坐标，服从均匀分布；I_i 为雷

电 F_i 的电流幅值，服从累积概率分布。

（2）按照电气几何模型计算几何击距，通过雷击位置与暴露弧的关系判断雷电 $F_i(x_i,I_i)$ 击中牵引网或大地。

（3）若雷击高铁牵引网 F 线、T 线或 PW 线，则调用 EMTP 计算直击过电压，并和相应绝缘水平进行比较，过电压大于绝缘水平，则该雷击将使绝缘闪络，造成牵引网跳闸，直击跳闸次数加 1；反之，跳转下一次雷电 $F_{i+1}(x_{i+1},I_{i+1})$。若雷击大地，则调用电磁场数值计算感应过电压，并和相应绝缘水平进行比较，过电压大于绝缘水平，则该雷击将使绝缘闪络，造成牵引网跳闸，感应跳闸次数加 1；反之，跳转下一次雷电 $F_{i+1}(x_{i+1},I_{i+1})$。

（4）当一次雷电循环计算完成之后，合计直击跳闸次数 n_1 和感应跳闸次数 n_2，则针对高铁牵引网两侧各 S 距离内：直击损害概率 $P_1=\dfrac{n_1}{N}$ 和感应损害概率 $P_2=\dfrac{n_2}{N}$，总雷击损害概率 $P=P_1+P_2=\dfrac{n_1+n_2}{N}$。

3.3.1.4 雷电灾害的风险指标

高速铁路牵引网雷害风险指标即牵引网雷击跳闸率。令：N 为高速铁路牵引网每 100 km 单位长度 $2S$ 宽度范围内的雷击风险源数量[47]，且

$$N=\frac{S}{5}N_g \tag{3.7}$$

式中　N_g——地闪密度；

S——所取的最大雷电流能使牵引网绝缘闪络的最远距离，单位为 m。

则高速铁路牵引网雷害风险指标：

（1）高铁系统中直击雷害风险指标

$$R_1=N\cdot P_1 \tag{3.8}$$

式中　R_1——高铁系统中牵引网直击跳闸率。

（2）高铁系统中感应雷害风险指标

$$R_2=N\cdot P_2 \tag{3.9}$$

式中　R_2——高铁系统中牵引网感应跳闸率。

（3）高铁系统中雷害风险指标

$$R = N \cdot P \tag{3.10}$$

式中　R——高铁系统中牵引网雷击跳闸率。

3.3.1.5　雷电灾害的风险评估等级

为反映高速铁路牵引网雷害风险的高低，可通过设定风险参考标准，并根据风险评估值与参考标准的关系确定高速铁路牵引网雷害风险等级。风险参考标准可选取高铁牵引网雷击跳闸率的设计值、实际运行值、评估结果平均值或运行管理部门规定值。高速铁路牵引网雷害风险等级的级数设定则根据风险评估结果的用途来定，本章现选用四级风险等级划分方法：低风险、中风险、高风险、强风险，分别用 A、B、C、D 表示，如表 3.6 所示，其中 R_s 为风险参考标准。

表 3.6　高铁牵引网雷害风险评估等级划分标准

风险指标区间	$[0,0.5R_s]$	$[0.5R_s,1.0R_s]$	$[1.0R_s,1.5R_s]$	$[1.5R_s,\infty]$
风险等级	A	B	C	D
	低风险	中风险	高风险	强风险

3.3.1.6　雷电灾害的风险评估流程

高速铁路雷电灾害的形成因素复杂，对牵引供电系统的侵袭具有瞬时性的特点，若能在雷电灾害爆发之前，根据气象部门发布的灾害预警信息，以及高速铁路沿线遭到的雷电灾害信息，对雷电灾害可能造成的牵引供电系统损失进行评估，则可能对由于雷击引起的牵引供电系统故障进行预测，并对由此可能引发的对高速铁路安全运营态势进行有效预警。高速铁路牵引网雷害风险评估流程如图 3.8 所示，本章将评估流程分为 4 个部分。

第3章 高速铁路安全运营的雷电预警系统

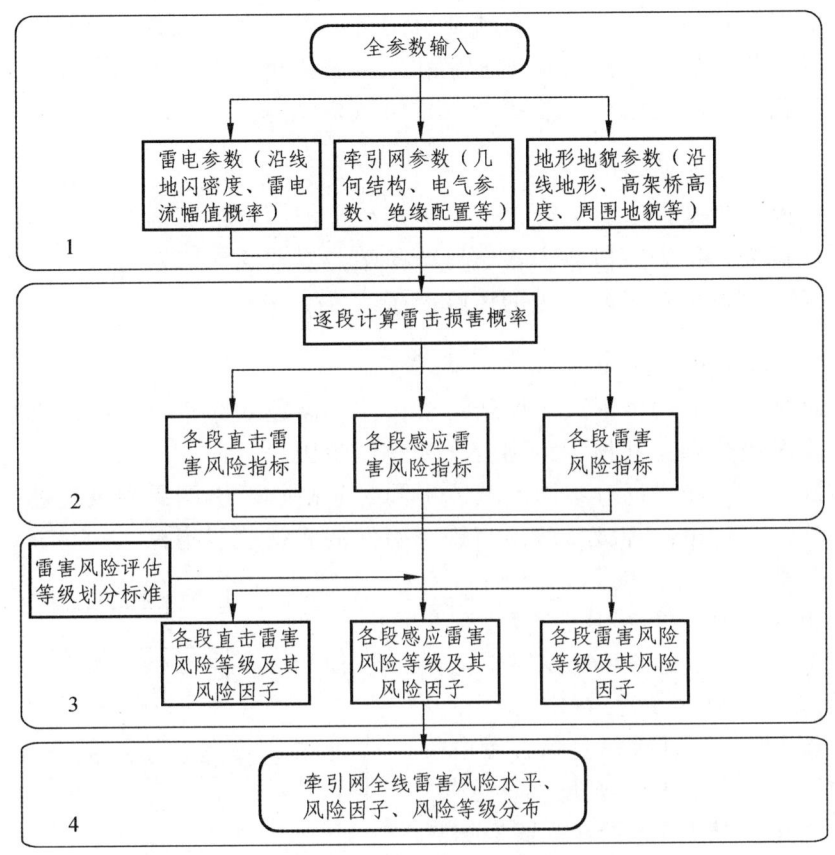

图 3.8 牵引网雷害风险评估流程图

1. 输入雷电参数

高速铁路牵引网雷害风险评估参数包括雷电参数、牵引网参数、地形地貌参数等。其中，雷电参数可由雷电监测网监测数据统计得到；牵引网参数包括各组成部分的三维几何结构参数、线路阻抗、接地电阻等电气参数以及绝缘配置，牵引网参数由设计或运行单位提供；地形地貌参数包括沿线地形、高架桥高度、周围地貌及建筑物等，地形地貌参数由设计或运行单位提供，或从三维地理信息系统中获取。

2．计算雷害风险指标

根据输入的各类参数，高铁牵引网雷击损害概率计算流程逐段计算各段直击损害概率、感应损害概率和总雷击损害概率，得到各段直击雷害风险指标、感应雷害风险指标、雷害风险指标。

3．评估雷害风险等级

根据需要设定雷害风险评估等级划分标准，将得到的各风险指标牵套入该标准，得到各段直击雷害风险等级、感应雷害风险等级、雷害风险等级，以及决定风险等级的风险因子。

4．确定高铁牵引网全线雷害风险

通过加权平均各段风险评估结果，获得高速铁路全线雷害风险水平及风险等级分布，并梳理得到全线主要风险因子。

依据以上步骤可对不同区域、不同时间高铁牵引网雷害风险进行综合评估，评估出的等级反映出高铁牵引网的防雷性能指标。

高铁雷电灾害的风险评估与牵引供电系统的运行状态之间具有交互作用过程，构建的高速铁路雷电灾害的风险评估及预警系统如图 3.9 所示。其中气象预警信息包含雷电发生的概率、剧烈程度、密度和落区等。高铁雷电灾害风险评估模型根据气象预警信息对雷电可能对牵引供电系统运行造成的影响进行风险评估，确定出牵引供电系统易受到雷击影响的危险区域，根据气象预警系统提供的雷电发生概率、剧烈程度和落区等信息，对沿线牵引变电所及接触网等牵引供电设备遭受雷击影响的程度进行评估，确定雷击影响风险高的设备，为牵引供电部门的日常维护、临灾处置、故障恢复提供指导。

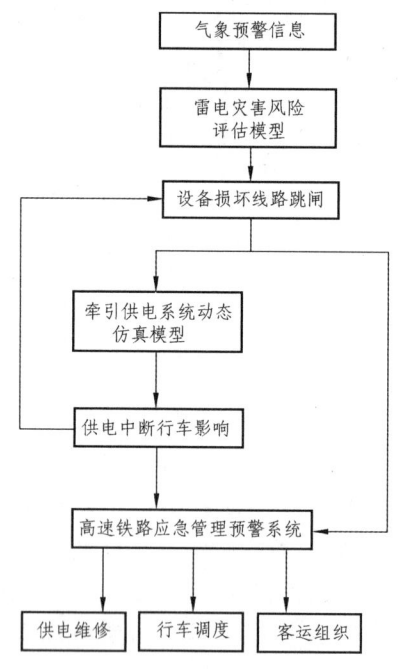

图 3.9 考虑雷电灾害影响的牵引供电系统风险评估及预警系统

3.3.2 高速铁路安全运营的雷电灾害预警系统

在分析雷电灾害对高速铁路影响机理的基础上，构建高速铁路雷电灾害信息采集与预警系统，如图 3.10 所示，该系统包括雷电信息采集装置、电流信号和数值信号转换装置、存储模块、通信模块、控制模块、评估和预警模块。控制模块作为核心模块用于控制上述模块的功能实现，评估预警模块对采集得到的雷电数值数据进行处理和分析，并利用通信模块对雷电灾害评估信息和预警信息进行发布。其中，雷电信息采集装置主要对实时监测位置的雷闪频率和雷电强度进行动态监测，并将监测信息传至电流信号和数值信号转换装置；电流信号和数值信号转换装置用以将雷电信息装置采集的雷电强度电流信号转换为数值信号，并传输入存储模块中；存储模块用以存储雷电信息采集装置获取的雷电强度数值信息，并传输入控制模块进行分析处理；评估预警模块用以动态生成雷电影响阈值，当判断雷电数值信号超过阈值时，进入预警程序，并可在控制模块的控制下通过通信模块发送雷电危害评估信息以及高速铁路应急措施信息，实现对高速铁路线路的雷电灾害安全评估和预警过程；

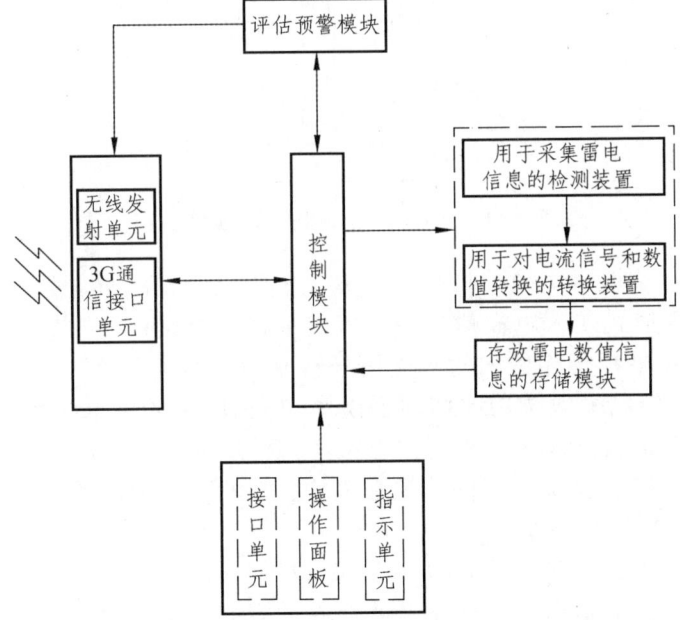

图 3.10　高速铁路雷电灾害信息采集与预警系统

通信模块作为信息采集和预警装置的对外通信模块，在控制模块的控制下通过无线发射向外界发射无线信号，或者通过移动基站接口以短信的形式传输编码信息和短信信息，实现装置与车站上位机终端、列车驾驶室终端以及乘客手机终端的通信。

高速铁路系统的雷电灾害信息预警流程（见图3.11）如下：

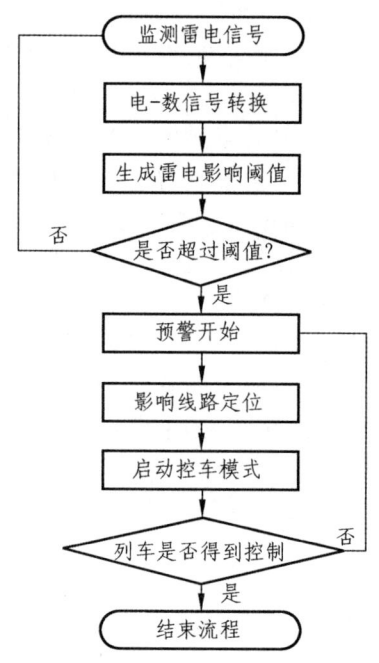

图3.11 高速铁路雷电灾害预警流程

Step1：获取雷电数据信息。采集装置所处位置的雷电强度信息，并以电流信号形式传入电流信号和数值信号转换装置；

Step2：单片机将传入的电流信号转换为数值信号；

Step3：控制模块调用评估预警模块，根据固定的雷电频率判别阈值，确定高速铁路线路地区的雷电灾害参考阈值区间；

Step4：控制模块调用评估预警模块，判断当前雷电数值信号是否超过生成的雷电灾害阈值；

Step5：安全预警装置启动，预警开始；

Step6：获取雷电信息采集装置所在的空间坐标信息，对受影响的高速铁路线路进行地理定位；

Step7：成功定位后，线路所在的管理控制中心启动控车模式；

Step8：判断高速列车是否得到控制。如果高速列车没有得到控制，返回 Step 5，重新进入预警；如果高速列车得到有效控制，进入 Step 9，退出整个流程；

Step9：高速列车得到控制，退出流程。

高速铁路雷电灾害信息采集与预警系统，针对不同的灾害等级，对高速列车的控车模式根据雷电灾害参考阈值区间采取不同的应急措施。不同等级雷电灾害对应的控车模式见表 3.7。

表 3.7 表明雷电灾害预警的不同等级及控车模式，即将高速铁路列车安全运行雷电预警信号分为 4 级，分别以蓝色、黄色、橙色、红色等颜色表示。

表 3.7 不同等级雷电灾害预警及控车模式

预警等级		雷电频率 /[次/(km^2·min)]	运行速度 /（km/h）
1 级	蓝色	15~30	<180
2 级	黄色	30~45	<120
3 级	橙色	45~55	<60
4 级	红色	>55	停运

（1）高铁雷电预警信号 1 级：蓝色预警信号。雷电频率每分钟为 15~30 次/km^2，运行速度控制在 180 km/h 之内，检测列车供电和信号设备是否运转正常。

（2）高铁雷电预警信号 2 级：黄色预警信号。雷电频率每分钟为 30~45 次/km^2，运行速度控制在 120 km/h 之内，检测列车供电和信号设备是否运转正常。

（3）高铁雷电预警信号 3 级：橙色预警信号。雷电频率每分钟为 45~55 次/km^2，运行速度控制在 60 km/h 之内，检测列车供电和信号设备是否运转正常，供电切换为备用电池。

（4）高铁雷电预警信号 4 级：红色预警信号。雷电频率每分钟大于 55 次/km^2，动车组停运。

高速铁路雷电灾害信息采集与预警系统，针对不同等级的雷电灾害有不同的控车模式，其预警系统能够使高速铁路更加有效、快速、安全地运行。

3.4 小　结

对于高速铁路安全运营来说，雷击已成为造成牵引供电系统、信号系统故障的主要因素之一。由于雷电的突发以及不确定等特性，高速铁路防雷系统就成为高速铁路防护系统中的重要组成部分。本章从雷电的影响机理出发，分析了雷电对于高速铁路的影响机理，并提出了相应的评估方法。又在总结国内外针对雷击对高速铁路预警的现状的基础上，分析了我国雷电分布特性、雷电灾害影响机理，最后构建了我国雷电灾害下高速铁路安全运营的预警系统。

第 4 章　高速铁路安全运营的温度预警系统

高速铁路采用无砟轨道结构和跨区间无缝线路技术,具有行车平稳、机车车辆及轨道结构的维修费用低、线路使用寿命长等优点。但无砟轨道和无缝线路也衍生出了一系列技术难点,如高速铁路无缝线路的轨道结构因温度变化会产生伸缩量、因列车荷载作用产生的挠曲量远远大于一般的有缝轨道结构,导致无缝线路钢轨伸缩力、挠曲力也较大,钢轨易产生形变,影响高速列车行车安全。如在我国西部地区(如新疆、西藏等地)钢轨年温差并不是很大,但日温差变化较大,日温差反复改变将可能造成钢轨脆断;东北地区极寒极冷,钢轨因温差会产生很大的压力,将会出现钢轨脆弯变形或者钢轨压溃等问题。因此,对高速铁路轨道温度监控及预警是非常重要的,这样才能保证高速铁路的安全运营。本章在对国内外轨道温度预警系统研究现状进行分析的基础上,研究高温以及低温分别对轨道产生的影响,构建温度环境下高速铁路安全运营的预警系统。

4.1　温度灾害预警系统现状分析

无砟轨道和无缝线路技术在带来高速铁路的运营速度(300 km/h)远超普通铁路运营速度(150 km/h)的同时,也导致了新的技术难题。一方面,高速铁路长钢轨在炎热夏季随着轨温升高,其纵向压力将增大,加之大型养路机械作业后道床阻力下降,造成无缝线路保持稳定的安全储备降低;另一方面,在极端低温的环境下,无砟轨道路基的耐寒抗冻性也是一大难题。因此，为了保证行车安全，高速铁路管理部门要对列车运行速度进行管制。高速铁路管制的对象主要为高速铁路钢轨温度和有砟道床的横向阻力。

4.1.1 日本温度灾害的预警系统

日本新干线轨温监测系统由轨温传感器、大气温度传感器、应力传感器、信号传输设备、信息处理器、显示器、道床状态信息输入设备、报警装置、记录仪、信息传输等元件组成，如图 4.1 所示。由于轨温与气温有紧密的联系，通常小范围内的气温几乎相同（一般取 10 km 左右），因此，日本曲线半径≤6 000 m 的有砟轨道，每隔 70 km 设置一处轨温监测装置，在桥梁或曲线较多的地段适当增设，特别在特大连续梁桥温度跨度较大的梁端宜增设[48-50]，并根据钢轨温度和不同的道床状态（如锁定轨温、起道作业、横向阻力值等）定出不同的行车限速或禁行规定，保证行车安全。

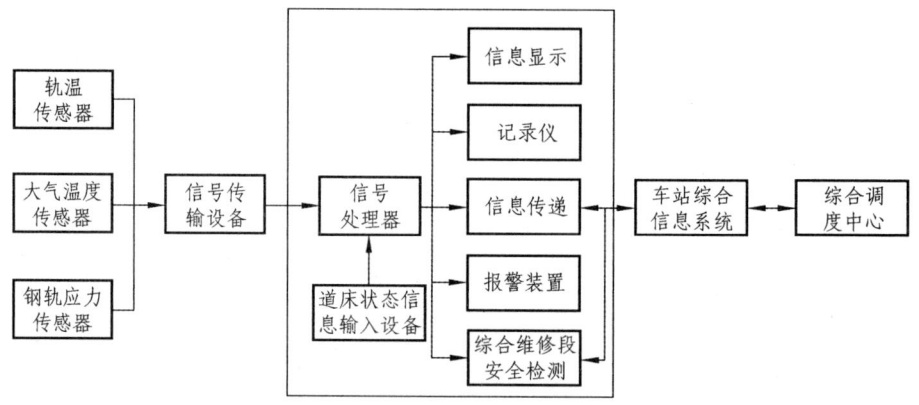

图 4.1　日本新干线轨温预警系统

日本新干线无缝线路钢轨锁定温度的原则：可能出现的最高、最低轨温与锁定温度之差不大于 40 ℃。同时要求有砟轨道道床纵向阻力不低于 8 826 N/m。因此，日本界定可保持道床稳定的最高轨温约为 60 ℃，最低为 -10 ℃[51]。

1．最高温度的限制

从轨道刚度考虑，保证30%安全率的最低压屈强度为882.6 kN，轨温达64 °C时的钢轨纵向力接近882.6 kN，因此确定64 °C为列车停滞运行温度；对最低压屈强度留有20%安全率的纵向力，相对应的轨温约为60 °C，规定以70 km/h慢行。

2．运行速度的限制

由于线路不断受到列车荷载作用，维修作业反复进行，因而有可能使钢轨锁定温度发生变化或道床阻力下降，为保证列车运行安全，需要对钢轨温度进行监测，并在高温时对列车运行速度进行管制。

日本高温时行车管制规则分两类[52]：一类是一般区间，另一类是无砟桥梁。每一类又根据实测的道床横向阻力大小，按高速铁路轨温高低进行行车管制。管制标准见表4.1和表4.2：

表4.1 日本新干线高温行车规则（一般区间）

轨温/°C	测定道床横向阻力/（N/枕）	行车规则
大于64	≤12 748	停止运行
(60, 64)	<8 826	停止运行
	≥8 826	70 km/h 慢行
(58, 60)	<8 826	根据特别巡检确定是否70 km/h 慢行
	≥8 826	温度观测
(53, 58)	<8 826	特别巡检
	≥8 826	温度观测
(48, 53)	<8 826	温度观测
(45, 58)	<8 826	A区间特别巡检

表 4.2　日本新干线高温时行车规则（无砟桥伸缩端）

轨温/°C	测定道床横向阻力 /（N/枕）	行车规则
大于 64	≤ 12 748	停止运行
(60，64)	<10 787	停止运行
	≥ 10 787	70 km/h 慢行
(58，60)	<10 787	根据特别巡检确定是否 70 km/h 慢行
	≥ 10 787	温度观测
(53，58)	<10 787	特别巡检
	≥ 10 787	温度观测
(45，58)	<10 787	温度观测
(45，58)	<10 787	B 区间特别巡检

注：① 特别巡检是指在轨温达到该规定时，由工区派人到认为有危险的地点（如路肩狭窄处、路桥过渡段等），进入第一道防护栅，在邻近线路防护栅外巡检，目测线路方向、水平等。

② A、B 区间是指有轨缝线路地段纵向稳定系数不同的地点。

4.1.2　英国温度灾害预警系统

英国 Radio-Tech 公司的无线自动轨道温度监控系统，已经正式用于英国铁路。无线自动轨道温度监控系统由安装在轨道上的测温探针、道旁的记录仪和监控中心等元件组成。测温探针连续地测量轨道温度，并将测量数据无线发送到道旁的记录仪，传送范围可达 70 m。记录仪经因特网或内联网，将数据传送到监测中心的服务器上，经加工处理后，信息可以以彩图显示于屏幕上。当温度达到临界点时，则及时报警。监测中心则及时派遣人员严密监视，并采取必要的措施。温度探针和记录仪均采用电池供电，温度探针电池可用 10 年，记录仪电池可用 1 年。无线自动轨道温度监控系统不需要布线，可用于桥梁、隧道口及森林地带。系统构成如图 4.2[53] 所示。

第 4 章 高速铁路安全运营的温度预警系统

图 4.2 无线自动轨道温度监控系统

4.1.3 德国温度灾害预警系统

德国高速铁路由于钢轨受日光直接照射,夏季日温差较大(可达 40 ℃),而冬季温差较小(只有约 12 ℃),因此高速铁路轨道温度检测系统必不可少。德国高速铁路采用了新型防灾报警系统 MAS90,除可监督线路装备的运用状况外,还可识别和及时报告环境对行车安全的影响,以及移动设备发生破损的情况。新型防灾报警系统在全线南、北、中段设有中央控制单元(SZE),相互连通;每个 SZE 又连接若干设在沿线总站信号楼内的各种报警和记录单元(MRE),并与之进行信息和命令交换[54]。MRE 接受安装在沿线的探测报警仪器采集的信息。德国轨温监控子系统如图 4.3 所示。

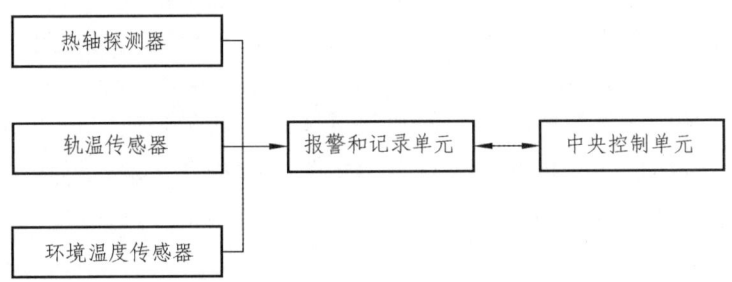

图 4.3 德国温度环境下高速铁路安全运营预警系统

德国对轨道温差也进行了规定。德国《铁路桥梁及其他工程结构物规范》(DS804)规定[55],在特殊情况下计算纵向力时,钢轨的温度变化应按照标准轨距铁路的《上部建筑规定手册》(DS802)中的相应规定考虑,为了简化计算,允许用对称的温度变化 ± 50 ℃。

4.1.4 法国温度灾害预警系统

法国高速铁路采用以机车信号为主的列车自动控制系统。在型号为 TVM430 的列车自动控制系统（Automatic Train Control，ATC）中，除了完成列车速度自动控制外，增加了设备状态和自然环境监测、报警子系统，进一步加强了列车安全运行的保障功能。包括列车自动检测、接触网电压检测、热轴检测、降雨检测、降雪检测、大风检测、立交桥下落物检测等 7 个子系统，图 4.4 所示为 TVM430 的列车自动控制系统框图[56]。

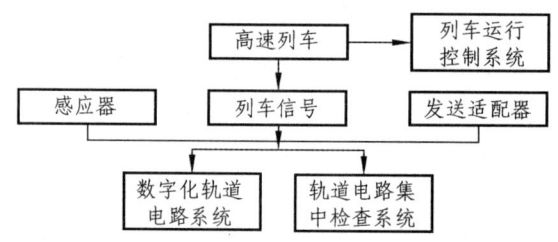

图 4.4　法国高速铁路的列车自动控制系统

法国高速铁路轨温监测系统主要是在高铁沿线的地面安装了轨温监测器，监测所有路过的车辆轴箱温度及变化。如果发现有的轴箱轴温超过第一温度临界值时，立刻发出预警信号，但不限速。当超过第二温度临界值时，向调度指挥中心报警并通过无线电传输系统或 TVM430 系统，要求列车紧急停车，同时通知邻道线路上列车限速。法国高速铁路轨温监测系统在地面轴温监测器隔一定距离就布置一个，以保证这一监测系统具有很高的可靠性。

4.1.5 我国哈大高铁的温度预警系统

我国哈大（哈尔滨到大连）高速铁路线路于 2007 年 7 月开工建设，2012 年 12 月开通运营，是世界上第一条在严寒地区运营的高速铁路。为确保列车的安全平稳运行，需要对线路轨道温度进行监测及预警。中国高速铁路温度监控系统由安全管理和客运专线防灾安全监控两级系统构成，并与调度指挥、应急救援、行车安全监控、客运服务、综合维修、牵引供电、列车控制系统进行信息交换和共享。高速铁路温度监控系统总体结构如图 4.5 所示。

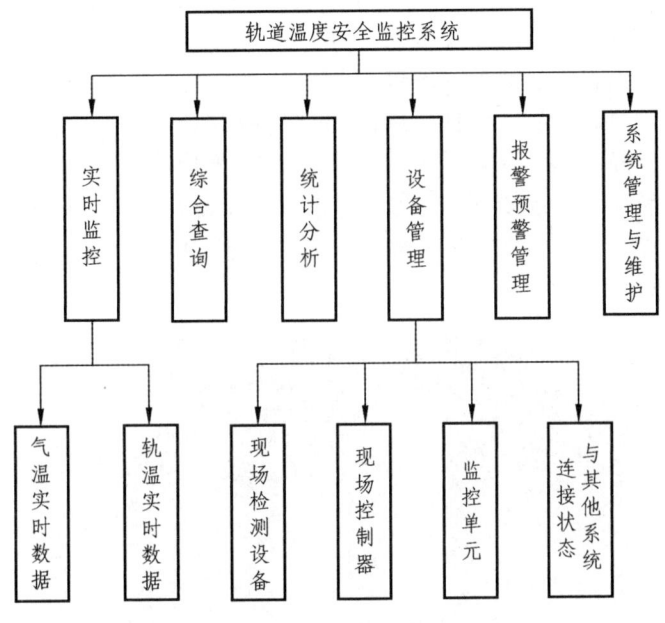

图 4.5　中国高速铁路温度预警系统

4.2　温度对高速铁路安全运营的影响机理

　　高速铁路轨道系统由钢轨、扣件、轨枕、道床等元件组成，高速铁路轨道系统是列车行驶的基础。钢轨是高速铁路轨道的主要组成部件，其作用为引导高速列车车轮前进，承受车轮的巨大压力，并传递到轨枕上。以往铁路线路采用标准长度为 25 m 的钢轨，相邻钢轨间通过接头夹板连接，并留有几毫米到十几毫米的轨缝。而高速铁路线路一般采用没有缝隙的长轨条，无缝钢轨线路可以保证列车行进途中的平顺，减少对轨道部件的损伤。但温度升降导致的钢轨伸缩将转化为温度力，使轨道发生形变。为了确保高速列车的安全运营，必须对温度影响轨道的机理进行深入研究。

4.2.1 高温灾害特性分析

由于高速铁路全线铺设跨区间无缝线路，在夏季随着轨温的升高无缝线路长钢轨的纵向应力将增大，如果在该季节进行夜间大型养路机械作业，作业后将改变有砟轨道道床作业前的状态，实测表明道床的纵向横向阻力均有所下降，此时无缝线路保持稳定的安全储备量将减少。如果高铁轨温继续升高达到（或超出）某一临界值时，只要有任意的激扰（如过车时的振动、列车在该地段制动、线路维修等），无缝线路将失去保持稳定的能力从而发生胀轨跑道事故（见图4.6），对高速铁路的行车安全构成威胁。

图 4.6　高铁无缝钢轨

高速铁路轨温预报及监测系统能实时监测无缝线路的轨温、安全储备量、气象等信息，为高铁工务维修部门、综合调度中心提供决策依据。

4.2.2 低温灾害特性分析

高速铁路运营条件对路基要求很高（见图4.7），微小的变化都会带来灾难性的后果。因此，无砟轨道路基结构下路基季节冻胀的特殊性，是困扰严寒地区高速铁路建设和运营的关键技术难题之一。严寒地区高速铁路具备两个方面的技术问题：一方面，是高速铁路轨下的受力特征，需要解决轨下基础的强度和稳定性；另一方面，是季节冻融过程路基的变形特征，需要解决路基冻胀问题。

图 4.7 高铁路基

路基冻胀是指在负温条件和存在一定温度梯度条件下，路基本体内水分向冻结面迁移冻结，冻结后路基土体体积增大导致路基顶面高程发生变化的现象。而环境温度是影响土冻胀的重要因素之一，土的冻结和融化主要是受环境温度的影响。因此，高速铁路建立无缝线路轨温预报及监测系统，并将数据传送到安全防灾报警系统是至关重要的。

4.2.3 温度监测的预警参数

为了研究温度对于高速铁路钢轨的影响，将高速铁路钢轨的温度应力以及钢轨温度作为主要指标进行量化研究，判断温度对于高速铁路正常运营影响的阈值，以此为基础确定不同温度下高速铁路速度的安全范围，对高速铁路轨道温度监测预报系统的设计提供理论基础。

4.2.3.1 钢轨温度

高速铁路钢轨温度简称轨温，与气温不同，影响高速铁路轨温的因素很多与气候变化、风力大小、日照强度、钢轨所处地段和测量部位等有关。高速铁路建设一般采用超长无缝钢轨，优点是减少了列车运行过程中的冲击振动。高速铁路钢轨的温度应力是由钢轨温度引起的，在无缝钢轨架设初期，内应力为零。在轨枕铺设完毕之后，对高速铁路钢轨形成了约束，超长无缝钢轨无法自由变形，高速铁路轨温升高或降低均会在其中引起温度应力。

为保证行车安全，必须将钢轨温度限制在一定范围内，以免高速铁路钢轨发生变形。夏季气温较高，容易产生钢轨膨胀现象，冬天气温较低，无法正常收缩，易产生断轨现象。

高铁钢轨温度区间：最高轨温一般要比当地最高气温高 20℃ 左右，最低轨温与当地最低气温大致相同。

4.2.3.2 预警阈值

高速铁路无缝线路的钢轨温度应力大小和分布与轨温变化幅度有直接的关系，而它又是影响无缝线路的强度和稳定性的主要因素，所以钢轨的温度变化幅度就成为无缝线路设计、铺设和维修养护的重要资料。高速铁路钢轨采用 60 kg/m，100 m 定尺长钢轨。

高速铁路钢轨温度变化为 Δt，则一根长为 l 的钢轨伸缩量为[57]

$$\Delta l = \alpha l \Delta t \tag{4.1}$$

高速铁路钢轨产生的应变[58]

$$\varepsilon = \Delta l / l = \alpha \Delta t \tag{4.2}$$

如果高速铁路钢轨受到阻力不能伸缩，则产生的 Δl 转化为应力，根据胡克定律[59]

$$\sigma = E\varepsilon \tag{4.3}$$

从而高速铁路钢轨受到的温度力

$$P = \sigma S \tag{4.4}$$

式中　α ——高速铁路钢轨的线性膨胀系数；
　　　E ——高速铁路钢轨的弹性模量；
　　　S ——高速铁路钢轨横截面面积。

1. 高铁钢轨温度预警区间

在锁定的高速铁路钢轨内部，随着温度荷载的增大，高速铁路钢轨内部的纵向温度力也越来越大，并且与温度变化量呈正比关系。锁定高速铁路轨温计算应考虑最大允许温升 $[\Delta t_c]$，最大允许温降 $[\Delta t_d]$，当地历史极端最高、最低轨温等方面[60]。

$$[\Delta t_d] + [\Delta t_c] = 149.05 > T_{max} + T_{min} + 10 = 96\ °C$$

式中　$[\Delta t_d]$——最大允许温降；
　　　$[\Delta t_c]$——最大允许温升；
　　　T_{max}——当地历史极端最高轨温；
　　　T_{min}——当地历史极端最低轨温。

因此，铺设温度应力式全区间无缝线路其锁定轨温应保证夏季不胀轨跑道，冬季不折断钢轨，其锁定轨温设置按照图 4.8 进行。

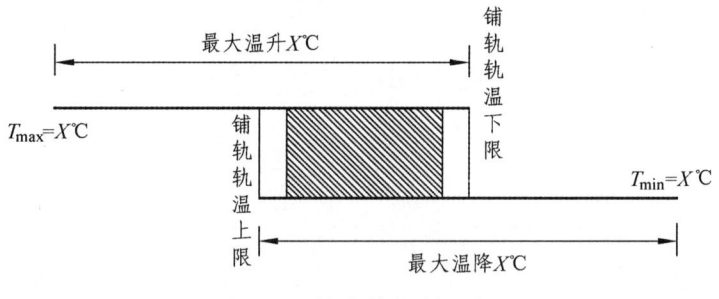

图 4.8　锁定轨温设置图

2．高铁温度预警准则

参考日本新干线高温行车规则，现界定我国高速铁路高温、低温行车规则，见表 4.3 和表 4.4。

表 4.3　高速铁路高温行车规则

轨温/°C		行车规则
一级	>64	停止运行
二级	(60, 64)	停止运行
		70 km/h 慢行
三级	(55, 60)	根据特别巡检确定是否 70 km/h 慢行
		温度观测
四级	(51, 55)	特别巡检
		温度观测
五级	(45, 51)	温度观测
六级	(42, 45)	A 区间特别巡检

表 4.4　高速铁路低温行车规则

	轨温/°C	行车规则
六级	（-55，-50）	停止运行
五级	（-45，-50）	停止运行
		70 km/h 慢行
四级	（-40，-45）	根据特别巡检确定是否 70 km/h 慢行
		温度观测
三级	（-35，-40）	特别巡检
		温度观测
二级	（-30，-35）	温度观测
一级	＜-30	A 区间特别巡检

4.3　高速铁路安全运营的温度预警系统

高速铁路轨道温度实时监测和预警装置的结构如图 4.9 所示。高速铁路轨道温度实时监测和预警系统包括温度信息采集模块、电流信号和数值信号转换装置、存储模块、通信模块、控制模块、评估和预警模块等元件。控制模块分别与温度信息采集模块、电流信号和数值信号转换装置、存储模块、通信模块、控制模块、评估和预警模块连接，该控制模块作为核心模块用于控制上述模块的功能实现，控制模块、评估和预警模块对采集得到的温度信息数值数据进行处理和分析，并可通过通信模块传输轨道温度灾害评估信息。

由图 4.9 可知，高速铁路轨道温度实时监测和预警系统的温度信息采集模块用以对装置所处位置的轨道温度及环境温度进行监测以及空间坐标信息的提取，并将监测信息和空间坐标信息记录在存储模块中。

第4章 高速铁路安全运营的温度预警系统

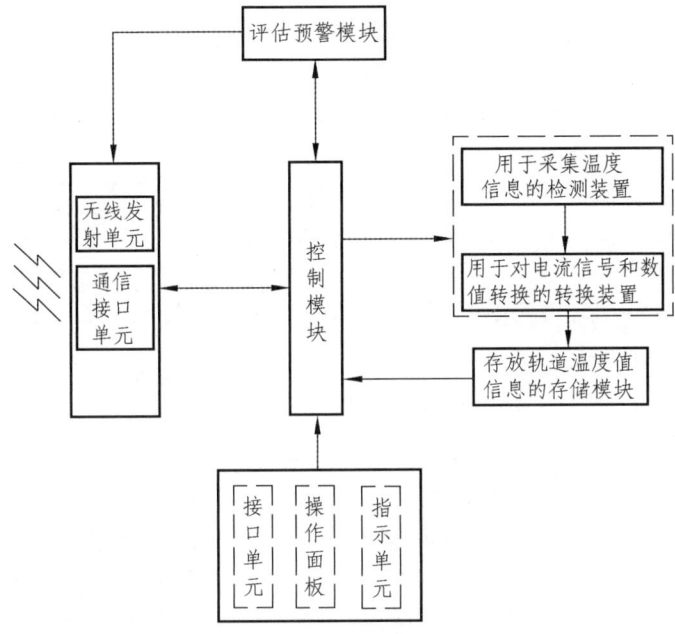

图 4.9 温度预警系统的结构

（1）温度预警系统的电流信号和数值信号转换装置。用以将温度信息装置采集的轨道温度及环境温度的电流信号转换为数值信号，并传输入存储模块中。

（2）温度预警系统的存储模块。用以存储前述轨道温度参数信息和空间位置信息，并可在控制模块的控制下通过通信模块传输轨道温度参数信息。

（3）温度预警系统的评估预警模块。用以对采集得到的轨道温度参数信息进行评估，根据动态生成的轨道温度危害阈值判定当前轨道温度的安全等级，当判断轨道温度数值信号超过阈值时，进入预警程序，并可在控制模块的控制下通过通信模块发送轨道温度灾害评估信息以及高速铁路应急措施信息，实现对高速铁路线路的轨道温度灾害安全评估和预警过程。

（4）温度预警系统的通信模块。作为温度信息采集和预警装置的对外通信模块，在控制模块的控制下通过向外界发射无线信号，或者通过移动基站接口以短信的形式传输编码信息和短信信息，实现装置与车站上位机终端、列车驾驶室终端以及乘客手机终端的通信。

高速铁路温度预警系统流程如图 4.10 所示。

基于图 4.10,高速铁路安全运营的温度预警系统,预警流程为:

Step 1:获取高铁轨道温度参数信息,并以电流信号形式传入电流信号和数值信号转换装置;

Step 2:单片机将传入的电流信号转换为数值信号;

Step 3:控制模块调用评估预警模块,利用历史的轨道温度灾害发生情况数据和当前所在区域的实际情况进行比对,确定高速铁路线路地区的轨道温度灾害参考阈值区间;

Step 4:控制模块调用评估模块对预处理过后的轨道温度和环境温度参数信息进行分析,判断所在地区当前轨道温度波动数值信号是否超过生成的轨道温度灾害阈值。

Step 5:安全预警装置启动,预警开始;

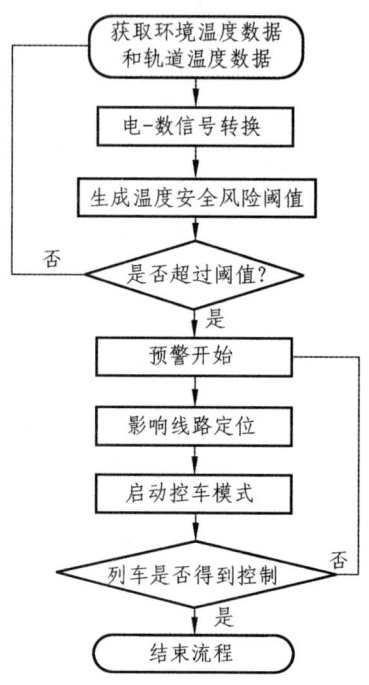

图 4.10 高铁温度预警系统流程

Step 6:获取轨道温度信息采集装置所在的空间坐标信息,对受影响的高速铁路线路进行地理定位;

Step 7:成功定位后,高速铁路线路所在的管理控制中心启动控车模式;

Step 8:判断列车是否得到控制。如果列车没有得到控制,返回 Step 5,重新进入预警;如果列车得到有效控制,进入 Step 9,退出整个流程。

Step 9:列车得到控制,退出流程。

4.4 高速铁路轨道温度的预警系统

高速铁路轨道温度对无缝线路的稳定性至关重要,实时掌握无缝线路的钢轨温度可有效地防止胀轨和断轨的发生。尤其在我国东北地区、西部地区(新疆、西藏等地),有大片常年冻土区,严重影响高速铁路的安全。因此,急需在高速铁路沿线建立实时的轨道温度监测系统,对高速铁路轨道进行长期、全面、实时的观测,确保高速铁路线路安全运营。

4.4.1 高速铁路轨道温度的预警内容

高速铁路轨道系统是构成高速铁路系统的重要部分。我国高速铁路线路一般采用没有缝隙的长轨条,由于温度升降会导致钢轨的伸缩并转化为温度力,将会导致轨道发生形变。传统的轨道温度监测方式是采用人力定时定点对轨道温度进行检测,这种方法费时、费力、效果差,还无法做到即时监测、即时预警,也无法在第一时间对高速铁路轨温超限区段采取适当措施。如果高速铁路轨道温度升高达到(或超出)某一临界值时,只要有任意的激扰,无缝线路将失去保持稳定的能力,从而发生胀轨、跑道事故,对高速铁路的行车安全构成威胁。因此,建立高速铁路沿线轨道温度监测及预报系统是确保高速铁路安全运营的重要手段。目前,日本在对高速铁路沿线轨道温度监测的研究较为成熟,基于日本的研究成果,本章高速铁路轨道温度监测的数据内容有:

(1)高速铁路的轨道温度。高速铁路建设现一般采用超长无缝钢轨,在夏季高温时节,容易产生钢轨膨胀现象;在冬季气候严寒时节,无法正常收缩,易产生断轨现象。

(2)高速铁路的环境温度。环境温度是高速铁路运营环境的温度,一般指外界温度。根据长期大量的测量结果,最高轨温一般要比当地最高气温高 20 ℃ 左右,最低轨温与当地最低气温大致相同。

4.4.2 轨道温度预警的数据感知模型

支持向量机(Support Vector Machine,SVM)是 20 世纪 90 年代初 Vapnik 等人根据统计学理论提出的一种新的机器学习方法。支持向量机以结构风险最小化原则为理论基础,通过适当地选择函数子集及该子集中的判别函数,使学习机器的实际风险达到最小,保证了通过有限训练样本得到的小误差分类器,对独立测试集的测试误差仍然较小。本节以支持向量机为基础,对高速铁路轨道温度监测数据进行分析。

1. 支持向量机的基本原理

支持向量机的基本思想是：在线性可分情况下，在原空间寻找两类样本的最优分类超平面；在线性不可分的情况下，加入了松弛变量进行分析，通过使用非线性映射将低维输入空间的样本映射到高维属性空间使其变为线性情况，从而使得在高维属性空间采用线性算法对样本的非线性进行分析成为可能，并在该特征空间中寻找最优分类超平面。支持向量机通过使用结构风险最小化原理在属性空间构建最优分类超平面，使得分类器得到全局最优，并在整个样本空间的期望风险以某个概率满足一定上界。

我国铁路系统过去检测温度是人工进行的，测试频率总的原则是暖季频率较高，寒季频率较低。而在我国东北地区、西部地区环境中，人工测量轨道温度不是一件轻松的事，易受恶劣天气影响，浪费人力物力而且可靠性差。目前已经不能满足在沿线大规模观测的需要，因此有必要对高速铁路沿线进行终生监测，建立高速铁路轨道温度监测及预报系统，确保高速铁路的安全运营。基于此，本节利用支持向量机的基本原理，构建我国高速铁路轨道温度监测及预报系统。

2. 支持向量机的基本算法

支持向量机的本质为 2 值分类器，分类决策函数为

$$y = f(x) = \mathrm{sign}\left[\sum_{i=1}^{n} \alpha_i y_i K(x_i, x) + b\right] = \mathrm{sign}\left[\sum_{\forall \alpha_i \in SV} \alpha_i y_i K(x_i, x) + b\right] \quad (4.5)$$

式中，$K(x_i, x)$ 为核函数，x 为待分类样本，训练样本集为 (x_i, y_i)，$i=1,\cdots,n$，n 为训练样本个数，$x_i \in R^d$ 为训练样本，$y_i \in \{+1, -1\}$ 是样本 x_i 的类标记，SV 为支持向量集，是训练样本的一个子集。

因此，基于有限的数据、获取最大的信息，可以利用支持向量机构建高速铁路轨道温度监测及预报系统。由于采用不同的核函数 $K(x, x_i)$ 就可构造实现输入空间中不同类型非线性决策面的学习机，导致不同的支持向量算法。高速铁路轨道温度预警系统中，采用简单函数关系

$$\max: L_D = \sum_{i=1}^{n} \alpha_i - \frac{1}{2} \sum_{i,j=1}^{n} \alpha_i \alpha_j y_i y_j K(x_i, x_j) \quad (4.6)$$

$$\text{S.t:} \quad C \geqslant \alpha_i \geqslant 0$$

$$\sum_{i=1}^{n} \alpha_i y_i = 0$$

式中，C 为某个指定的常数，它实际上起控制对错分样本惩罚程度的作用，实现在错分样本的比例与算法复杂度间的折中。类间交迭由惩罚权 $C>0$ 控制，$C=0$ 则不允许交迭。

目前支持向量机中常用的核函数有：线性核函数 $K(x,x_i)=(x,x_i)$，多项式核函数 $K(x,x_i)=[(x,x_i)+1]^q$，高斯核函数 $K(x,x_i)=\exp\{-(x-x_i)^2/\sigma^2\}$，Sigmoid 核函数 $K(x,x_i)=\tan[v(x,x_i)+c]$。为了简化过程，本章高速铁路轨道温度预警系统中，采用线性核函数。

4.4.3 轨道温度的预警系统

在冬季，高速铁路导电轨可能结冰，道砟可能冻结；在夏季，在极端高温的日子里，高速铁路轨道可能出现胀轨现象，如果不及时采取措施，则可能引起列车出轨。目前对高速铁路轨道的监测，是在高速铁路沿线设立监测点，安装温度传感器和采集单元，实时采集高速铁路轨道温度数据，数据超出报警值发出报警；用户确认报警信息和现场情况后，及时采取应对措施，如减速停车或躲避等。防灾系统用户一般为铁路调度人员，如果能够对高温，尤其是超高温做到预警，即在高温影响线路正常行车前预先警告，给调度人员留出决策时间，确定合理适度的对策，对于预防灾害保证行车安全和效率会起到非常好的作用

1．预警系统组成

通过对国内外铁路轨道温度监测及预警系统的比较，设计高速铁路轨道温度监测和预测系统，预警系统包括：

（1）基于温度传感器，实现环境温度和轨道温度信息采集接口设计。

（2）基于 802.11-WIFI 无线发射模块，实现传感器数据实时传输。

（3）基于 Visual Studio 平台，设计上位机数据融合处理中心。

（4）在传统轨道温度预警判别的基础上，综合考虑高速铁路轨道温度对列车运行的影响，设计基于轨道温度高速铁路运营安全评估算法。

（5）基于移动通信基站，实现高速铁路运营安全评估信息推送功能。

基于轨道温度检测的高速铁路预警系统中，主要部分具体可划分为阈值判别、系统结构、整合测试等 3 个部分。

2．预警阈值判别

根据高铁轨道温度监测区间：最高轨温一般要比当地最高气温高 20 °C 左右，最低轨温与当地最低气温大致相同，并参考国内外已有的研究成果，现确定高速铁路高温行车规则见表 4.5。

表 4.5　我国高速铁路高温行车规则

轨温/°C		行车规则
温度区间	预警阈值	
>65	65	停止运行
(60，65]	60	停止运行
		70 km/h 慢行
(55，60]	55	根据特别巡检确定是否 70 km/h 慢行
		温度观测
(50，55]	50	特别巡检
		温度观测
(45，50]	45	温度观测
(40，45]	40	A 区间特别巡检

根据高速铁路行车规则，现确定高速铁路沿线轨道温度判别阈值，见表 4.6。

表 4.6　高速铁路沿线轨道温度判别阈值

高速铁路沿线轨道温度/°C	列车运行限速
[0，45]	正常速度运行
(45，51]	限速 300 km/h
(51，55]	限速 200 km/h
(55，60]	限速 120 km/h
>60	停止运行

3．预警系统架构

高速铁路轨道温度实时监测和预警装置的结构如图 4.11 所示，包括温度信息采集、电流信号和数值信号转换装置、存储模块、通信模块、控制模块、评估和预警等元件。高速铁路轨道温度控制模块分别与温度信息采集模块、电流信号和数值信号转换装置、存储模块、通信模块、控制模块、评估和预警模块连接。高速铁路轨道温度的控制模块作为核心模块用于控制上述模块的功能实现，控制模块、评估和预警模块对采集得到的温度信息数值数据进行处理和分析，并可通过通信模块传输轨道温度灾害评估信息。

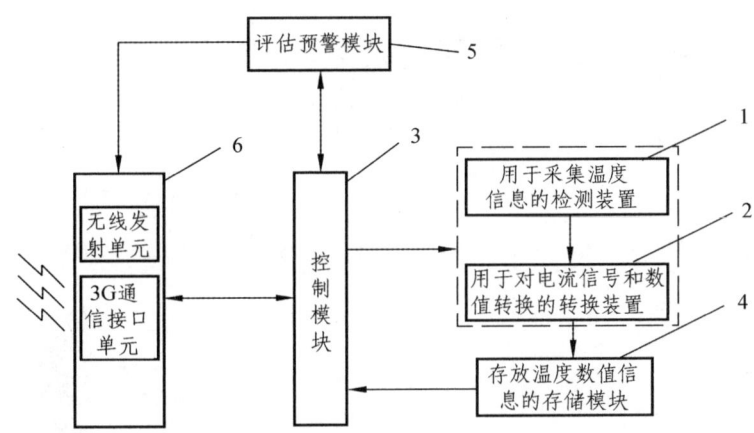

图 4.11　温度监测和预警装置的结构

4．预警系统测试

为验证系统的稳定性和实用性，采用虚拟高速铁路轨道温度对基于轨道温度检测的高速铁路预警系统进行测试。测试方法为，首先对轨道缓慢加热，然后在此基础上测试整个系统在高速铁路轨道温度变化过程中采集到的轨道温度信息、环境温度信息以及预警信息的变化情况。在实际的测试中，又将预警等级划分为 3 级。最终得到的测试结果如图 4.12 所示。

高速铁路安全运营的自然灾害预警系统

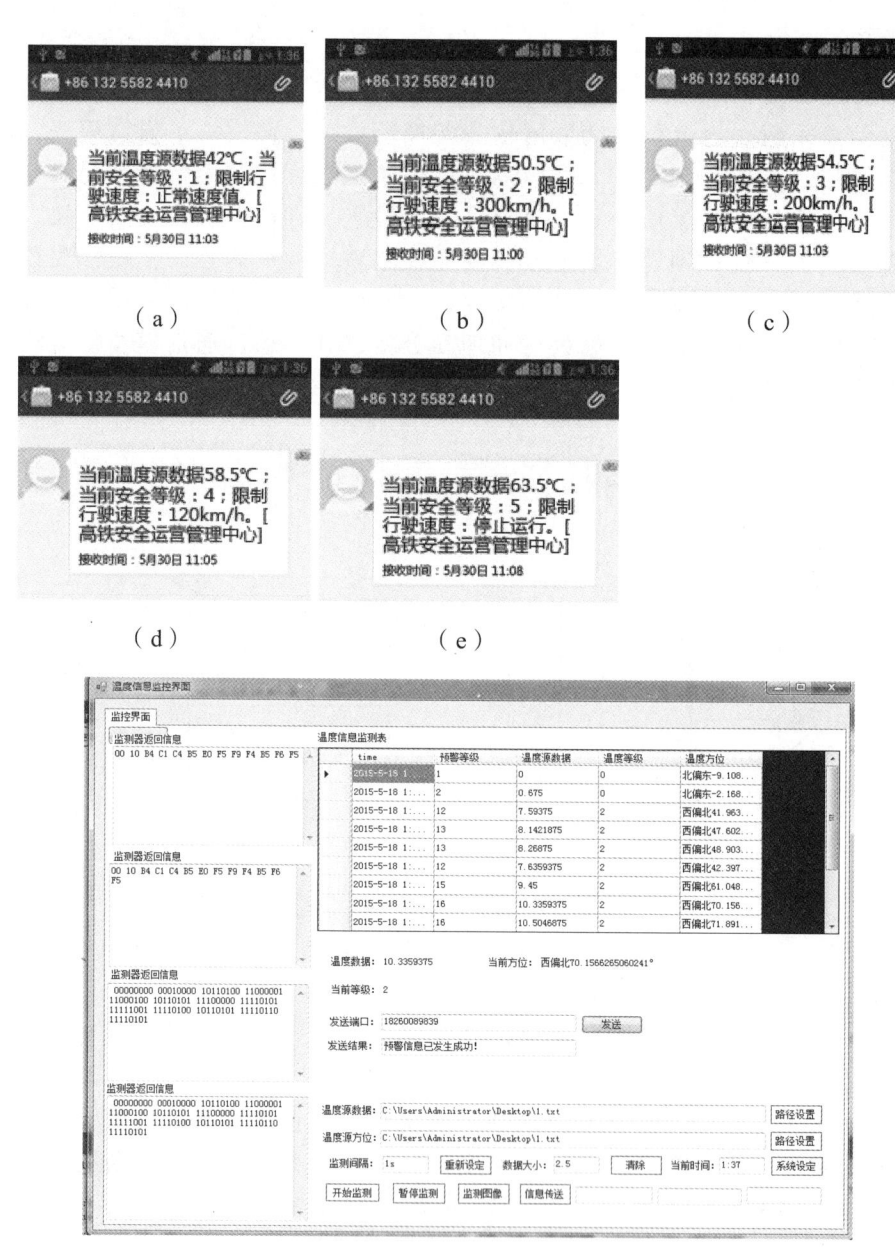

图 4.12 基于轨道温度检测的高速铁路预警系统测试结果

4.5 小　　结

由于高速铁路全线铺设跨区间无缝线路，在夏季，随着高速铁路轨温的升高，无缝线路长钢轨的纵向应力将增大，从而产生安全隐患。而在一些高纬度及高海拔地区，路基季节冻胀的特殊性，是困扰这些地区高速铁路建设和运营的关键技术难题之一。本章从低温及高温两个方面入手，深入研究了各种温度下，高速铁路轨道所受的应力情况以及可能产生的后果，并以此为理论基础，设计了高速铁路轨道温度监测预报系统及相应的运行管制措施，对于提高现阶段的轨温检测水平有很大的实用意义。

第 5 章 高速铁路安全运营的暴雨预警系统

虽然铁路运输较其他运输方式具有受气候和自然条件的影响小，能保证运行持续性和准时性的特点，但是高速列车运行的安全与正点率受自然环境的影响也是非常大的，特别是暴雨对高速铁路安全运营的影响不可忽视。暴雨天气对高速铁路运行的影响主要表现在：一方面，较小程度的降雨，铁路部门通常采取减速或者停运的控制措施，从而引发高速铁路的晚点，影响民众的出行效率；另一方面，强降雨引发泥石流对高速铁路运行造成更为严重影响（见图 5.1）。因此，如何有效地利用防灾预警系统提高恶劣天气行车的应急处置水平，是降低防洪防灾安全风险、减少高铁晚点发生次数和缩小晚点影响范围的重要保障。

图 5.1　高速铁路受暴雨灾害影响

高速铁路雨量监测预警系统是为了防止汛期铁路沿线艰险山区、路基地段发生滑坡、泥石流及危岩、落石、崩塌等对高速铁路行车安全造成的严重影响,而设置的对降雨量进行实时监测的预警系统。高速铁路雨量监测系统不但具备不同时段降雨量、连续降雨量数据分析、处理功能,而且具备对监测终端设置雨量报警解除权限的功能,特别是具备对报警级别、报警阈值、控制范围等参数的调整功能。因此,高速铁路雨量监测预警系统主要服务于各铁路局工务段、防洪办等部门,为雨天实施列车限速运行、行车管制等预案提供科学依据。

5.1 暴雨预警系统研究现状

高速铁路暴雨监测系统通过对雨量信息的采集,将采集的数据传送至统一平台,经过数据处理后形成警告信息,为防洪抢险、工务巡养、行车调度安排等提供数据依据。目前,国内外都进行了大量的应用研究。

5.1.1 日本雨量灾害的预警系统

日本高速铁路普遍实行降雨预警运行管理制度,根据小时降雨量和累积降雨量的大小来设置预警级别。而降雨限值主要是根据历史灾害情况的统计数据,并辅有大量降雨与路基稳定状态关系的研究,形成了一整套比较科学完整的管理体制。由于其不同线路及区段的降雨限值也不同,所以日本在沿线路堑、填土和隧道出入口等降雨易造成灾害地区,装设雨量计。图 5.2 为日本雨量报警系统构成示意图。

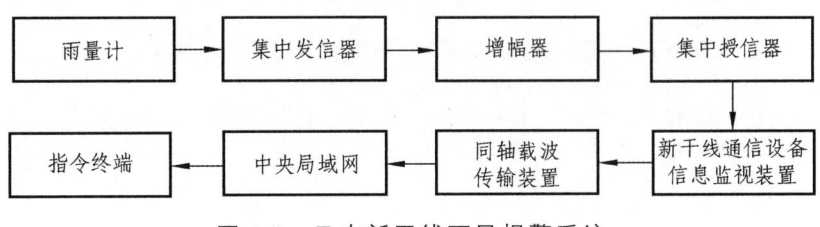

图 5.2 日本新干线雨量报警系统

时雨量和连续雨量超过规定值时，在工务段和地区调度所内报警。关于集中暴雨的运行管制可分为在指定的区间、里程内行车速度管制和停车管制。日本降雨警报标准及列车运行管制措施的规定[61]，见表 5.1 和表 5.2。

表 5.1　日本东海道新干线降雨警报标准及列车运行管制措施（mm）

运行管制		连续雨量（24 h 计）	时雨量	连续雨量+时雨	雨量报告	备注
警戒	第 3 种	100～110	25	100+20	1 次/h	
	第 2 种	120～130	30	110+20	2 次/h	3～4 h 巡检一次
	第 1 种	>140	35	120+25		2 h 巡检一次
限速运行	170 km/h　B 区	/	40	140+30 或 160+20	2 次/h	实时地面巡检适当添乘巡检
	A 区	/	45	150+30 或 180+20		
	70 km/h　B 区	/	45	150+32 或 180+20		
停止运行	一般区间	/	50	150+40	6 次/h	连续降雨时 B 区域紧急巡检。
	高架桥、无砟桥	/	70	150+60		

注：① 第 3 种预警：指在预先确定的区间，以及指定在设备保养上要注意的地点，进行定时的巡检预警。
② 第 2 种预警：指在第 3 种预警对象以外的土工结构物和隧道洞口附近，进行周期性的巡检预警。
③ 第 1 种预警：指在第 2 种预警对象以外的预先指定的区间或认为有可能受灾的地点，进行周期性的巡检预警。
④ 警戒：雨量达到颁布标准，基本没有发生灾害的可能，能预测出灾害的部分前兆，需要预警。
⑤ 限速运行：雨量达到颁布标准，经验表明没有灾害的发生，无异常降雨，有发生轻微灾害的可能性，要考虑限速运行。
⑥ 停止运行：雨量达到颁布标准，有发生灾害的可能性，需要停止运行。
⑦ B 区域：连续雨量 150 mm 以上，并时雨量达 40 mm 的时巡检区间；其他的 A 区域。
⑧ 时雨量达 50 mm 时的巡检区间称之为"要注意地点"。

表 5.2　日本其他各线因降雨而停止列车运行的规定[62]

线　　区	停止列车条件
东海道高速铁路线路	（1）时雨量达 50 mm 时； （2）连续雨量达 150 mm 以上，时雨量达 40 mm 时； （3）根据养路人员的报告或其他原因，认为有必要停止列车运行时
山阳高速铁路线路	（1）时雨量达 55 mm 时； （2）连续雨量达 190 mm 以上，时雨量达 40 mm 时，或连续雨量达 250 mm 以上，时雨量达 20 mm 时； （3）连续雨量达 350 mm 时； （4）根据养路人员报告或其他原因，认为有必要停止列车运行时
东北上越高速铁路线路	（1）时雨量达 50~60 mm 以上时； （2）连续降雨量达 200 mm 以上，时雨量达 50 mm 时； （3）连续降雨量达 250 mm 以上时； （4）桥梁梁下水位达停运水位时； （5）认为上游漂浮物有危及桥梁安全时或有严重冲刷时； （6）因其他原因认为有必要停止列车运行时

有些高速铁路线路事故如坍方、滑坡，是不能仅靠监测小时雨量和连续雨量而能够预测到的，其原因是长时间连续阴雨，使保水性很强的黏性土路堤中的地下水位异常上升，导致路堤及地基失稳，随着基底破坏发生滑移。鉴于这种情况，日本在以往的小时雨量、连续雨量之外，又引入了一个新的指标：累计雨量，即 48 h 以内的连续或间断降雨量。

累计雨量预警标准：历史上发生过降雨破坏事例的，取破坏时最小降雨量的 90% 作为发令标准值；无破坏历史的，取过去 10 年间 5~11 月最大累计降雨量的 90% 作为发令标准值。

5.1.2　我国各地区雨量灾害的预警系统

由于我国幅员辽阔，自然条件差别大，降雨很不均匀，降雨特点也大不一样，在一定程度上会影响当地雨量监测控制。我国高速铁路雨量预警系统如图 5.3 所示。在高速铁路雨量预警系统中，核心部件是雨量计。国内雨量监测，气象部门使用较多的是翻斗式雨量计与虹吸式雨量计。但目前国际上，雨量监测采用集成雨量计。集成雨量计采用非机械式结构的声学原理测量降水，通过探测单独雨滴的撞击力，产生的信号与雨滴的大小成正比，然后再将每一滴雨滴的信号大小加起来转换成累计的降雨量。

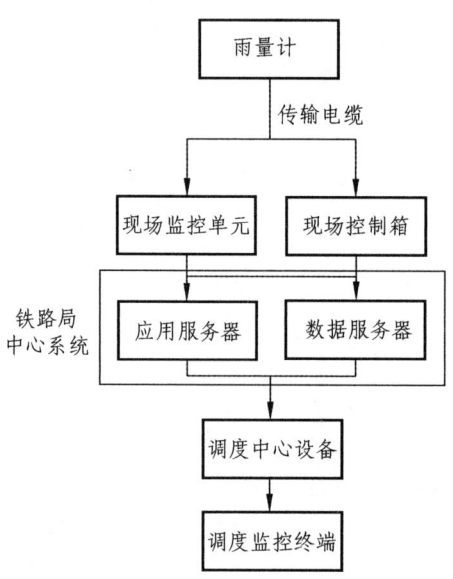

图 5.3　中国高速铁路雨量预警系统

1. 沪宁高铁的雨量预警系统

我国沪宁高速铁路防洪技术标准的制定采用了风雨监测集成功能的传感器，而且绝大多数监测点都是同址设置。沪宁高速铁路监测方式分小时降雨量及 24 h 降雨量+小时降雨量两种，根据降雨对基础设施的影响情况，分别制定了"小时降雨量"和"24 h 降雨量+小时降雨量"报警阈值。沪宁高铁的雨量预警系统具备雨量监测报警功能，当发生雨量报警，中国电信集团公司通过防灾通信服务器接收到雨量报警信息并弹出提示，列车调度员查看防灾终端确认雨量报警后利用调度电话及时向相应列车的司机发布暴雨临时限速命令；同时列车调度员借助中国电信集团公司终端和临时限速操作终端，以设置和取消临时限速为手段，使列车自动限速运行。

2．武广高铁的雨量预警系统

我国武广（武汉到广州）高速铁路防灾系统是由风监测子系统、雨量监测子系统和异物侵限监控子系统等组成的集成系统，自前端至中心有：风、雨以及异物侵限现场监测设备，沿线 GSM-H 基站设置的现场监控单元，武汉、新长沙、新广州站监控数据处理设备；武汉、长沙、广州综合工区工务值班室工务终端；武汉、广州调度所设备，传输网络等。风、雨监测设备由风速风向计、雨量计及相应的采集传输单元组成，异物侵限监测设备由异物侵限监测双电网传感器和轨旁控制器以基站异物监测模块组成。

3．福厦高铁的雨量预警系统

我国的福厦（福州到厦门）高速铁路按小时雨量、日雨量、连续雨量或累计雨量等来确定预警值大小，制定了如表 5.3 所示的运行管制规定。

表 5.3　福厦高速铁路不同降雨量时的运行规定（雨量单位：mm）

列车速度 /（km/h）	时雨量	日雨量	连续雨量
正常运行	≤5	≤35	≤60
不大于 60	>5	>35	>60
（0，60）	>5	—	>82

4．南宁铁路的雨量预警系统

南宁铁路局于 2014 年 6 月底出台了全国首个高铁防洪新规。这项新规为广西高铁安全运行提供了保障，也为全国山区高铁防洪提供了借鉴。《200 km/h 及以上铁路防洪地点评定标准》明确规定了高铁雨量预警值及行车速度[63]。规定明确，发生线路冲空、桥涵冲毁、较大泥石流掩埋线路等灾害，经抢修开通后列车需限速 80 km/h 及以下运行，在短时间内难以提高或恢复正常行车速度的，需派人现场看守；发生山体滑坡、水冲线路、河岸冲刷影响路基安全等灾害，经抢修开通后列车需限速 160 km/h 及以下运行，在短时间内难以提高或恢复正常行车速度的，需派人现场看守。南宁铁路局还对高铁重点地段雨量预警值及行车速度进行了规定，见表 5.4。

表 5.4　南宁铁路局对高铁重点地段雨量预警值及行车速度规定

降雨量/mm	列车限速/（km/h）
1 小时内 ≥45	120
1 小时内 ≥60	45
1 小时内 ≥75 或 1 小时内 ≥65 且连续 ≥120	封锁线路

5.2　暴雨灾害下高速铁路安全运营的预警机理

掌握规律，才能有的放矢。由于一定区域的气候特点有其规律性，所以针对区域的气候特点，我们要掌握该区域的气候规律，特别是雨量规律，这样才能有效监控该区域的雨量，保障该区域高速铁路的安全运营。

5.2.1　暴雨空间分布特征

通过分析近 30 年我国的降雨量分布情况，梳理我国年平均降水量的空间分布规律，特别是我国各地区的暴雨分布特征，以确定高速铁路的暴雨监测系统的布设方式及位置。

1．我国各地区的暴雨分布特征

我国各地区的暴雨分布从东南沿海向西北内陆方向（例如从广州到乌鲁木齐方向）逐渐减少，降水量等值线呈现明显的东北—西南走向。特别是华南地区的平均降水量最大，一般都超过了 1 600 mm，其中广东的阳江、上川岛、台山，广西的钦州、东兴，海南的琼中、琼海等地的年平均降水量超过 2 000 mm。

2．我国暴雨年平均发生日数

我国暴雨年平均发生日数与年平均降水量分布一致。我国暴雨年平均发生日数也是从东南向西北方向减少，暴雨等频次线分布也基本上呈现东北—西南走向。华南地区的暴雨日数最多，西北地区暴雨日数最少，而一些山区站点相对于其周边来说表现为最少区。

3. 我国暴雨的初始发生月份

我国暴雨的初始发生月份可以概括为"南早北晚",而暴雨结束月份则为"北早南晚"。这与我国主要雨带的进退相一致。对暴雨的昼夜特征分析表明,华南大部分地区的夜间暴雨频次比昼间暴雨频次要低,而西南地区东部则正好相反,四川盆地、重庆、云贵高原等地的夜间暴雨频次比昼间暴雨要偏高。

5.2.2 雨量监测点布设原则

为了保障高速铁路的安全运营,年降水量大于 200 mm 地区应设置雨量监测点,高速铁路雨量监测点原则上设置在高速铁路路基地段,有条件时,高速铁路雨量监测点与风向风速仪同址安装于接触网杆上,其设置要综合考虑沿线降雨量、地形地貌及地质条件。

5.2.2.1 高速铁路雨量监测布点原则

高速铁路雨量监测布点,主要根据既有雨量统计数据分析、地形以及地质条件等来进行。

1. 根据雨量布点原则

根据气象部门既有雨量统计数据,进行高速铁路系统雨量监测布点设计。

(1) 年降雨量大于 2 000 mm 时,布点原则。年降雨量大于 2 000 mm 区段,高速铁路雨量监测点按 10~15 km 间距布设;年降雨量大于 1 500 mm 且小于 2 000 mm 区段,高速铁路雨量监测点按 15~20 km 间距布设。

(2) 年降雨量小于 1 500 mm 时,布点原则。年降雨量小于 1 500 mm 区段,高速铁路雨量监测点按 20~25 km 间距布设。

年降雨量严重分布不均匀时,布点原则。年降雨量严重分布不均匀区段,高速铁路可根据雨量数据适当增设雨量监测点。

2. 根据地形、地貌布点原则

根据高铁线路区域的地形、地貌特征,可以进行布点设计。

（1）高速铁路路基地段的雨量监测布点原则。有砟轨道线路，高速铁路雨量监测点按 15~20 km 间距布设；无砟轨道线路，高速铁路雨量监测点按 20~25 km 间距布设。

（2）高速铁路高路堤（堑）地段的雨量监测布点原则。堤（堑）高大于 30 m 区段雨量监测点按 10~15 km 间距布设；堤（堑）高大于 10 m 小于 30 m 区段雨量监测点按 15~20 km 间距布设；高速铁路堤（堑）高小于 10 m 区段雨量监测点按 20~25 km 间距布设。

（3）设有防护网的隧道口的雨量监测布点原则。按现场实际需要设置雨量监测点，没有数量限制。

（4）排水断面的雨量监测布点原则。排水断面较小，遇强降雨可能导致排水不畅区段可适当增设雨量监测点。

3．根据地质条件布点原则

膨胀土、软土路基等地质不良区段，高速铁路雨量监测点按 10~15 km 间距布设，其他区段按 15~25 km 间距布设。

雨报警标准与措施要根据高速铁路线路基础状况、气候与地理条件和致灾强度综合分析来确定。

5.2.2.2　高速铁路增加雨量站布设原则

依据我国天气系统理论的典型空间和时间尺度特征，参考国际地面观测网的设计思路和国家气象局区域自动气象站布点原则，高速铁路系统在防风布点原则基础上，特增加雨量站布设。

（1）加密性的雨量布点原则。在山区易发降雨区、路堑、人口密度较大的山洪灾害频发区，适当加密站点。

（2）代表性的雨量布点原则。布设自动雨量监测站点时优先考虑山区的中小流域，站点应尽量安装在流域中心、暴雨中心等有代表性的地段。要注意避开雷区。

（3）地形性的雨量布点原则。山区降雨受地形的抬升作用，布设自动雨量站时充分考虑地形因素的作用。受山洪威胁较大区间，可适当增加布设。

（4）实施性的雨量布点原则。高速铁路雨量站布设时应充分考虑通信、交通等运行管理维护条件。

（5）经济性的雨量布点原则。充分利用现有资源原则，已有的水文、气象等部门不同等级（如≥25 mm、≥50 mm、≥100 mm、≥150 mm）暴雨信息，应纳入监测预警平台。

5.3　雨量对高速铁路安全运营的影响机理

暴雨监测技术是高速铁路安全防灾暴雨监控中的核心技术。通过高速铁路沿线的基本气象站各等级暴雨观测数据的科学分析，就可以掌握高速铁路沿线各里程的暴雨类型和特征，确定不同区域和路段的暴雨监测核心内容。如使用雨量传感器进行暴雨监测，在高速列车运行前确认暴雨是否达到限制标准，从而进行暴雨天气下动车组的运行管制，当某高速铁路路段 10 min 最大降水量达到 2.0 mm 时，即启动高速铁路暴雨预警系统，这样可以有效地保证暴雨洪水发生时列车的运行安全。因此，高速铁路暴雨监测是高铁自然灾害防控技术中十分重要的环节。

5.3.1　暴雨预警的关键参数

为了系统科学地研究暴雨状况下高速列车的安全运行措施，将临界雨量和警戒雨量作为判断降雨对高速列车安全运营的主要影响因素。

1. 临界雨量

临界雨量是指高速铁路沿线暴雨引发泥石流灾害的界限值。降雨量低于这个数值时，水害事件发生的可能性极小；当降雨量超过这个数值时，水害事件发生的可能性较大。国内外学者长期研究的结果表明，泥石流、滑坡等灾害的发生与区域环境背景和降水条件密切有关。

临界雨量是泥石流、滑坡等自然现象发生的特征条件，是判断雨情对线路安全威胁程度的基本依据。降雨是灾害发生的充分条件之一，它存在一个触发灾害的最小降雨条件，即存在降雨的临界雨量。地面环境条件是动态变化的，因而临界雨量值是一个随地面环境条件变化而在一定范围内变化的变值。

临界雨量由前期降水和即时雨强构成。以日连续降水量作为前期降水指标，10 min、1 h 雨强为即时雨强，利于现场的操作和管理。前期降水会直接影响到土壤的含水量，从而影响水害发生的临界雨量大小。在时间尺度上，不同的研究采用不同标准，主要有 15 d、10 d、3 d、1 d 等。即时雨强是水害事件的激发因素，各类研究采用的标准主要有 24 h、12 h、1 h、0.5 h、10 min 等。

2．警戒雨量

警戒雨量指铁路部门所制定的用于发布沿线水害预警信号，决定线路警戒状态的雨量指标，是雨量警戒制度执行的技术标准之一。

警戒雨量则是在临界雨量的基础上，考虑到其他因素的影响，根据应用的需要而制定的应用技术标准。临界雨量是警戒雨量的制定依据和基础，警戒雨量是临界雨量的工程应用。

警戒雨量在构成形式上与临界雨量相对应，亦包括两部分：前期降水和即时雨强。雨量警戒值是由铁路部门根据防洪要求而设定的雨量值，具体数值与雨量观测点的地理位置相关。本书将雨量警戒值划分为 12 种：

（1）高速铁路的注意警戒原则：10 min 注意警戒、1 h 注意警戒、3 h 注意警戒、6 h 注意警戒、12 h 注意警戒、24 h 注意警戒、一次连续降雨注意警戒。

（2）高速铁路的危急警戒原则：1 h 危急警戒、3 h 危急警戒、6 h 危急警戒、12 h 危急警戒、24 h 危急警戒、一次连续降雨危急警戒。

5.3.2 雨量警戒机制

高速铁路雨量警戒制度是铁路部门用于指导防洪调度，确保线路汛期行车安全的一种安全保障制度。高速铁路雨量警戒制度由警戒标准、防御标准和管理制度等 3 个部分组成，它是由分级、分段、分工种联控执行的警戒制度。

高速铁路雨量警戒标准的制定主要包括高速铁路沿线警戒区段的划分和明确进入各级警戒状态的降水条件，形成分级、分区段警戒的警戒标准（见图 5.4）。

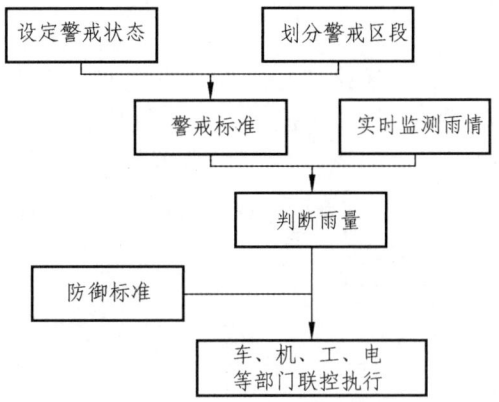

图 5.4 雨量警戒制度制定与执行流程

1．运行机制

高速铁路雨量警戒制度的系统运行，是以雨量监测为其运行的驱动力。高速铁路沿线每台雨量计都配有专职雨量员，降水发生时，雨量员根据实测降雨量，判断其所在区段线路警戒状态，并向各部门发布警戒信息。高速铁路各部门接到警戒信息后，立即采取相应的警戒措施。例如，当雨量员发布"注意"警戒信息时，高速铁路工务部门立即派员出巡线路；车务、机务部门则通知区间内的车务、机务人员以不超过 60 km/h 的速度运行列车，并加强列车瞭望措施等（见图 5.5）。

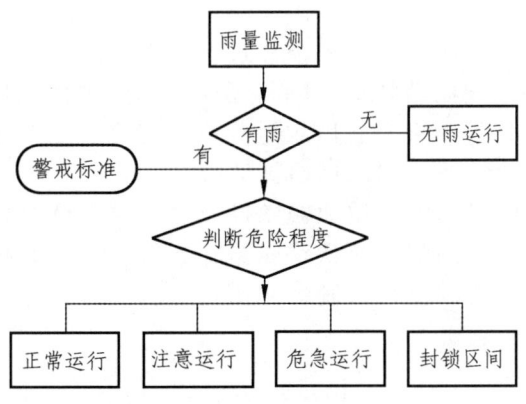

图 5.5 雨量警戒制度运行原理图

2．管理措施

整个汛期期间，高速线路在任一时刻，都处于无雨正常运行、有雨正常运行、"注意"警戒状态运行、"危急"警戒状态运行和"封锁区间"等状态。各运行状态下铁路各职能部门警戒措施[64]见表5.5。

表 5.5　各运行状态下铁路各职能部门警戒措施表

运行状态	警戒措施	
	工务部门	机务、车务部门
无雨正常运行	工务巡道	注意瞭望
有雨正常运行	工务巡道	注意瞭望
注意警戒运行	派员冒雨巡查,直至解除警戒	不超过 60 km/h 速度运行,加强列车瞭望
危急警戒运行	加密派员巡查,直至解除警戒	不超过 40 km/h 速度运行,加强列车瞭望
封锁区间	全员冒雨巡查,直至解除警戒	封锁线路直至封锁解除

5.3.3　雨量灾害的预警阈值

高速铁路雨量灾害的阈值标准的制定，主要包括高速铁路沿线预警区段的划分和明确进入各级预警状态的降水条件，形成分级、分区段预警的阈值标准。

1．高铁预警区段的划分

根据高速铁路沿线的雨情来指导进行预警，所以预警区段划分应充分考虑高速铁路沿线雨情特征，同时还应考虑到地面条件、线路状况和现场的操作与管理等因素。在区划过程中应遵循以下几条原则：

（1）遵从高速铁路沿线汛期雨情的分区。

（2）高铁各区段内的地质地貌条件及地质灾害情况相对一致。

（3）高铁各区段内的高速铁路线路状况及抗洪能力相对一致。

（4）便于现场对雨量预警制度的执行与管理。

2．高铁区段划分的指标

高速铁路沿线降水呈现出复杂的时空分布特征，因此，选择适当的分类指标和分类方法，对于高速铁路沿线各台站降水的时空相似性度量是十分必要的。选择高速铁路沿线各台站以下两个统计值作为区段划分的指标：

（1）汛期的降水量。该指标是进行降水统计的一般指标。

（2）汛期日降水量≥30 mm 的降水量。对于地处山区线段，高速铁路沿线各台站日降水量 30～50 mm 的降水，平均有 96% 以上是暴雨性质的降水，所以对高速铁路沿线暴雨的统计采用汛期日降水量指标更有意义。

5.3.4 雨量灾害的三级预警态势

高速铁路雨量灾害的预警，目前分为"注意预警""危急预警"和"封锁区间"等三级进行汛期预警。在三级预警状态中，比较重要的是"注意预警"和"封锁预警"两级预警。

"注意预警"状态决定了冒雨巡道人员是否出巡，这意味着当水害发生时，是否有工作人员及时发现并发出高速铁路线路危险讯号；

"封锁预警"状态决定了高速铁路线路运输是否中断；

"危急预警"状态是这二者的中间状态，它相对于前者而言，提高了高速铁路线路预警程度，对后者而言，则是为高速铁路线路进入"封锁预警"状态做好相应的技术准备，警戒标准制定的流程见图 5.6。

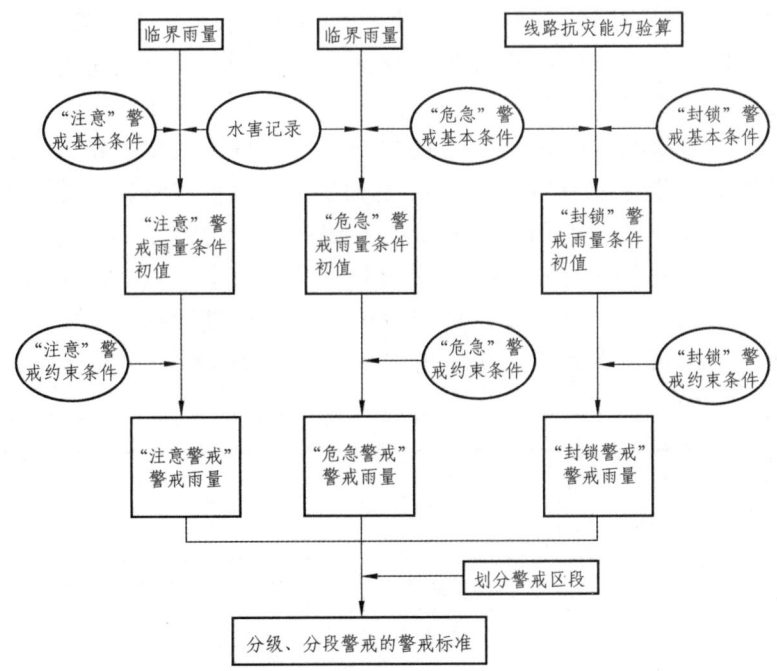

图 5.6　警戒标准制定流程图

高速铁路雨量灾害的三级预警状态，预警雨量的确定是水害发生的临界降水条件与工程应用需要相协调的结果。高速铁路雨量灾害的三级预警：首先，要确保各级预警状态能够及时发现并阻止水害事件的发生，保证汛期高速铁路运输安全；其次，要使得各级预警状态不能过于敏感，否则，虽保证了高速铁路运营的绝对安全，但会严重影响高速铁路运输的连续性，对高速铁路正常的运营造成较大的干扰；最后，还要便于现场操作。总之，预警雨量应当是一个可靠性高、行车干扰小、可操作性强的技术标准。为此，制定出高速铁路线路进入三级预警状态的基本条件和约束条件：

（1）"注意预警"。进入该状态的基本条件：灾害尚未发生或基本没有发生，有一定的提前量。该状态的约束条件：单区间内汛期的工务冒雨巡查人员出巡次数控制在 5~10 次。

（2）"危急预警"。进入该状态的基本条件：灾害开始发生，基本没有提前量。该状态的约束条件：列车在单区间因暴雨缓行次数控制在 1~3 次。

（3）"封锁区间"。进入该状态的基本条件：水害事件已经危害线路；灾害性强降雨正在发生，连续降雨充分并继续降大雨；灾害有可能大面积发生。该状态的约束条件：单区间封锁次数控制在 1~2 次。

决定高速铁路线路进入"注意预警"和"封锁预警"状态的基本条件所采用的衡量标准有所差异。"注意预警"是以水害是否可能发生为衡量标准，因此，其预警雨量值是根据所记录水害的最小临界雨量值为参考，并体现有一定提前量的准则。"封锁预警"以水害是否危及高速铁路线路为衡量准则，因此，其预警雨量值主要是通过线路抗灾能力检算获得，并以区间封锁次数来约束它的取值，如表 5.6 所示。

表 5.6　三级警戒状态的临界雨量　　　　（单位：mm）

主控因素＼警戒区间	注意警戒	限速警戒	封锁警戒
日连续降雨量	50~100	101~150	151~200
1 h 降雨量	8~15	16~30	31~40
10 min 雨量	2~4	5~6	7~8

5.4 高速铁路安全运营的暴雨预警系统

高速铁路雨量监测系统是防灾安全监控系统的子系统，能进行高速铁路沿线雨量信息的实时监测。高速铁路雨量预警系统采用统一的处理平台，由现场监测设备（雨量计、现场控制箱、传输电缆）、现场监控单元、铁路局中心系统、调度中心设备、工务调度设备及相应的传输网络设备等元件构成。高速铁路防灾系统是构架于通信传输系统基础上，集信息采集、存储、分析处理等于一体的智能监测系统，是运营调度系统的组成部分。

5.4.1 高铁预警系统的雨量计

雨量计也称为雨量传感器，是监测降水量大小的重要气象仪器设备。雨量计的精度高低，直接影响对降雨计量的准确性，也影响着雨量记录报告的可靠性。因此，雨量计的精确与否，对于高速铁路防汛抗洪、抗灾救灾的决策指令及时下达，确保国家和人民的生命财产安全，起着至关重要的作用。高铁预警系统的雨量计通过信号电缆接入现场监控单元，现场监控单元设置于雨量计附近的通信基站或车站机房内，完成雨量数据的采集、初步分析和处理。

5.4.2 高铁预警系统的监控单元

监控单元通过传输网络将数据和信息发送到铁路局中心系统，完成雨量数据的分析、处理，生成监测、预警和报警信息及运营管理等建议后，传送至调台、工务部门相关监测、复示终端。

5.4.3 高铁预警系统的调度管理中心

行车调度员借助 CTC 终端、临时限速操作终端，以设置和取消临时限速为手段，使列车自动限速运行；也可以借助调度电话、CTC 系统的调度命令无线传输功能，将强降雨临时限速命令及时传送至相应列车。

5.4.4 高铁预警系统的工务段管理中心

工务管理部门根据不同级别的报警信息安排巡养抢险计划。雨量计的供电采用信号电缆由就近机房内 UPS 集中供电。机房内设备由 UPS 集中供电。高速铁路区间 GSM-R 基站分布广，雨量计布点灵活，有线接入距离短，且接入方式安全可靠，可为行车调度系统提供行车预案依据。

高速铁路雨量预警系统如图 5.7 所示。当降雨强度达到阈值，启动雨量监测应急管理系统，应急管理系统的工作流程如图 5.8 所示。

根据图 5.7，高速铁路雨量预警系统中，用于评估判定的阈值为实时动态阈值，是根据历史灾害情况的统计数据和实时监测得到的数据进行聚类而得，降雨量的应急措施分为 3 个等级：

（1）高速铁路安全运营的预警区间。高速铁路雨量预警系统中，预警区间按雨量大小分级预警：

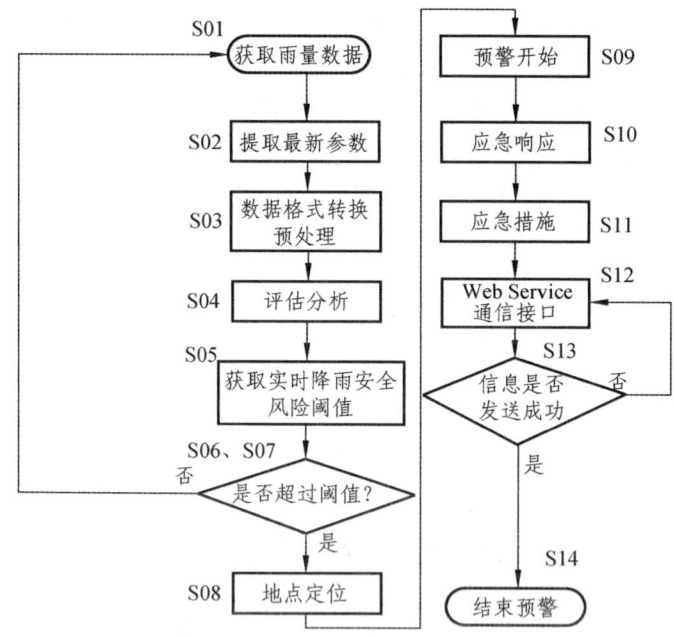

图 5.7 雨量监测预警系统

第5章　高速铁路安全运营的暴雨预警系统

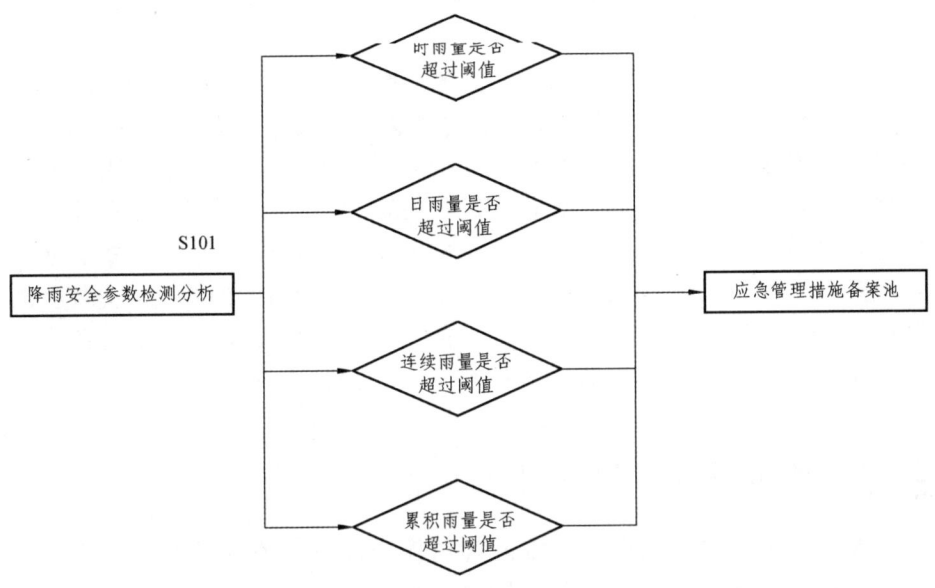

图 5.8　雨量监测应急管理系统

三级预警：连续雨量达 100～110 mm 时，三级预警，通信模块的雨量报告每 1 h/次；

二级预警：连续雨量达 120～130 mm 时，二级预警，通信模块的雨量报告每 0.5 h/次，外加每 3～4 h 巡检一次；

一级预警：连续雨量达 140 mm 以上时，一级预警，通信模块的雨量报告每 0.5 h/次，外加每 2 h 巡检一次。

（2）高速铁路安全运营的限速阈值。高速铁路雨量预警系统中，高速列车按雨量大小分级限速：

三级预警阈值：200 km/h，高速列车运行速度不能高于 200 km/h；

二级限速阈值：160 km/h，高速列车运行速度不能高于 160 km/h；

一级限速阈值：60 km/h，高速列车运行速度不能高于 60 km/h。

（3）高速铁路安全运营的停止运行措施。按一般区间和高架桥、无砟桥等分段停止运行。

5.5 暴雨灾害下高速铁路安全运营的预警系统

雨季区域性洪涝灾害易造成高速铁路路基垮塌，特别是艰险山区泥石流、滑坡、危岩落石等自然危害，对高速铁路安全运营造成巨大威胁。高速铁路暴雨灾害监测预报系统就是通过实时监测高速铁路沿线，特别是路基及特殊线路区段的降雨量，及时了解雨季高速铁路沿线路基沉降、坍塌等险情，为调度及维护管理提供报警信息，以便有效防止暴雨灾害对线路及列车运行安全的影响。为此，从工程设计的角度，提出高速铁路雨量监测系统的总体架构、系统功能、系统设备配置、监测信息传输等方案，为高速铁路暴雨监测预报系统设计提供参考。

5.5.1 暴雨灾害的预警内容

现有高速铁路暴雨检测系统的现场检测设备一般仅设置于沿线工务工区、车站等处，数量较少，特别是部分不良地质路基地段、艰险山区等处未设置采集点，其雨量信息无法获取，使得系统对汛期沿线路基沉降、坍塌等险情的监测受限。为了能够及时掌握雨量信息和监测信息，以及对有关数据的收集、保存和管理，有必要建立高速铁路暴雨灾害实时监测系统，对高速铁路安全运营进行监控及预警。目前高速铁路暴雨检测系统现场监测数据主要为降雨量，高速铁路防洪部门关心的降雨量指标有：10 min 雨量、小时雨量、日雨量以及连续雨量等。

5.5.2 暴雨灾害预警的数据感知模型

高速铁路暴雨灾害预警的数据处理模型，主要采用 Paulhus 公式进行研究。设有一个降水为 R，总降水历时为 T 的降水过程。假定从 T 内任抽取一个充分小的小时段内的降水强度 I，那么抽样结果（I 值）就成了一个随机变量了。从气象上讲从 T 内任抽一个降水强度 I（瞬时的 I 值），其 I 取什么值的概率就与 T 时段内降水强度在时间上的分配有关。利用相对分布函数与气象熵的关系，可以得出降水强度在时间上的分布函数与随机采样时 I 的概率分布是同一个函数。

1. 高速铁路的雨量界定方程

高速铁路暴雨预警系统是降水强度超过某个下限 I_0 的那部分雨强变化规律，因此用 $\bar{I} - I_0$，$I - I_0$ 分别代替平均雨强 $\bar{I}$ 和雨强 I 即可，且 $I \geq I_0$。因此，高速铁路的雨量界定方程

$$f(I) = (\bar{I} - I_0)^{-1} \exp\left[-(I_0 - \bar{I})(\bar{I} - I_0)\right] \tag{5.1}$$

式中，$f(I)$——沿熵极大导出的降水强度 I 为不同值，在降水历时 T 内出现的概率密度；

$\bar{I}$——平均降水强度（数学期望）。

2. 高速铁路的雨量时程方程

定义：r 为降水强度超过 I 时段的总降水，则函数关系

$$r = \int_I^\infty ITf(I)\mathrm{d}I \tag{5.2}$$

$$t = T\exp\left[-(I_0 - \bar{I})(\bar{I} - I_0)\right], \quad I \geq I_0 \tag{5.3}$$

高速铁路的雨量时程方程

$$\frac{r}{R} = t \cdot T^{-1} \cdot \left[1 - (1 - I_0 \cdot \bar{I})\ln(t \cdot T^{-1})\right] \tag{5.4}$$

式中 $\dfrac{r}{R}$——相对降水量；

$\dfrac{t}{T}$——相应的相对降水历时。

为了简化计算过程，提高预警速度，令 $I_0 = 0$，则高速铁路的雨量时程方程式（5.4）变为

$$\frac{r}{R} = t \cdot T^{-1} \cdot \left[1 - \ln(t \cdot T^{-1})\right] \tag{5.5}$$

式中 T——某地区一场暴雨的维持时间（暴雨历时），

R——T 时段暴雨总量，而 t 是 T 时段内的某个时段，故 $t \leq T$。

5.5.3 暴雨灾害的预警系统

为了对暴雨进行有效监测，保证高速铁路安全运营，就要构建高速铁路安全运营的暴雨灾害监测与预警系统。高速铁路暴雨监测及预测系统采用监测中心系统和现场检测设备二级架构，由监测中心、现场检测设备、监测终端、传输网络和电源等元件组成。其中，传输网络可采用有线或无线方式，系统架构见图 5.9。

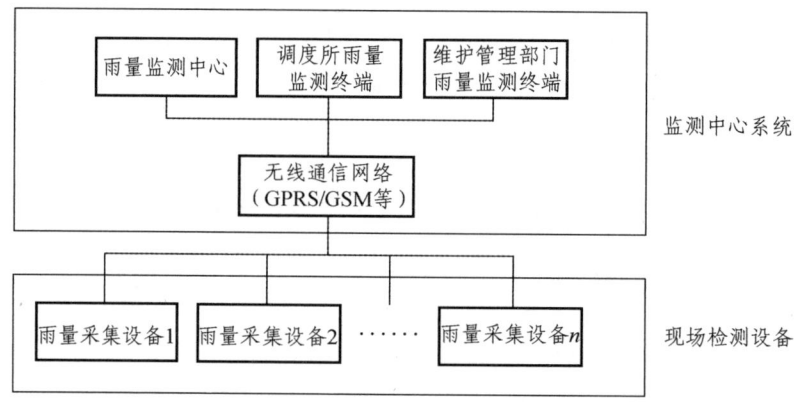

图 5.9　高速铁路暴雨预警系统

由图 5.9 可知，高速铁路暴雨预警系统构成如下：

（1）高速铁路暴雨预警系统的监测中心。接收现场设备上传的雨量监测数据和设备工作状态，按照规程对收集的数据进行汇总、分析和处理，生成监测、预警信息，并传送至相关监测终端，具备对雨量监测信息按指定时段的统计分析功能，并为管理人员提供监测警报及设备故障灯信息查询显示和报表打印功能，对高速铁路中心系统、现场监测设备及网络进行实时监测及集中监控管理，预留与国家气象部门的通信接口，接收灾害预报、预警等信息。

（2）高速铁路暴雨预警系统的现场雨量监测设备。高速铁路现场雨量监测设备实时监测沿线雨量信息，完成雨量信息的采集、分析处理及上传等功能。

（3）高速铁路暴雨预警系统的监测终端设备。高速铁路监测终端设备以图形、文字、报警等方式，显示雨量信息及运营管理建议，并进行预警处置。高速铁路雨量监测预警可分为五级，每级预警分别对应其限速值,并具备信息查询和报表输出功能。监测预警分级见表 5.7。

表 5.7 高速铁路暴雨灾害预警等级

预警等级	时雨量/mm	日雨量/mm	连续雨量/mm	限速值/(km/h)
一级	[0, 25)	[0, 90)	[0, 100)	180
二级	[25, 35)	[90, 105)	[100, 130)	140
三级	[35, 45)	[105, 130)	[130, 160)	100
四级	[45, 55)	[130, 155)	[160, 190)	60
五级	>55	>155	>190	0

(4)高速铁路传输网络及电源系统。高速铁路传输网络完成现场监测设备、监测终端设备和监测中心系统间的雨量监测数据及预警信息的可靠传输,而电源系统为雨量监测系统各部分设备提供可靠的工作电源。

5.5.3.1 暴雨灾害的预警架构

高速铁路暴雨灾害监测与预警系统(见图 5.10)包括控制模块、暴雨参数信息采集模块、存储模块、评估预警模块以及通信模块等模块。控制模块分别与雨量参数信息采集模块、存储模块、评估预警模块以及通信模块连接,该控制模块作为核心模块用于控制上述模块的功能实现,评估预警模块对采集得到的雨量参数信息进行处理和分析,并可通过通信模块发送雨量安全评估信息和预警信息。

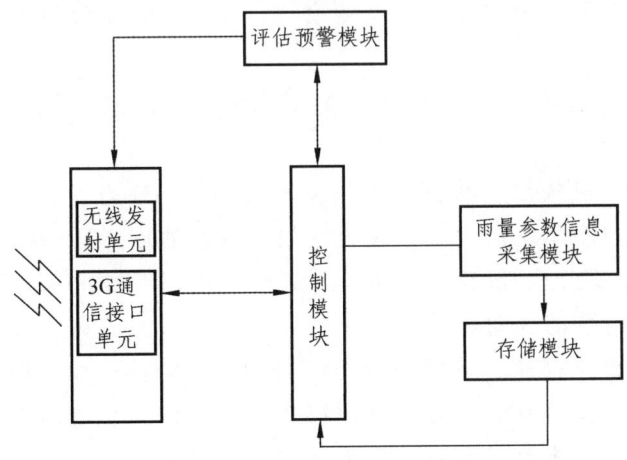

图 5.10 高速铁路暴雨信息采集与预警系统结构

高速铁路暴雨参数信息采集模块布设于高速铁路沿线每 30 km 处，在高速铁路沿线路堑、填土和隧道出入口等暴雨易造成灾害地区加强布设，用以对装置所处位置的暴雨信息进行监测以及空间坐标信息的提取，并将监测信息和空间坐标信息记录在储存模块中。

有些高速铁路线路事故如坍方、滑坡，是不能仅靠监测小时雨量和连续雨量预测的，其原因是长时间连续阴雨，使保水性很强的黏性土路堤中的地下水位异常上升，导致路堤及地基失稳，基底破坏发生滑移。鉴于这种情况，特殊地段应布设并监测累计雨量，即 48 h 以内的连续或间断降雨量；存储模块用以存储前述雨量参数信息，并可在控制模块的控制下通过通信模块传递雨量参数信息。

高速铁路评估预警模块用以对前述采集得到的雨量参数信息进行评估和预警，根据评估结果判定当前高速铁路线路的暴雨对高速铁路的影响安全等级，依据高速铁路线路雨量安全等级标准得到相应的高速铁路线路降雨量应急措施信息，并可在控制模块的控制下通过通信模块发送暴雨安全等级评估信息以及高速铁路线路降雨量应急措施信息，从而实现对高速铁路线路的暴雨安全的预警，参见图 5.7 所示。

高速铁路暴雨灾害监测预警装置，对雨量参数信息的处理和分析包括以下步骤：

Step1：获取雨量参数信息监测模块，采集装置所处位置雨量的相关信息；

Step2：控制模块，根据当前时钟时间提取最新得到的雨量参数信息；

Step3：控制模块，将获取的数据信息进行 AD 转换；

Step4：控制模块调用评估预警模块，对预处理过后的雨量参数进行分析，具体地说，雨量参数分析是计算已有雨量参数的平均值与新获取的雨量参数的波动区间。

Step5：控制模块，读取经聚类而得的实时降雨安全风险阈值数据；

Step6：控制模块，将铁路实时降雨安全风险阈值数据与前述 Step4 得出的雨量参数波动区间值进行比对；

Step7：如果高速铁路线路雨量安全信息未超过风险阈值，则返回 Step2，重新读取雨量参数信息，如果高速铁路线路雨量安全信息超过风险阈值，则进行 Step8；

Step8：获取雨量控制模块内置的空间坐标信息，对受影响的高速铁路线路进行定位；

Step9：定位后，控制模块启动预警指令，调用评估和预警模块中的预警过程；

Step10：根据预警指令进行应急响应；

Step11：根据相应的雨量安全评估得出的高速铁路线路降雨安全等级结果查找相应的高速铁路线路应急备案等级及措施，应急措施包括警戒、减速运行、停止运行、疏散乘客到达安全地点；

Step12：将应急措施文本信息通过移动通信接口或者无线发射模块发送；

Step13：检测应急措施文本信息是否发送成功：如果是，则进入 Step14，如果否，重新启动通信模块发送应急措施文本信息；

Step14：退出预警。

高速铁路在不同等级的暴雨灾害情况下对应的控车模式见表 5.8。

表 5.8 暴雨环境下高速铁路不同预警等级及控车模式

预警等级	连续雨量/mm	控车模式/（km/h）
一级	<100	<180
二级	100~130	<140
三级	130~160	<100
四级	160~190	<60
五级	>190	停止运行

5.5.3.2 暴雨灾害的预警区间

不同等级的暴雨降雨量下，高速铁路控车模式也不同。高速铁路暴雨灾害预警系统中，用于评估判定的阈值为实时动态阈值，是根据历史灾害情况的统计数据和实时监测到的数据进行聚类而得，暴雨的应急措施分为5个等级：

（1）预警等级一：连续雨量小于100 mm。连续雨量小于100 mm时，由铁路部门向路过该区域的高速铁路线路发出一级预警，列车控制速度在180 km/h以内，通信模块的雨量报告每小时一次。

（2）预警等级二：连续雨量达100~130 mm。连续雨量达100~130 mm时，由铁路部门向路过该区域的高速线路发出二级预警，列车控制速度在140 km/h以内，通信模块的雨量报告每0.5 h一次，外加每2 h巡检一次。

（3）预警等级三：连续雨量达130~160 mm。连续雨量达130~160 mm时，由铁路部门向路过该区域的高速线路发出三级预警，列车控制速度在100 km/h以内，通信模块的雨量报告每0.5 h一次，外加每1 h巡检一次。

（4）预警等级四：连续雨量达160~190 mm。连续雨量达160~190 mm时，由铁路部门向路过该区域的高速线路发出四级预警，列车控制速度在60 km/h以内，通信模块的雨量报告每15 min一次，外加每半小时巡检一次。

（5）预警等级五：连续雨量超过190 mm。连续雨量超过190 mm时，由铁路部门向路过该区域的高速线路发出五级预警，此时列车停止运行，且该区域封闭，列车禁止进入。

5.6 小　结

高速铁路暴雨预警技术是高速铁路安全防灾对策中的重要内容。本章针对高速铁路的特点，并结合我国雨量特性，构建了相应高速铁路雨量灾害的监测和预警系统。

由于我国幅员辽阔，自然条件差别大，降雨很不均匀，降雨特点也大不一样，在一定程度上会影响当地雨量监测控制。因此，针对不同的地方雨量特性，本章通过分析暴雨对高速铁路的影响机理，以及我国多暴雨区域的分布特性，设计了有针对性的暴雨监测系统及预警流程。本章构建的高速铁路雨量灾害的监测和预警系统，提高了我国暴雨监测的可靠性。

第 6 章　高速铁路安全运营的地质预警系统

我国地处环太平洋构造带和喜马拉雅构造带汇聚部位，两种活动构造带汇聚是形成我国地质灾害种类繁多的根本原因。根据统计资料，我国发生崩塌、滑坡和泥石流等灾害平均每年接近 3 万起，其中不乏特、重大型灾害。如 2010 年 1 月 18 日，突发性地质灾害使广州至南宁高速铁路白云隧道发生塌方重大事故，造成 5 人死亡。

地质灾害种类繁多，按致灾地质作用的性质和发生处所进行划分，常见地质灾害共有 12 类 48 种。其中崩塌、滑坡和泥石流等作为地质灾害的主要灾种，具有突发性强、分布范围广和隐蔽性等特点，每年都造成巨大的经济损失和人员伤亡。近几年的数据统计表明，我国各地地质灾害发生数量没有明显上升或者下降趋势，因为各年发生地质灾害的数量与当年度的自然环境和地理条件等有关。虽然地质灾害人类无法掌控，但可以预知和预防。

由于我国高速铁路发展迅速，地质灾害对高速铁路的影响也日益凸显。我国高铁线路穿越各类自然地区，直接面临多重地质灾害的威胁。目前，全国铁路沿线分布有大型泥石流沟 10 000 多条、大中型滑坡约为 1 000 多个、崩塌 1 000 多处、严重塌陷 4 000 多处等。虽然近年来，我国加强了高速铁路泥石流灾害的治理与预警工作，大大减少和避免了泥石流灾害，但泥石流灾害也时有发生，如 2011 年 6 月，成昆线白果至普雄区段遭遇大暴雨，诱发 17 处泥石流，所幸及时预警，未酿成泥石流铁路行车安全事故，但中断行车 100 多小时，造成重大的经济损失。2014 年 5 月，广深线深圳北至光明城区段发生泥石流，导致广州南至深圳北的所有高铁停运（见图 6.1），虽然没有人员伤亡，但也造成重大经济损失。

第 6 章 高速铁路安全运营的地质预警系统

图 6.1　广深线深圳北至光明城区段泥石流导致列车停运

由于高速铁路的速度一般为 200～320 km/h，比普通铁路快，如果在行车时遭遇泥石流等地质灾害，将导致极其严重的运输中断和人民生命财产损失，给高速铁路建设维护和正常运营带来极大的干扰。因此，为了保障高速铁路的安全运营，必须进行地质灾害下高速铁路安全运营的预警方法研究。

典型的泥石流可以分为形成区、流通区和沉积区等 3 个区段[65]（见图 6.2）。降雨量强度大是引发泥石流灾害发生的主要诱因，暴雨会引发山洪，从而导致崩塌、滑坡、泥石流等一系列自然灾害的发生，严重威胁高速铁路的运营安全。世界各国的铁路部门非常重视沿线地质灾害的相关工作，积极开展地质灾害防御工作，通过区域灾害调查，采用线路绕避、工程防治等措施减少了自然灾害的危害。本章重点研究地质灾害下高速铁路安全运营的预警管理问题。

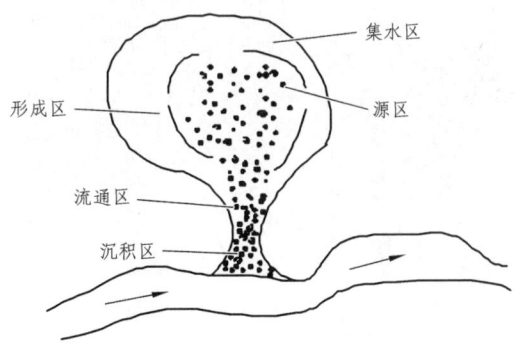

图 6.2　泥石流平面图

6.1 地质灾害预警系统研究现状

地质灾害主要是指泥石流灾害，本章重点研究泥石流灾害对高速铁路安全运营的影响。为了预防泥石流灾害对高速铁路造成无法挽回的破坏，世界上各个高铁系统都配置了相应的泥石流灾害预警系统。由于山地灾害的主要激发因素——降雨，具有极大的随机性，而且暴发地点和发生规模往往也有极大的随机性，人类尚不可能依靠工程措施完全达到杜绝自然灾害的目的；另外，防治灾害的工程投入过高，防灾措施的减灾社会经济效益将会很低，而防洪预警等防灾措施的投入少，其社会经济效益较高，这种情况在山地泥石流灾害防御领域尤其明显。因此，泥石流灾害预报、预警系统是保障高速铁路安全运输的重要手段。

6.1.1 瑞士泥石流灾害预警系统

瑞士东部的 Schipfendanch 泥石流沟，位于阿尔卑斯山北麓，是瑞士具有代表性的泥石流沟，该泥石流沟流域面积为 1.8 km^2，自 1834 年以来，基本每 5~10 年暴发一次泥石流，最多的一年，该沟暴发了 6 场次泥石流。随着极端气候频发，该泥石流沟暴发频率增加，该泥石流沟每场次泥石流一次冲出固体物质总方量从 0.02×10^4 m^3 到 7.0×10^4 m^3 不等，瑞士联邦政府在该泥石流沟内安置了一套泥石流监测预警系统。

图 6.3 瑞士泥石流监测预警系统

瑞士泥石流监测预警系统共包括一台雨量监测仪、4 套地声监测仪、2 套超声波泥位监测仪、2 台红外线摄像装置。除了 2 套摄像设备采用专用记录和图像传输设备外，其他监测仪器采用专门研制的数据采集和数据处理终端，数采终端将传感器接收的泥石流灾害信息进行实时处理，并实时传输至瑞士联邦政府水资源和地质办公室监控中心，该套监测预警系统具有全自动化、无人值守等特点，该泥石流沟的监测预警系统除了向当地保护对象发出泥石流灾害警报外，主要用于观测和收集泥石流形成和运动等相关资料，为泥石流防灾减灾的科学研究工作服务。

6.1.2 奥地利泥石流灾害预警系统

奥地利采用接触式系统对铁路沿线泥石流进行预警。接触式是感知泥石流的运动和到来，并发回信息。这种预警方法的感知线不适合布置在泥石流冲淤变化较大的沟段，因为在冲刷较大段由于沟床冲刷下蚀加深，泥石流泥位达不到原来金属感知线布置的位置，从而未被冲击而凌空不断，丧失了报警的功能，产生漏报；在沟道泥石流淤积段，常常泥石流速度较低，冲击力不大，感知线被泥石流淤埋而未被冲断，丧失了报警的功能，产生漏报。接触法的另外一种检测预警方法是冲击力检测预警法，该技术是在泥石流经过的沟道内放置冲击力检测传感器，通过检测泥石流流经传感器时对传感器的冲击力，将冲击力信号发回，可对泥石流冲击力大小、速度、泥位进行估算，进而实现泥石流灾害预警。图 6.4 所示为奥地利在泥石流沟道布设的感知线。

图 6.4　泥石流沟道布设的感知线

当前国内外泥石流预警模型主要是采用降雨量监测信息为基础的统计模型，该系统指标值单一，且泥石流预警模型与实时灾害信息监测脱节，致使泥石流灾害预警预报准确性低，预报模糊区间较大，误报和漏报的可能性比较大。因此，高速铁路需要增加泥石流预警关键物理参数，提高预警准确率。又因为一般泥石流多发生在山区，高速铁路沿线环境恶劣，通信和交通条件较差，泥石流灾害的前兆、临灾和成灾信息获取困难，迫切需要实用的泥石流灾害预警技术。

6.2 泥石流对高速铁路安全运营的影响机理

泥石流灾害以其暴发突然、动力极大且多在夜间发生等属性而导致高速铁路破坏性成灾的后果严重，影响面广。除造成的直接经济损失巨大外，间接经济损失和社会影响也很大。所以，要对泥石流的影响机理进行系统分析，才能保证高速铁路安全运营，降低泥石流所产生的破坏。

6.2.1 泥石流灾害特性分析

高速铁路沿线主要地质灾害类型有滑坡、崩塌、泥石流和不稳定斜坡等类型。如：① 滑坡在高速铁路沿线及附近区域分布较广、数量较多，是危害比较严重的地质灾害类型。② 崩塌是高速铁路沿线主要的地质灾害之一，也是威胁铁路沿线及附近区域的主要地质灾害，分布广、数量多、规模小、突发性强、速度快、不易躲避，往往造成人畜伤亡和财产损失。③ 泥石流是山区水土流失过程中流域内松散固体堆积物质集中搬运的一种形态，当降雨作用于地面环境系统后，地表松散固体物质在自身重力作用、水动力作用下，失稳参与水流运动，当含固体物质量超过某一限值，就形成泥石流在沟道中运动。

1．泥石流对高速铁路危害方式

泥石流对高速铁路危害的主要方式有4种：冲击、淤埋、堵塞和冲刷。

（1）冲击：当泥石流高速运动时，泥石流体直接冲击高速铁路建筑物，两者产生强烈碰撞，当冲击力大于建筑物承受力时，建筑物即被破坏。

（2）淤埋：泥石流出山口后，由于地形开阔，沟床平缓，泥沙逐渐在山前区堆积。若高速铁路线路通过该区标高较低，泥沙可将线路、车站、桥涵和隧洞淤埋，造成铁路中断。

（3）堵塞：当高速铁路以桥涵通过泥石流沟时，若桥涵过流能力小或桥上、下纵坡连接不当，必将被泥石流堵塞。泥石流首先将桥涵堵死，以后便直冲路基，危及线路及其他设施。

（4）冲刷：泥石流具有大冲大淤的特点，一次泥石流发生后可将沟床下切 15 m 以上。泥石流下蚀沟床，掏空桥梁墩台和护岸基础或切穿隧道的顶部，造成过沟建筑物和防护工程毁坏。

2．泥石流的影响因素

高速铁路沿线泥石流灾害活动受多种因素影响，这些因素可分为两个方面：一方面，是基础性因素，主要包括地质构造、地形地貌和岩土条件，它们是地质灾害活动的基础，也即只有具备一定的基础地质条件才有可能发生崩滑流活动；另一方面，是激发因素，主要包括地震、暴雨和人为活动。即在一定的地形地貌和岩土条件下，由于一定强度的地震、暴雨和某些人类工程活动可能激发地质灾害活动。但无论是由于何种诱发因素引发地质灾害，只是表示该类诱发因素占主导地位，任何地质灾害都是在众多因素的共同作用下触发的。

3．泥石流对行车影响态势

泥石流目前导致的高速列车行车安全事故主要有两种：一种是泥石流龙头破坏正在桥梁上或涵洞内运行的列车，造成事故；另外一种是列车闯进已被泥石流破坏或掩埋的地点，并造成事故。此外，在高速铁路不同的位置易发灾害的类型也是不同的，高速铁路一般由路基段、桥梁段、隧道段、高架段和车站等组成，其中隧道、桥梁段的地质灾害比较多。山区高速铁路沿线常见的泥石流灾害主要为暴雨型沟谷泥石流。暴雨型泥石流的发育过程、形成过程、流通过程、成灾模式等非常复杂，目前还处于探索阶段，许多理论研究都处于半定性半定量状态。

6.2.2 泥石流灾害预警的关键参数

山区高速铁路沿线常见的泥石流灾害主要为暴雨型沟谷泥石流，它是山区铁路沿线雨季常见的一种地质灾害。泥石流是斜坡、沟床堆积体在重力和水动力作用下失稳后，集中输移的小流域自然环境演变过程之一，可造成严重的灾害。对于特定的泥石流沟，在泥石流的形成、运动、成灾等过程中，总能找到其标志性的参数（见图6.5），预示着泥石流即将或已经形成泥石流灾害，可以利用这些标志性的参数，进行泥石流灾害预警，减少泥石流灾害损失和社会影响。

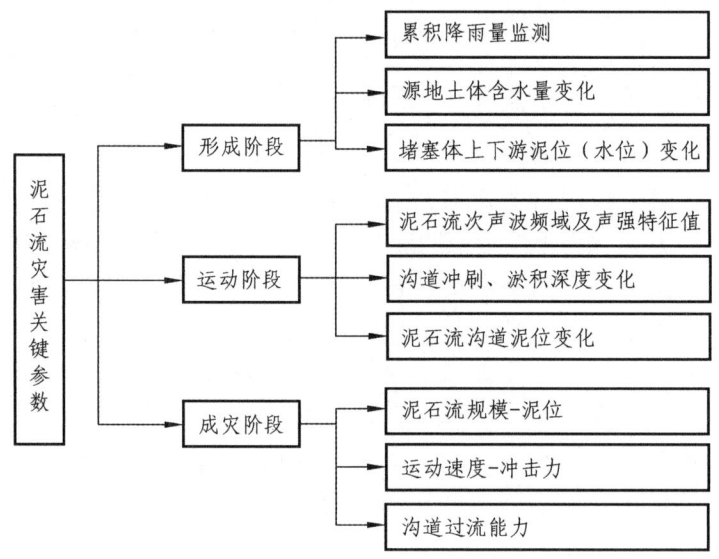

图6.5 泥石流灾害预警的关键参数

1．降 雨

降雨是泥石流形成过程中最活跃的部分，对泥石流的形成影响是多方面的：① 降雨为泥石流形成提供水体成分；② 为松散固体物质汇流提供水动力条件，促使松散固体物质势能转化为动能；③ 促使泥石流源地斜坡面松散固体碎屑物质失稳破坏起动，在雨水冲刷和侵蚀作用下汇集到沟床内参与泥石流；④ 雨水汇流至沟内后，流量增加、速度增大，冲刷和携带能力加大，是沟床物质再起动的主要水动力条件。

2．降雨渗入深度

泥石流发生的最大差异在于泥石流流域各种类型的固体碎屑物质参与程度，泥石流流体中物体物质主要来自3个方面：① 泥石流源地斜坡、岸坡土体在地表水冲刷、地表水浸润下失稳起动，进入沟床与沟道水流混合参与泥石流活动；② 泥石流沟谷流域内滑坡、崩塌物质，滑坡或崩塌物质部分或全部参与泥石流活动；③ 沟床物质在水流冲刷或泥石流拖曳下再起动，在一定的水流速度和沟床纵坡降下，沟床物质在一定强度的水流冲刷、下切的作用下再起动参与泥石流活动。

泥石流源地物源（土体）失稳及其转化为泥石流的形成过程是指泥石流源地土体充水、饱和、液化和移动的过程。因此，可采用对泥石流源地土体降雨入渗深度进行监测，通过水分进行泥石流灾害预警。

3．沟道泥位

参与泥石流活动的另外一种物质来源主要是流域内沟道两侧的滑坡或塌岸。滑坡起动或沟岸垮塌进入沟道后，在沟道内形成大大小小的堰塞体，形成堵（拦）水流障碍物或"堤""坎"。如果没有沟道滑坡或塌岸固体物质堵沟蓄能溃决，一般正常形成的泥石流规模都不会很大，成灾可能性较小，可以说滑坡或塌岸堵沟溃决对泥石流最大洪峰流量起决定因素，是泥石流成灾的重要影响因素之一，如图6.6所示。

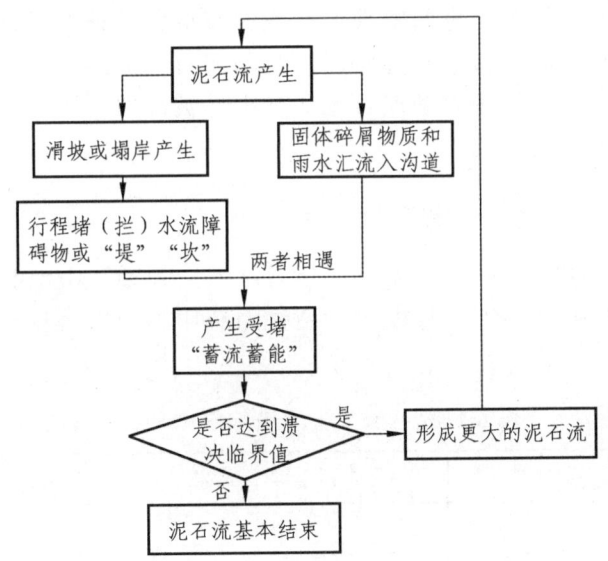

图6.6 沟道堵溃决型泥石流形成示意图

本章研究根据沟道内可能出现滑坡入沟"蓄洪（能）-溃堤释能"型能发生堵溃决沟段的泥位特征，在潜在滑坡上下游段或堵塞体上下游段同时布设泥位监测仪器，监测泥位（水位）暴涨暴落等灾害过程信息，根据泥位暴涨骤降信息进行泥石流灾害预警。

4．泥石流运动过程阶段次声波

泥石流是一种饱含泥沙、石块的浓稠流体，这种介于高含沙水流和块体（滑坡、崩塌等）运动之间的流体以每秒数米至数十米（通常为 10～20 m/s）的速度在山谷沟道中流动，其发出的次声信号的频率、主频振幅及持续时间等有其独特的特征。根据中科院东川泥石流观测研究站对蒋家沟泥石流的多年次声信号监测资料，泥石流次声信号是一个确定性信号，其波形为简谐正弦波，具有确定的监测频率。

6.2.3 地质灾害的阈值判别

泥石流形成后，对沿程建筑物形成淤埋或冲毁危害，泥石流冲击力也是一个标志性的参数。通过冲击力信号，可对泥石流冲击力大小、速度、泥位等进行估算，进而实现泥石流灾害报警。该技术是在泥石流经过的沟道内放置冲击力监测传感器，监测泥石流流经传感器时泥石流对传感器的冲击力。但在大型泥石流活动中易被冲毁，因此，目前该技术仅用于泥石流观测研究。

6.2.3.1 地质灾害发育规模判别标准

地质灾害规模按灾害体体积可分为巨型、大型、中型和小型等 4 个类型。本章根据地质灾害规模，对高铁系统中地质灾害进行等级划分，见表 6.1。

表 6.1 泥石流灾害规模等级划分标准

级别	总方量/10^4 m^3	死亡或失踪人数/人	直接经济损失/万元
巨型	>50	≥30	≥1 000
大型	20～50	10～30	500～1 000
中型	2～20	3～10	100～500
小型	<2	<3	<100

6.2.3.2 降雨统计模型

目前,许多国家采用降雨统计模型来进行泥石流灾害预报,以 10 min 降雨、小时降雨、24 h 降雨的临界雨量阈值进行预报。如 20 世纪 70 年代开始,日本和中国都开始研究采用 10 min 雨量为指标的降雨参数作为泥石流预报的基础,认为 10 min 雨量与泥石流爆发最为密切。通过历史泥石流灾害统计表明,10 min 降雨量与泥石流发生关系最大。

中科院学者陈景武对泥石流爆发 10 min 临界降雨量做了大量的研究工作,取得了很好的研究结果,10 min 临界雨量的判别式[66]

$$R_{i10} \geqslant \mu_1 R_{i10} - \mu_2 P_a \geqslant \mu_3 R_{i10} \tag{6.1}$$

式中 R_{i10}——泥石流发生所需的 10 min 降雨量;

P_a——前期降雨量;

$\mu_1 R_{i10}$——$P_a \to 0$ 时泥石流发生所需要的 10 min 雨量;

$\mu_3 R_{i10}$——$P_a \to P_a^*$ 时泥石流发生所需的最小雨量(P_a^*——补给泥石流的固体物质达到饱和时所需的雨量);

μ_1, μ_2, μ_3——系数,与流域形成泥石流诸多条件有关,其中

$$\mu_2 = \frac{\mu_1 R_{i10}}{P_a^*}$$

1. 高速铁路沿线降雨实时监测网络系统的函数模型

降雨是泥石流形成的重要激发因素,在高速铁路泥石流监测预警系统中特别重要,降雨是泥石流预警的基础。因此,高速铁路沿线降雨实时监测网络系统的函数关系式

$$Y = R \cdot M \tag{6.2}$$

式中 R——降雨系数;

M——地面泥石流沟判别系数。

2. 高速铁路沿线泥石流实时监测网络系统的函数模型

根据判别式(6.2)开发出高速铁路沿线降雨实时监测网络系统,建

立了暴雨条件函数 R 和流域环境动态函数 M，根据两系统中诸活动性因素的作用机制、量级差别及在流域的空间位置等的组合关系，来预报预警其是否形成泥石流，泥石流发生的降雨条件函数

$$R = K\left(\frac{H_{24h}}{H_{24h(D)}} + \frac{H_{1h}}{H_{1h(D)}} + \frac{H_{1/6h}}{H_{1/6h(D)}}\right) \qquad (6.3)$$

式中　K——前期降雨量修正系数，$K>1$；无前期降雨时，$K=1$；
　　　H_{24h}——24 h 最大降雨量；
　　　$H_{24h(D)}$——该地区可能发生泥石流的 24 h 临界降雨量；
　　　H_{1h}——1 h 最大降雨量；
　　　$H_{1h(D)}$——该地区可能发生泥石流的 1 h 临界雨量；
　　　$H_{1/6h}$——10 min 最大降雨量；
　　　$H_{1/6h(D)}$——该地区可能发生泥石流的 10 min 临界降雨量。

降雨条件函数与泥石流爆发关系见表 6.2。

表 6.2　降雨条件函数与泥石流爆发关系

名　称		泥石流爆发概率
R 值区间	预警阈值	
<3.0	—	安全降雨雨情
3.0~4.0	预警值 3.0	可能会爆发泥石流的降雨雨情
4.0~5.0	预警值 4.0	泥石流爆发概率<0.2
5.0~10	预警值 5.0	泥石流爆发概率<0.2~0.8
>10	预警值 10	泥石流爆发概率>0.8

$H_{24h(D)}$、$H_{1h(D)}$、$H_{1/6h(D)}$ 等临界降雨量因地区和流域而异，根据我国暴雨分区成果的年均降雨量分区，根据该地区泥石流观测工点历史上曾经发生过和未发生泥石流的雨量观测资料进行统计分析，得出全国各地可能发生泥石流的临界降雨量（见表 6.3）。

表 6.3 可能发生泥石流的 $H_{24h(D)}$、$H_{1h(D)}$、$H_{1/6h(D)}$ 限界值

年均降雨分区	$H_{24h(D)}$	$H_{1h(D)}$	$H_{1/6h(D)}$	代表地区
>1 200	100	40	12	浙江、福建、广东、广西、江西、湖南、湖北、安徽、京郊、辽东及云南西部、西藏东南部等省（自治区）山区
1 200~800	60	20	10	四川、贵州、云南东部和中部、陕西南部、山西东部、内蒙古、黑龙江、吉林、辽西、冀北等省（自治区）部分山区
800~400	30	15	6	陕西北部、甘肃、内蒙古、宁夏、山西、新疆、川西地区、西藏等省（自治区）部分山区
<400	25	12	5	滇西北部、川西横断山区、青海、新疆、西藏及甘肃、宁夏两省区的黄河以西地区

6.2.3.3 泥石流运动过程阶段次声波的阈值

次声波频率比其他环境噪声频率成分强度高出 20 dB 以上。其声压值与泥石流类型和规模有关，即泥石流越黏稠、含石块越多、流量流速越大，则幅值也越大，声压也相应越大。

次声波的属性：幅值 0.5~4 Pa，频率在 5~10 Hz（约为 6 Hz）。对泥石流次声而言，在近地面的低空部分，次声信号的吸收系数大致为 $a = 10~4$ dB/km。次声波在常温下的空气中可以 344 m/s 的速度传输。

次声波的特征：次声波的频率较低，传播时介质对它的吸收小，波的传播距离较远；在介质中传播可以通过极小缝隙无阻碍传送。

高速铁路一般穿行于偏僻、环境恶劣的山区，其泥石流灾害信息获取困难，且人为、自然的损坏等问题严重，可根据泥石流次声波的这些特点来研制新型的泥石流次声采集警报装置，其预警提前量可达数十分钟。

泥石流的规模大小直接影响次声强度，根据泥石流次声资料观测研究，泥石流次声声压值与泥石流流量有大致的正比线性关系。因此，高

速铁路系统中,可以对泥石流次声声压阈值界定,见表 6.4。

表 6.4 泥石流次声声压阈值界定表

级别	预警颜色	泥石流流量 /（m³/s）	次声声压/Pa
巨型	红色	>1000	>10
大型	橙色	800~1000	8~10
大中型	黄色	500~800	5~8
中型	绿色	300~500	3~5
小型	青色	100~300	1~3
微小型	蓝色	10~100	0.1~1
微型	紫色	<10	<0.1

由表 6.4 知,根据监测到的泥石流次声的声压值,可大致判断出泥石流的规模。

6.2.3.4 泥石流泥位预警阈值

泥石流灾害是一个确定性事件,其灾变过程取决于泥石流在泥石流沟道中能否安全过流,即泥石流的爆发流量与桥涵、沟道的安全过流流量的相对大小。而泥石流发生流量与安全过流流量在固定沟道断面均可转化为泥位信息。在选定的过流断面上,可直接根据泥位判断泥石流的规模。泥石流泥位监测预警系统是根据实时监测到的泥石流的泥位大小信息,计算其通过流量,识别是否发生泥石流,发出泥石流发生预警信号,具有判别直观、容易准确等特点。因此,根据监测泥位信息与安全过流泥位信息比值按预设程序可实时发出预警级别,确保铁路运营安全。泥石流灾害的泥位预警级别的判别式为[66]

$$F(\text{danger}) = \frac{H}{h} \tag{6.4}$$

式中 $F(\text{danger})$ ——危险程度;

H ——泥石流的实际泥位;

h ——桥涵、沟道的安全过流泥位。

根据我国的实际情况,考虑到高速铁路的特殊性,泥石流的泥位预警阈值判别等级见表 6.5。

表 6.5 泥石流灾害的泥位预警级别

预警级别		泥石流的实际泥位值	预警模式
一级	不预警	$0<H<$正常洪水位	列车正常速度运行
二级	提示性预警	正常洪水位$<H<0.8h$	每 45 min 一次泥石流量报告
三级	初级预警	$0.8h \leq H<0.9h$	每 30 min 一次泥石流量报告
四级	形成性预警	$0.9h \leq H<1.1h$	列车速度低于 170 km/h
五级	非成灾性预警	$1.1h \leq H<1.3h$	列车速度低于 120 km/h
六级	成灾性预警	$1.3h \leq H<1.5h$	列车速度低于 80 km/h
七级	成灾性高级预警	$H \geq 1.5h$	列车停运

（1）高速铁路泥石流灾害泥位的一级预警，$0<H<$正常洪水位：当 $0<H<$正常洪水位，铁路桥涵、沟道处于安全工作状态，成灾可能性很小，结合其他因子发出预警，列车继续正常运行，每 1 h 一次泥石流量报告。

（2）高速铁路泥石流灾害泥位的二级预警，正常洪水位$<H<0.8h$：当正常洪水位$<H<0.8h$ 时，高速铁路桥涵、沟道处于安全工作状态，成灾可能性小，发出提示性预警，列车继续正常运行，每 45 min 一次泥石流量报告。

（3）高速铁路泥石流灾害泥位的三级预警，$0.8h \leq H<0.9h$：当 $0.8h \leq H<0.9h$ 时，高速铁路桥涵、沟道处于较安全工作状态，成灾可能性较小，发出初级预警，列车继续正常运行，每 30 min 一次泥石流量报告。

（4）高速铁路泥石流灾害泥位的四级预警，$0.9h \leq H<1.1h$：当 $0.9h \leq H<1.1h$ 时，高速铁路桥涵、沟道处于灾变的临界工作状态，泥石流处于形成状态，成灾可能性较大，但还未至成灾的状态，此时发出泥石流灾害形成性预警，列车降速运行，列车运行速度小于 170 km/h。

（5）高速铁路泥石流灾害泥位的五级预警，$1.1h \leq H<1.3h$：当 $1.1h \leq H<1.3h$ 时，铁路桥涵、沟道处于灾变的危险工作状态，成灾可能性很大，发出泥石流灾害非成灾性预警，列车降速运行，列车运行速度小于 120 km/h。

（6）高速铁路泥石流灾害泥位的六级预警，$1.3h \leq H<1.5h$：当 $1.3h \leq H<1.5h$ 时，铁路桥涵、沟道处于危险过流状态，成灾可能性极大，

发出泥石流灾害成灾性预警，列车降速运行，列车运行速度小于 80 km/h。

（7）高速铁路泥石流灾害泥位的七级预警，$H \geq 1.5h$：当 $H \geq 1.5h$ 时，高速铁路桥涵、沟道处于极危险过流状态，已经成灾，发出泥石流灾害成灾性高级预警，高速列车停运。

因此，高速铁路安全运营的泥位预警阈值根据安全过流泥位设置为 5 个，分别为：$0.8h$、$0.9h$、$1.1h$、$1.3h$ 和 $1.5h$。

6.3　高速铁路安全运营的泥石流灾害预警架构

高速铁路安全运营的泥石流灾害预警系统由多个子系统构成，各子系统界定如下：

（1）雨量灾害预警系统。根据雨量的大小预测泥石流是否会发生或发生的可能性大小，即某地段降雨量达到某个值的时候就可能引发泥石流，预警系统就会发出预警。雨量临界值的确定在雨量预警系统中最为关键。要根据不同的地质构造和周边实际情况来确定。

（2）次声波灾害预警系统。泥石流发生的瞬间，从发源地会发出特殊的声波（泥石流次声波，以约 344 m/s 的速度、以空气为介质向四周发射，它远大于泥石流的运动速度，强度基本不衰减）。在一定范围内一旦有泥石流发生，立即被次声波监测仪发现，为避灾赢得宝贵时间。

（3）超声波泥位计预警系统。泥石流已汇集成后，判断泥石流规模大小的预警。该预警系统由超声波泥位计等一起构成，安装在预计泥石流流经的山沟处。假若前面两个预警系统均"判断失误"，在泥石流已经发生的情况下，达到一定大小的泥石流经过超声波泥位计监测断面时，泥位计便通过系统发出预警信号。

（4）雷达等其他预警系统。预警系统通过计算机和现代通信技术连成一个整体，根据需要还可与水利部门的监控终端连接，实现预警的实时监控。预警耗时从雨量到设定值或声波达到设定值到发出信号只需瞬间，算上工作人员反应时间也只需数秒。

基于上述各种子系统，现构建高速铁路泥石流监测的预警系统，其预警流程如图 6.7 所示。

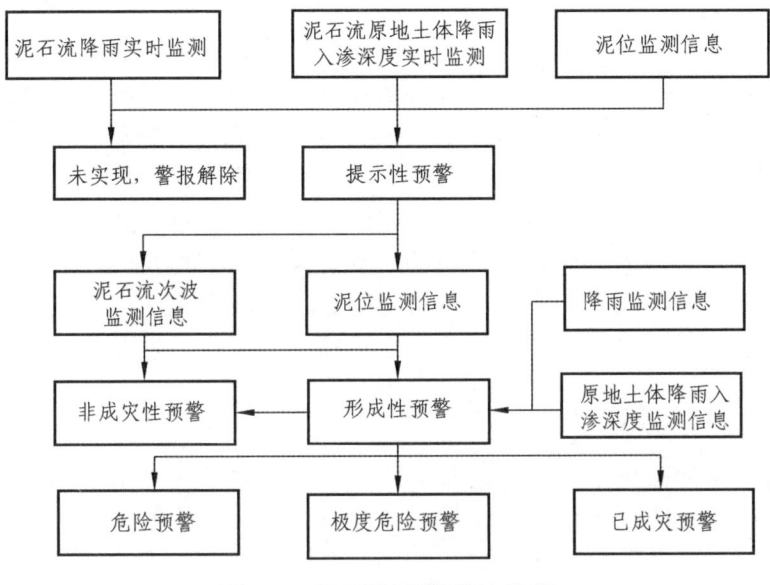

图 6.7 泥石流预警系统流程

6.4 高速铁路泥石流灾害预警系统

泥石流是含有固体物质（泥、沙、石）的山洪。泥石流的形成必须具备3个基本条件：陡峻的地形、有丰富而松散的固体物质、足够的水。泥石流往往爆发突然，运动速度和能量很大，因此，其破坏性特别明显。在我国山区，尤其是西南山区，有着陡峭的地形、复杂的地质结构以及活跃的地震带，受构造、地震影响，以及近年来的山区建设，人类不合理活动增加，为泥石流的形成提供了大量的固体物源，极容易发生泥石流。泥石流对高速铁路的危害主要表现在：淤埋、漫流、冲毁、冲刷、磨蚀、弯道爬高、堵河与挤压河道等方面。

6.4.1 泥石流灾害的预警内容

降水量充沛而强度大是引发泥石流灾害发生的主要诱因，暴雨会引发山洪，从而导致泥石流、滑坡、坍塌等一系列的自然灾害发生，严重威胁高速铁路的运营安全,铁路部门非常重视沿线地质灾害的相关工作,积极开展地质灾害防御工作,通过区域灾害调查,采用线路绕避、工程防治等措施已减少了不少自然灾害的危害。但也应注意到,一方面,山地灾害的主要激发因素降雨具有极大的随机性,而且爆发地点和发生规模往往也带有一极大的随机性,人类尚不可能依靠工程措施完全达到杜绝灾害的目的;另一方曲,防治灾害的工程投入过高,防灾措施的减灾经济效益将会很低。而防洪预报警报等防灾措施的投入少,其经济效益较高,这种情况在山地泥石流灾害防御领域比较明显。可见泥石流灾害预报、预警系统是保障高速铁路安全运输必不可少的重要手段。

6.4.1.1 高速铁路泥石流的预警参数

为了保障高速铁路安全运营,确定泥石流流域实时累积降雨量、泥石流源地土体降雨入渗深度、泥石流次声波、泥石流泥位等4个因子作为泥石流监测和预警关键参数。

1．暴雨洪峰流量

泥石流流量是由流域的暴雨洪水流量携带固相泥沙叠加而成,而且固相泥石流流量的大小与液相洪水流量直接有关。因此,泥石流洪峰流量计算一般都是以暴雨洪流量乘上一个与泥石流特征指标有关的修正数来估算泥石流流量。

2．源地土体降雨入渗深度

泥石流源地斜坡土体是泥石流物源的重要组成部分,其稳定性与泥石流源地斜坡坡度、含水量、土体物理力学性质密切相关,其稳定性受降雨入渗影响,而降雨雨水入渗受斜坡植被情况、土体性质、降雨过程曲线等特征影响,是一个非常复杂的问题。

3．次声波

在近地面的低空部分,泥石流次声信号的吸收系数大致为 $\alpha = 10 \sim 4$ dB/km。次声波在常温下的空气中可以 344 m/s 的速度传输;次声波的频率较低,传播时介质对它的吸收小,波的传播距离较远;在介质中传播可以通过极小缝隙无阻碍地传送等。根据泥石流运动过程中的次声波典型特征,确定次声波为泥石流灾害预警的一个监测内容。

4．沟道泥位

高速铁路一般以桥涵跨越泥石流沟谷,因此需要确定其泥石流相应频率下的洪峰流量,根据泥石流沟道通过能力确定桥涵过流断面的尺寸。在特定的断面,泥石流泥位与流量、水力半径、断面过流面积、沟床纵坡有关,然后根据高速铁路行车安全确定不同警戒级别的泥石流泥位预警阈值。

6.4.1.2 高速铁路泥石流的预警流程

高速铁路安全运营的泥石流灾害预警系统选取实时降雨量、源地土体降雨入渗深度、沟道泥位、次声声压值等 4 个参数作为预警指标,运用系统工程方法和现代信息技术手段,围绕泥石流灾害实时降雨信息、源地土体降雨入渗信息、泥石流次声信息、泥位信息的监测,研发适应恶劣环境下的山区铁路沿线泥石流灾害四参数指标的监测及传输技术,构建基于多要素、多信道数据网及信息库的山区铁路沿线泥石流监测预警网络系统,使各泥石流监测信息之间相互验证,将泥石流的预警建立在稳定的信息源基础上,提高泥石流预警准确率,减少错报、漏报概率。高速铁路泥石流的预警系统结构如图 6.8 所示。

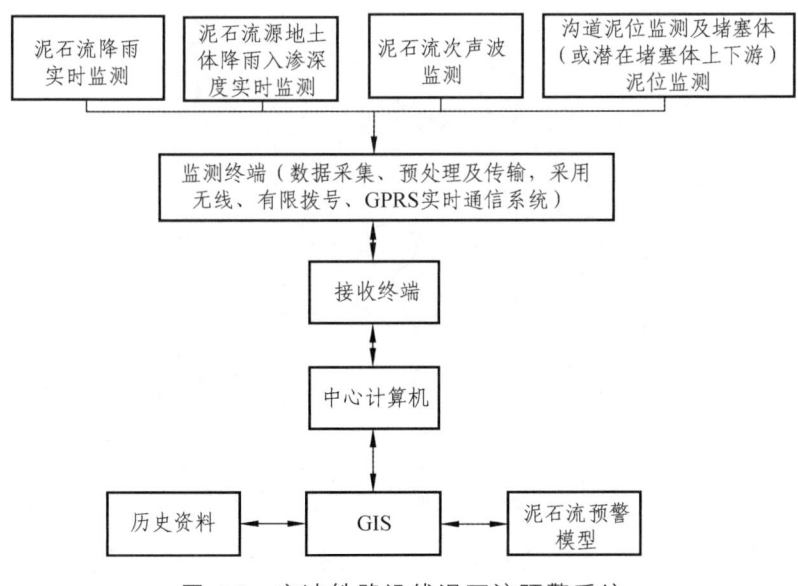

图 6.8 高速铁路沿线泥石流预警系统

6.4.2 地质灾害预警的数据感知模型

人工神经网络是模仿人脑的结构及功能的一种非线性信息处理系统，是由大量神经元广泛互连而成的网络。其中，以BP（Back Propagation）神经网络模型的应用最为广泛。因此，我们利用BP神经网络来构建高速铁路安全运营的地质灾害预警模型。

6.4.2.1 BP神经网络原理

BP神经网络是基于BP误差反向传播算法的多层前馈神经网络。网络中神经元按照功能分层排列，依次为输入层、隐层、输出层等3个部分，输入层与输出层均为一层，隐层可以是一层或多层，其结构如图6.9所示。每个神经元只前馈到其下一层的所有神经元，各层之间神经元完全连接，层内各神经元之间不连接。BP神经网络采用Sigmoid型传递函数，而传递函数常见有两种形式，即

$$f(x) = \frac{1}{1+e^{-x}} \tag{6.5}$$

$$f(x) = \frac{e^x - e^{-x}}{e^x + e^{-x}} \tag{6.6}$$

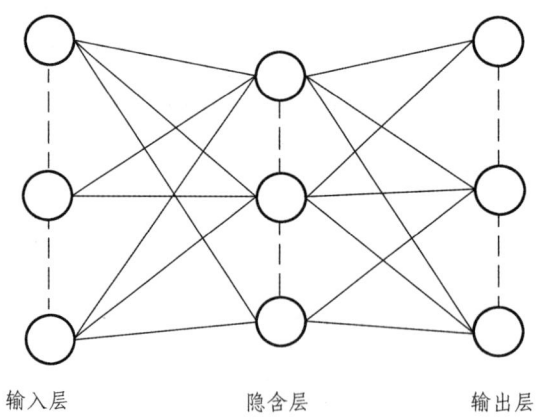

图 6.9 BP神经网络算法网络结构图

Sigmoid型传递函数具有非线性放大系数功能，可以把输入从负无穷大到正无穷大的信号，变成 -1 到 1 之间的输出。对高铁系统中较大

的输入信号,放大系数较小;而对较小的输入信号,放大系数则较大。BP 神经网络的训练分为信息正向传播与误差反向传播两个过程,如图 6.10 所示。因此,利用 BP 神经网络,来构建高速铁路地质灾害的数据感知模型。

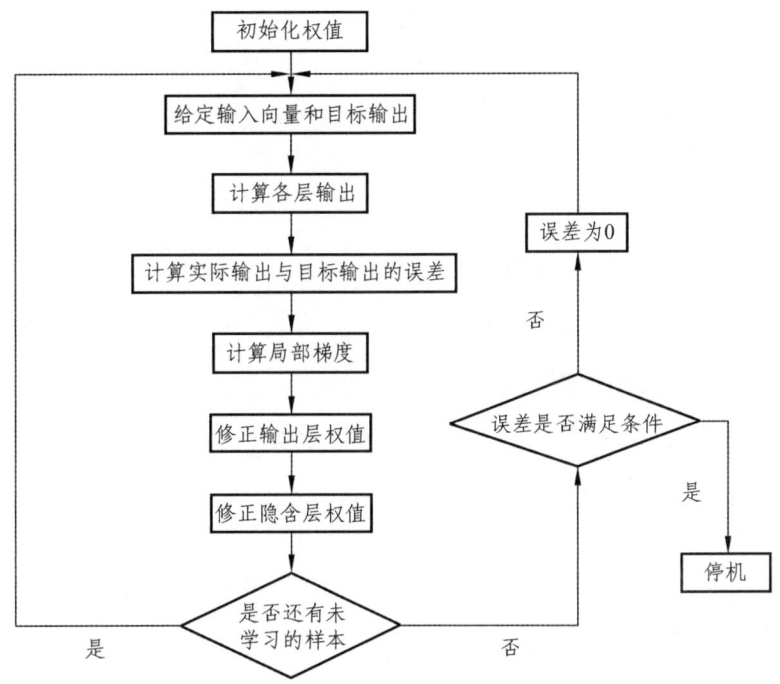

图 6.10 BP 神经网络算法框图

6.4.2.2 BP 神经网络算法

基于 BP 神经网络的正向传播原理,可以预警高速铁路的地质灾害。因此,高速铁路地质灾害的数据感知模型:

Step1:高速铁路地质灾害数据感知的输入变量设为

$$X_k = (x_1, x_2, \cdots, x_n) \tag{6.7}$$

式中,$k=1,2,\cdots,m$,m 为训练样本个数,n 为输入层单元个数。

Step2:高速铁路地质灾害数据感知的对应输入模式的输出向量

$$Y_k = (y_1, y_2, \cdots, y_q) \tag{6.8}$$

式中，q 为输出层单元数。

Step3：高速铁路地质灾害数据感知的隐层各单元的输入

$$S_j = \sum_{i=1}^{n} w_{ij} x_j - \theta_j \quad (6.9)$$

式中　$j = 1, 2, \cdots, p$；

　　w_{ij}——输入层至隐层的连接权重；

　　θ_j——隐层单元的阈值；

　　p——隐层单元个数。

传递函数采用 sigmoid 函数 $f(x) = \dfrac{1}{1+e^{-x}}$，则高速铁路地质灾害数据感知的隐层单元的输出函数

$$b_j = \dfrac{1}{\left[1 + \exp\left(-\sum_{i=1}^{n} w_{ij} x_j - \theta_j\right)\right]} \quad (6.10)$$

高速铁路地质灾害数据感知的输出层单元的输入函数

$$L_t = \sum_{j=1}^{n} w_{jt} b_j - \gamma_t \quad (6.11)$$

高速铁路地质灾害数据感知的输出层单元的输出函数

$$c_t = \dfrac{1}{\left[1 + \exp\left(-\sum_{j=1}^{n} w_{jt} b_j - \gamma_t\right)\right]} \quad (6.12)$$

式中　$t = 1, 2, \cdots, q$；

　　w_{jt}——隐层到输出层的连接权重；

　　γ_t——输出层单元阈值。

至此完成一个前传过程。

6.4.3　高铁地质灾害预警系统

目前对高速铁路地质灾害的监测，就是在高速铁路沿线设立监测点，安装雨量计、次声波监测仪或超声波泥位计和采集单元等单元，实时采集地质灾害数据。并对采集数据进行系统分析，若相关数据超出报警值

就发出报警；用户确认报警信息和现场情况后，及时采取应对措施。

1．高铁泥石流灾害监测的预警系统

地质灾害频发的天气里，高速列车运行往往由于顾及高铁安全性而被延误，导致高铁运营的不稳定。现通过对国内外铁路地质监测及预警系统的比较，设计高速铁路地质灾害监测和预测系统，系统包括：

（1）基于雨量计、次声波监测仪或超声波泥位计、降雨入渗深度计，实现高速铁路周边泥石流信息采集接口设计。

（2）基于 802.11-WIFI 无线发射模块，实现传感器数据实时传输。

（3）基于 Visual Studio 平台，设计上位机数据融合处理中心。

（4）在传统泥石流灾害预警判别的基础上，综合考虑泥石流灾害对列车运行的影响，设计了基于泥石流灾害的高速铁路运营安全评估算法。

（5）基于移动通信基站，实现高速铁路运营安全评估信息推送功能。

2．高铁泥石流灾害预警类型

根据泥石流灾害特征，结合高速铁路自身的抗灾能力，从高速铁路安全行车要求出发，可将山区高速铁路沿线泥石流灾害预警划分为：不预警、提示性预警、初级预警、形成性预警、非成灾性预警、成灾性预警、成灾性高级预警等 7 种预警类型（见表 6.6），以对不同等级的泥石流灾害进行预警。

表 6.6 泥石流灾害预警等级

预警等级		界定范围	预警措施
一级	不预警	铁路桥涵、沟道处于安全工作状态	不发布预警，列车以正常速度通过该区域
二级	提示性预警	铁路桥涵、沟道处于较安全工作状态，但根据检测信息区域内已具有成灾的可能	列车正常运行，系统需每 45 min 进行一次泥石流灾害报告
三级	初级预警	铁路桥涵、沟道处于较安全工作状态，成灾可能性较小	铁路局、工务段、工区或其授权单位向过往危险区域的高速列车发布泥石流初级预警，列车正常运行，系统需每 30 min 进行一次泥石流灾害报告

续表

预警等级		界定范围	预警措施
四级	形成性预警	铁路桥涵、沟道处于灾变的临界工作状态,泥石流处于形成状态,成灾可能性较大,但还未至成灾的状态	铁路局、工务段、工区或其授权单位向过往危险区域的高速列车发布泥石流形成性预警,列车降速运行,170 km/h
五级	非成灾性预警	铁路桥涵、沟道处于灾变的危险工作状态,泥石流已经形成,但其规模大小不足以酿成灾害	铁路局、工务段、工区或其授权单位向过往危险区域的高速列车发布泥石流非成灾性预警,列车降速运行,120 km/h,慢行观察通过
六级	成灾性预警	铁路桥涵、沟道处于危险过流状态,成灾可能性极大	铁路局、工务段、工区或其授权单位向过往危险区域的高速列车发布泥石流成灾性预警,列车降速运行,80 km/h,慢行观察通过
七级	成灾性高级预警	铁路桥涵、沟道处于极危险过流状态,已经成灾	铁路局、工务段、工区或其授权单位向过往危险区域的高速列车发布泥石流成灾性高级预警,进行区间闭锁,列车停运

6.5 小 结

本章在总结国内外高速铁路泥石流灾害预警系统的基础上,分析了地质灾害对高速铁路的影响机理、成灾模式。并结合高速铁路沿线泥石流灾害的形成、运动、成灾机制,提出了泥石流流域实时降雨量、物源区土体降雨入渗深度、次声信息、沟道泥位等4个参数,作为山区泥石流灾害预警参数,建立了高速铁路沿线灾害预警系统。

高速铁路地质灾害预警系统将高速铁路沿线泥石流灾害预警划分为：提示性预警、形成性预警、非成灾性预警、成灾性预警等类型,并提出了相应流域降雨、源地土体降雨入渗深度、泥石流次声波、泥石流沟道泥位等关键参数的预警指标临界值。高速铁路地质灾害预警系统在泥石流灾害影响线路正常行车前预先警告,给调度人员留出决策时间,确定合理适度的对策。因此,通过该系统对于预防灾害,保证高速列车行车安全和效率会起到非常好的作用。

第 7 章 高速铁路安全运营的横风灾害预警系统

高速列车运行时会产生升浮力和仰俯力矩,而且随着运行速度提高升浮力和仰俯力矩也不断增大,使得列车处于一种"飘浮"状态。如果此时高速列车还受到强横风作用,那么列车出现脱轨、翻车和人员伤亡事故的可能性就会增加(见图7.1)。为保障高速铁路运营安全,减少或消除因大风天气条件导致的铁路行车事故,高速铁路强风监测系统已成为高速铁路安全运营的重要保障。在我国新建的高速铁路上,依据线路所处的自然环境和地理条件,不同程度地建立了防灾安全监控系统(含横风监测系统),以保障高速铁路的安全运行。例如,京沪(北京—上海)高速铁路建立的防灾安全监控系统,包括了大风监测、雨量监测、地震监控和异物侵限监控等子系统。

图 7.1 强风导致"新疆 5807 次列车事故"

高速列车运行时,大风对高速列车影响较大,特别是侧向风对列车的影响更大(随着列车速度的增加,侧向风对列车的影响越来越明显)。侧向风会影响列车运行的安全性、稳定性及舒适性等。在强劲的侧向风作用下，尤其在特大桥梁、高路堤或风口线路上，高速列车所受到的侧向气动力有可能使列车横摆超限、掉轨，甚至出现翻车和人员伤亡事故。因此，建立高速铁路大风监测与预警系统，对于预防大风事故的发生，确保高速铁路运输安全具有重要的现实意义。

7.1 横风预警系统研究现状

在大风天气里，列车运行往往由于顾及安全性而被延误，导致交通的不稳定，极大地影响乘客出行。传统的强风管制措施是在以往处理事故的经验基础上，通过总结分析来制定相关措施。但传统的综合考虑风向和风速的新列车防风管制措施适用性较差，只适用于自然风大致吹向某一个特定的方向且风向的变化比较小的地区，不利于推广。因此，本章在研究国内外铁路大风监测系统的基础上，基于地理信息系统和传感器技术，构建适合我国国情的高速铁路大风监测与预警系统。

7.1.1 德国横风监测预警系统

20世纪90年代，德国铁路公司为提高行车安全，加大了在全路范围内建设铁路险情报告设备的投资力度，在高速线路、新建线路和改造既有线路上安装险情探测设备。这些设备用于监督、识别和报告列车车辆的不正常情况，还识别和及时报告沿线环境对列车的影响程度。图7.2所示为德国横风监测预警流程。

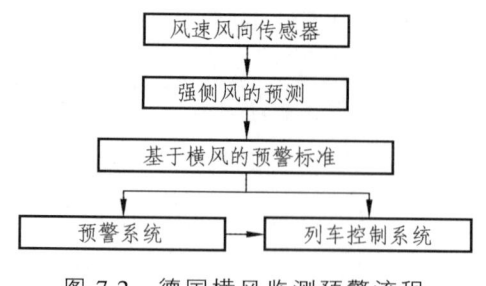

图 7.2 德国横风监测预警流程

第 7 章 高速铁路安全运营的横风灾害预警系统

1. 高速铁路 Now casting 系统

现代高速列车发展的一个方面就是降低轴重，但是由于轴重的减小使得列车在高速行驶时更容易受到侧风的影响，所以德铁（Deutsche Bahn）在 1998 年开发了一个智能短期风报警系统，并命名为"Now casting"。该系统的主要功能是通过对线路上强侧风的预测，来确定受到侧风影响的列车的最大允许速度，并且控制列车在该速度下运行，确保行车安全。

对于高速铁路来说，列车运行速度越高，对侧风的敏感性就越强。也就是说，在强侧风的作用下，列车的运行速度越高，列车就越不安全。Now casting 系统正是应用这个原理来进行大风预警的，即当风速超过一定的数值时，Now casting 系统就对受到影响的高速列车进行强制减速，使得列车在安全的速度下运行。图 7.3 为德国高速铁路 Now casting 系统的工作框图。在列车运行时，沿线布置的测风点不断把最新测到的风信号传送给系统，然后通过预测模型预测列车行进前方的风向以及风速，并根据预测的情况、车型和线路情况来确定列车的最高运行速度。最后，通过列车控制系统控制列车的运行速度。

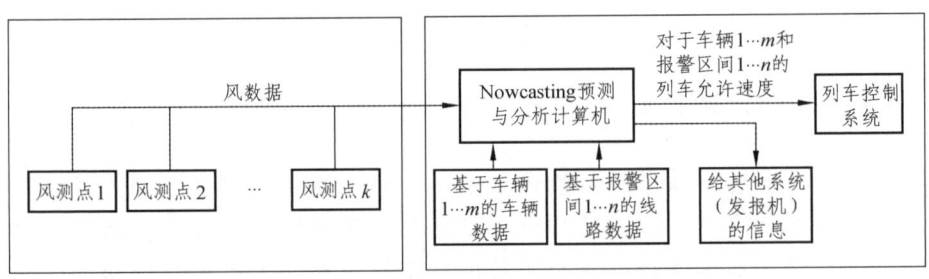

图 7.3 德国高速铁路 Now casting 系统

德国高速铁路 Now casting 系统可以覆盖临界风速超过 20 m/s 以上的所有范围，并且提前 120 s 发出警报[67]。警报一旦发出，受影响的列车必须在这一段时间内把速度减到警报要求的速度，以确保安全。目前，一个单独的 Now casting 子系统与各个列车控制系统的通信范围大概是 50～100 km。

2. 高铁新型 MAS90 系统

20 世纪 90 年代，德国铁路公司险情探测设备与 MAS90 系统联网，对被监督对象和设备进行诊断和统计。MAS90 系统（见图 7.4）纳入了德国铁路目前正在大力建设的区域行车控制中心。

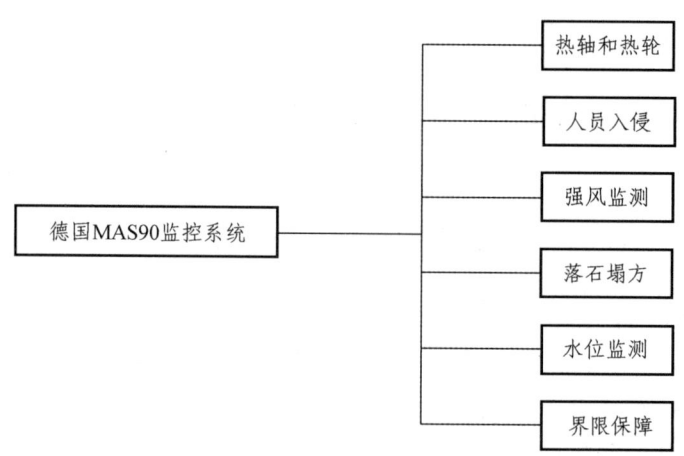

图 7.4　德国 MAS90 铁路环境预警系统

7.1.2　日本横风监测的预警系统

日本对于高速列车的发展十分重视，很早就在全国范围建成了铁路网络。日本学者通过对高速铁路安全运行态势的综合研究，取得了很多成果，特别是对风的特性进行了深层次研究。如研究了瞬时风速的变化与管制风速之间的关系，考虑到风速增加的因素，认为管制风速应当小于临界倾覆风速，两者之间的差值根据车辆所在地与测风点之间的距离及列车完全通过所在地所需要的时间两个因素来确定。

1. 日本传统的强风预警系统

日本铁路早期通过所谓的风管制措施降低强风的危害。目前运用在东日本铁路客运公司（JR-EAST）的风管制简明规则如下[68]：① 管制在观测点风速超过制定标准的时刻立即开始；② 管制在观测点最后一次风速超过制定标准时间 30 min 后结束。日本铁路传统的强风及其他灾害预警系统部分环节还要依靠人力。随着科学技术的发展，东日本铁路客运公司率先从日本气象厅的计算机系统及1990年开始使用的PreDAS（灾害预警系统）得到所需的灾害信息，并应用于铁路的运营当中，这大大提高了预警系统的预警速度，降低了人为因素可能引起的错误。随后防风预警系统逐步发展，并渐渐整合到运输管理系统中。日本初期的防灾系统流程如图7.5所示。

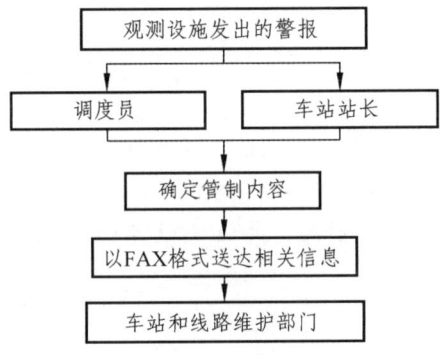

图7.5 日本初期的防灾系统流程图

由于受2005年12月25日Uetsu线倾覆事故的影响，东日本铁路客运公司在2006年1月19日对其管内线路所有限速区段强风环境下列车运行速度进行了更严格的限制：风速20 m/s时，列车限速25 km/h；风速25 m/s时，列车停运。因强风而实施限速运行与以往相比更加频繁，使得旅客出行变得非常不便。由此东日本铁路客运公司在东京附近线路区段采取两种措施来减小强风下限速运行对铁路运输的影响：其一是设置防风栅，其二是在强风区段装设强风预警系统。防风栅可以有效减少限制运行的频次，而强风预警系统则可以缩短限速运行的时间。

2．高速铁路WINDAS系统

日本WINDAS（风廓线仪）系统所采用的技术体制是根据日本的天气系统特点而确定的。因为日本暴雨的多发地集中在日本的中西部，所以其测站布局重点在该地区。设站间隔平均为130 km。风廓线仪采用高发射功率、高天线增益、先进的数据脉冲压缩技术、杂波防护、装备天线罩、自动数据质量控制等，并全部由东京控制中心遥控操作。每10 min平均多普勒速度垂直廓线和5个波束的信噪比数据全部发送到控制中心，然后由中心的计算机计算出风的 u、v、w 分量。总体上，日本的风廓线仪技术装置主要为中尺度数值预报模式提供初始风场数据而设计。WINDAS 系统解决了传统风管制措施中存在的问题：一方面，提前开始风管制使得列车在预测的时间内减速到安全运行速度，WINDAS 系统对风速的预测可以提前十几分钟到几十分钟；另一方面，预测风速使得可以在确切的时间内结束风管制，而不再需要严格的 30 min 规定。但 WINDAS 系统需要在线路附近设置固定的测风点，投资、运营维护成本非常昂贵。

3．新干线强风预警系统

日本新干线采用强风预警系统，如图 7.6 所示。日本新干线采用的某种风向风速监测子系统，风向风速计通过其附带的变换器将模拟电信号变换成数字信号，经由各自的信号发送装置，通过一对电缆发送至分析记录显示装置接收。在风速达到一定值时，自动通知中央控制中心，控制列车减速或停止运行。警报标准根据线路条件、列车抗风性能、周围环境等因素综合考虑。

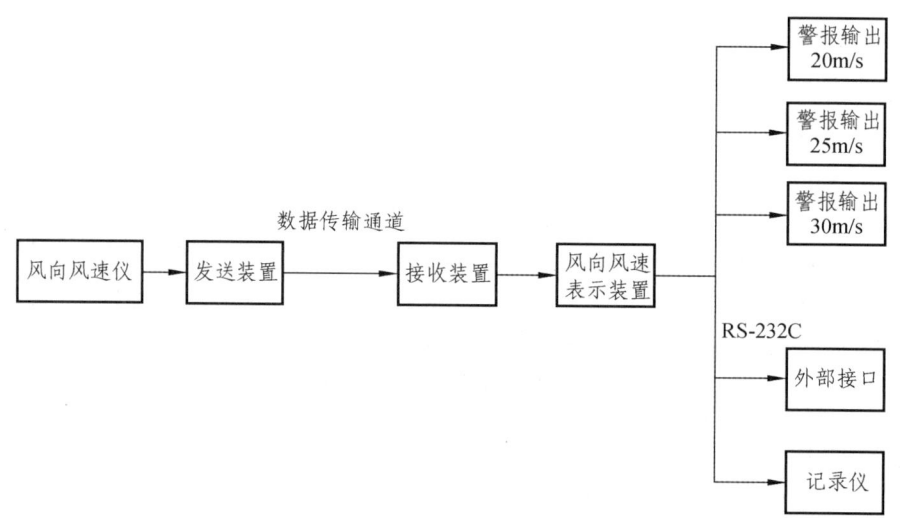

图 7.6　日本高速铁路风向风速子系统构成

日本新干线还制定了强风运行管制规则。日本制定的强风运行管制规则主要以瞬时风值为基础。在管制解除风速方面日本也有大量研究，但大多数仍采用一些经验公式。如经验公式[69]：运行管制解除风速 = 瞬时风速·瞬风率（其中，瞬风率=最大风速/平均风速），或规定结束风管制时间为后延 30 min。

7.1.3 中国横风监测的预警系统

我国地域辽阔，地形复杂，自然灾害频繁，对于高速列车而言，自然灾害中最为严重的是强风灾害，特别是强横风对我国高速列车的运营影响巨大，如兰新（兰州到新疆）高速线路。强风天气条件下高速列车行驶时不仅受行驶方向的气动阻力影响，还会受线路线走向与强风主风向之间夹角的影响。在特殊环境（特大桥梁、高路堤、高架桥、垭口、峡谷地带等地区）会产生风的狭管效应或增速效应。当特殊环境线路走向与强风主风向之间夹角在 75°~95° 时，强横风作用在列车上的气动力大大增加，列车车体会发生颤动，严重时甚至发生倾覆翻车事故。因此，构建我国高速铁路的强风检测系统十分重要。

7.1.3.1 高速列车安全运行的横风预警系统

我国高速列车安全运行横风预警系统是在考虑自然灾害对高速列车行车安全影响的同时，结合高速列车安全运行管制，并且按照布点原则实现风向、风速、雨量、气压、温度、相对湿度等 6 要素监测，进行综合监控预警、超限预警，进而实现自动控车或人工手动控制车行的目的，其流程如图 7.7 所示。

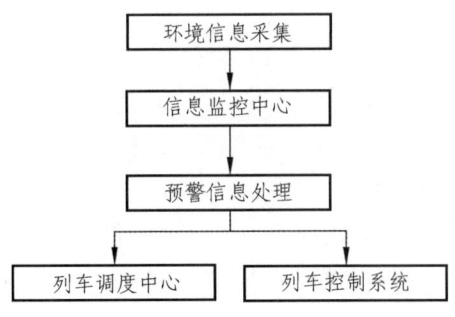

图 7.7 中国高速铁路横风预警流程图

在不同类型的大风、强风天气条件下，横风预警系统可实时监控侧风、横风的风速风向、温度、相对湿度、气压、雨量等6要素，分别导入基本参数和历史资料数据库、沿线风监测点数据库，通过内嵌程序的判断，为行车指挥控制系统提供较为合理的行车速度限制指令信息。

为确保我国高速列车大风天气条件下动车组安全行车，需要推行限制速度和暂时停运措施，研发不同类型大风、强风天气条件下强风路段短时风速预测模式，用于高速列车安全运行大风预警系统及其运行管制中，达到安全、高效行车目的。通过对国外铁路横风监测及预警系统的比较，我国高速铁路横风监测及预警系统设计为4层结构，其搭建结构如图7.8所示。

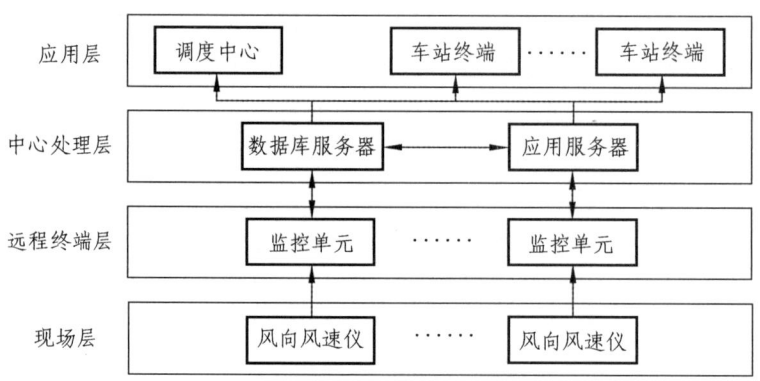

图7.8　中国高速铁路侧风监测及预警系统

第一层次：高速铁路侧风预警系统的现场层。即传感器层，安装风向风速仪，直接获取高速铁路轨道沿线的风信息。

第二层次：高速铁路侧风预警系统的远程终端层。监控单元设备安装于现场探测设备附近的GSMR基站内，与其他通信机柜并行放置。监控单元设备包括系统主机（单片机）、UPS（不间断电源设备）、数据接收和发送模块、继电器组合模块、防雷单元、网络接口和机柜等设备。

监控单元的主要功能有：负责采集现场监测设备的实时数据，经内嵌采集软件对数据进行处理和短期存储，再通过传输网络上传至中心处理层；对现场监测设备状态信息进行监测管理，同时进行自检，实现故障报警、故障诊断和故障定位，将故障记录等信息上传，并接受中心处理层的集中监测管理。

第三层次：高速铁路侧风预警系统的中心处理层。负责实时接收管辖范围内各监控处理层传送来的各种信息，对数据实时进行存储、分析和处理，并根据信息内容提供相应级别的防灾报警、预警，根据列车运行管制规则提供限速、停运等预案信息，同时将报警信息上传至应用层的用户。该层主要由数据库服务器和应用服务器组成。数据库服务器为双机热备方式，内设相关监控数据表，存储各种系统信息，包括风向风速信息、报警信息、设备故障信息等历史记录，以备查询。应用服务器负责采集监控单元主机传入监测点的状态信息及设备状态信息，将各种系统信息存入数据库服务器。

第四层次：高速铁路侧风预警系统的应用层。提供数据的显示、打印等功能，辅助用户做出科学的防灾决策，并提供列车控制系统的接口，使得行驶在风区中的列车能够得到及时的限速或停运控制。

目前对横风的监测，主要是在高速铁路沿线设立监测点，安装风速、风向传感器和采集单元，实时采集风速、风向数据，数据超出报警值发出报警；用户确认报警信息和现场情况后，及时采取应对措施，如减速、停车或躲避等。防灾系统用户一般为铁路调度人员，如果能够对强风，尤其是强侧风做到预警，即在强风影响线路正常行车前预先警告，给调度人员留出决策时间，确定合理、适度的对策，对于预防灾害、保证行车安全和效率会起到非常好的作用。

7.1.3.2 风速限速及限速值执行的标准

运用信息化手段实施在线监控，对可能发生的危险度及行车安全的灾害事件实时监测，并按预设的门限分级进行预测或发出超限预警，依照高速铁路防灾安全监控系统总体技术方案行车管理办法，设定我国高速列车安全运行大风预警信号标准。关于风速限速及限速值执行的标准，详见铁科技〔2009〕212号文规定[70]，如表 7.1 所示。

表 7.1　风速限速及限速值执行标准

预警等级	环境风速	限速标准
一级	小于等于 15 m/s	正常速度运行
二级	15 m/s<风速≤20 m/s	不大于 300 km/h
三级	20 m/s<风速≤25 m/s	不大于 200 km/h
四级	25 m/s<风速≤30 m/s	不大于 120 km/h
五级	大于 30 m/s	严禁动车组列车进入风区

广铁集团（广州铁路集团）的风速限速标准于 2012 年发布，通过对两个标准的对比发现：第一，铁路部门发布的横风限速标准时间较早，限速以 5 m/s 的风速为区间单位，速度控制区间最高为 300 km/h；第二，广铁集团的横风限速标准发布时间较近，横风限速区间单位以实际数值仿真结果为区间，速度控制区间最高为 250 km/h，广铁集团的限速标准如表 7.2 所示[71]。

表 7.2　广铁工电〔2012〕157 号规定

预警等级	环境风速	限速标准
一级	小于等于 13.9 m/s	正常速度运行
二级	13.9 m/s<风速≤17.2 m/s	不大于 250 km/h
三级	17.2 m/s<风速≤20.8 m/s	不大于 160 km/h
四级	20.8 m/s<风速≤24.5 m/s	不大于 120 km/h
五级	大于 24.5 m/s	严禁动车组列车进入风区

7.1.4　国内外强风监测系统比较分析

我国的车载侧风安全预警和控制系统与德国的 Now casting 系统、日本的 WINDAS 系统都是以高速列车在侧风情况下的运行安全为目的设计的。在强侧风情况下，高速列车在这 3 个系统控制下运行比传统的运行可以较好地保证经济性。但是区别如下：

（1）从空间层面上，对高速铁路线路上的风测量方式不同。德国的 Now casting 系统是在线路的沿线设立若干固定的测风点，通过一定的通信手段把风信号集中在一起就可以预测整个线路的风情况。而我国的车载横风安全预警和控制系统把测点设在列车上，直接把信号送入系统。固定的测风点可以非常准确地测量出该点的风速和风向，并且由于多点同时测量，所以可以建立高速铁路线路上完整的风环境监测，为横风的预测提供一个很好的基础。同时，在测风点的预测只是时间的函数，而在测风点之间才是时间与空间的函数，所以在测风点上的预测可以更为准确。而测风点往往设立在风速容易超过标准的地方，因此提高了系统对危险点的预测能力。但是固定的测风点投资大，运用维护成本高。而在列车上布置测风点投资小，运用灵活，使用方便，但是对于自然风信号要排除列车行驶风的影响而准确测量是不容易的。

（2）从时间层面上，预测的时间有所不同。德国的 Now casting 系统是提前 120 s 发出风警报，同时警报发出至少持续 5 min。日本的 WINDAS 系统对风速的预测可以提前十几分钟到几十分钟。由于我国的车载横风安全预警和控制系统处于开发阶段，所以风预测时间尚未确定。但是风速风向预测时间至少要受到两方面的限制，一方面是预测时间越长，所要知道的下一个运行点即预测点也就会越远，而且会减小预测的可信度；另一方面是预测时间越短，列车越有可能不在预测时间内减速至安全速度，影响安全。所以预测时间应是这两者的折中，即在保证一定的可信度的前提下，尽量增加预测时间。

7.2 高速铁路安全运营的横风影响机理

横风会出现在一些风口或是宽阔的地段，这时驾驶员应该提高注意力，以免横风突然来袭，造成列车偏离行驶方向。高速行驶的列车受到横风作用时，往往诱发车祸。横风对高速列车的影响较大，因为这类车辆的整体重心较高，侧向面积较大。横风的作用是随车速的提高而加剧的。高速列车从隧道驶出的瞬间，或驶向风力贯穿的桥梁、高路堤等路段时，往往会突然遭到强横风的袭击。

7.2.1 横风灾害的特性分析

高速铁路系统中，运行中的列车主要受到机车牵引力、运行方向相反的空气阻力、来自侧面的空气作用力、路基对列车的作用力等作用，这些力和加速运行时的惯性力共同作用使列车保持平衡，一旦受力条件改变或运行状态发生变化都有可能使其脱离平衡甚至倾覆。如高速列车一旦受到横风，列车就失去了平衡，有可能发生侧翻等。

1．大风造成高铁事故的原因

高速铁路运行过程中大风造成事故的原因主要有两方面：一是大风风速过高，虽然车速不高（例如在 100 km/h 左右），但作用于列车的气动倾覆力矩过大，从而导致列车倾覆；二是大风风速并不是很高，但列车行驶速度很高（例如在 200 km/h 以上），大风作用于列车时容易使列车轮轨动力学特性发生不利变化，使得脱轨系数和减载率过大，造成列车脱轨甚至倾覆。随着列车行驶速度的提高，列车的空气动力学问题变得更加突出和重要。

2．大风造成高速列车侧翻机理

列车高速运行时会产生升浮力和仰俯力矩，而且随着运行速度提高升浮力和仰俯力矩也不断增大，使得列车处于一种"飘浮"状态。侧向风对列车的影响随着列车速度的增加越来越明显。在侧风环境下运行的高速列车会受到侧向力、升力和阻力，以及由这 3 个力所引起的倾覆力矩、摇头力矩和点头力矩的作用。倾覆力矩由列车所受的侧向力产生，理论上在倾覆力矩超过列车重力矩时，就会发生侧翻事故的发生。由于侧风环境下列车周围的外流场不同于无侧风情况下列车的外流场，因而直接导致了列车的倾覆力矩大幅增大，从而极大地增加了列车翻车事故发生的概率。

3．大风给高速列车带来不适性

侧向风会影响列车运行的安全性、稳定性及舒适性。首先，当侧向风达到一定速度时，会使列车产生共振，引起乘客不适，导致车辆结构的疲劳破坏；其次，在强劲的侧向风作用下，列车所受到的侧向气动力有可能使列车横摆超限、掉轨，甚至出现翻车和人员伤亡事故；最后，在某些特殊的横风环境下,如特大桥梁、高架桥、路堤、丘陵及山区的风口地段以及导致侧向气动力与离心力叠加的曲线线路上,列车流场明显改变,导致气动力显著改变,因此列车掉轨、翻车的可能性大大增加。

7.2.2 横风监测的关键参数

在侧风环境下,合成风总是以某一侧偏角作用在车辆上,由于列车迎风侧和背风侧流场的非对称性,车辆必然经受横向气动力和气动力矩的作用。在垂直方向上,由于高速列车流线型车头、中间车身部分、流线型车尾部分的流场分布差异较大,列车受到较大的点头力矩的作用,特别是对于头车和尾车。由于列车顶面和底面负压大小的差异,列车经受竖直方向的升力,车辆作为一个整体来看,是承受向上还是向下的升力,则取决于气压在列车表面的累加结果。因此,在列车运行的危险路段,诸如特大桥梁或高架桥、路堤、高路堤及风口线路上,应建立完善、可靠的风速监测和报警系统,以保证高速列车在相应环境下的行车安全。

1. 高速列车侧力参数

在高速铁路安全运营中,在侧风环境下,高速列车运行时的车辆表面分布压力和切应力沿横向形成的合力,即沿横向的车辆表面空气压差横向力和摩擦横向力之和,称为侧力,函数关系式[72]

$$F_s = \frac{1}{2}\rho C_s A_s U^2 \quad (7.1)$$

式中 ρ ——在高速铁路安全运营中的空气密度;
C_s ——在高速铁路安全运营中的高速列车侧力系数;
A_s ——在高速铁路安全运营中的高速列车侧面投影面积;
U ——在高速铁路安全运营中的合成风速。

由式(7.1)可知,在高速铁路安全运营中,对于头车和中间车,当风向角为90°时,侧力最大,且锐角时的侧力大于钝角时的侧力;随着风速和车速的增加,各个风向角下的侧力增大,且风向角为90°时侧力增加最为明显。

2. 高速列车升力参数

在高速铁路安全运营中,在侧风环境下,高速列车运行时的车辆表面分布压力和切应力沿垂直方向形成的合力,即沿垂直方向的车辆表面空气压差升力和摩擦升力之和,称为升力,函数关系式[73]

$$F_L = \frac{1}{2}\rho C_L A_h U^2 \quad (7.2)$$

式中　C_L——在高速铁路安全运营中的高速列车侧力系数；
　　　A_h——在高速铁路安全运营中的高速列车水平投影面积。

3. 高速列车倾翻力矩参数

在高速铁路安全运营中,高速车辆在横向气动力和升力作用下,将承受绕 x 轴的倾覆力矩,函数关系式[73]

$$M_x = \frac{1}{2}\rho C_{Mx} A_s H U^2 \quad (7.3)$$

式中　H——高速车辆的高度；
　　　C_{Mx}——在高速铁路安全运营中的倾覆力矩系数。

由式(7.3)可知,在高速铁路安全运营中,对于头车和中间车,当风向角为 90° 时,倾覆力矩最大；随着风速和车速的增加,各个风向角下的倾覆力矩增大,且风向角为 90° 时增加最为明显。

4. 高速列车摇头力矩参数

在高速铁路安全运营中,高速车辆在气动阻力和升力的共同作用下,将承受绕 y 轴的摇头力矩,函数关系式[73]

$$M_y = \frac{1}{2}\rho C_{My} A_h H U^2 \quad (7.4)$$

式中　C_{My}——在高速铁路安全运营中的摇头力矩系数。

由式(7.4)可知,在高速铁路安全运营中,比较 3 节车摇头力矩的大小,整体而言,高速列车的头车最大,尾车次之,中间车最小。

5. 高速列车点头力矩参数

在高速铁路安全运营中,高速车辆在气动阻力和横向气动力的共同

作用下，将承受绕 z 轴的点头力矩。函数关系式[73]

$$M_z = \frac{1}{2}\rho C_{Mz} A_h H U^2 \qquad (7.5)$$

式中　C_{Ms}——在高速铁路安全运营中的点头力矩系数。

6．风向风速仪的选择

在高速铁路安全运营中，强风预警中要用到两个风速，一个是根据连续监测的风速，对动车组将要进入的运行区间的最大风速进行提前短时预测，得到预测最大风速；另一个是实际监测采用气象模式算法计算 3 s 滑动平均风速，即瞬时风速。无论哪个风速值超过预警门限值之后都要实行运行管制。当实测瞬时风速或预测风速有一个达到该区段不同速度限值时就会发出相应预警信号；当实测瞬时风速和预测风速均低于门限值时，则解除预警信号，并绘制大风天气条件下高速列车运行管制曲线图，达到安全、高效行车的目的。

风向风速仪按工作原理可分为两大类，分别是机械式和超声波式。机械式风向风速仪有三杯式和螺旋桨式两种，结构简单、价格低廉是其最大优点。但由于其有旋转部件，存在磨损损耗，易被风沙损耗，易受冰冻、雨雪干扰，维护工作量大，因此难以满足高速铁路防灾监控系统高可靠性的要求。而超声波式风向风速仪，虽价格相对较高，但具有高精度、高可靠性的特点，因此建议高速铁路防灾预警系统采用超声波式风向风速仪。

7．监测点设置原则

大风的危害与地区条件、地貌等关系密切，国家气象部门只能提供大范围的气象概况，而不能对具体的行车地段进行预报，因此对高速铁路而言，需要在可反映当地强风特征的区段设置风监测点，即在易发生强风或突发性大风地区的车站、特大桥梁、高架线和变电所，以及风期长的空旷地带、风力强劲的风口地区设置风监测点，选定监测点所测数据应能代表该地域实际风量。在高速铁路安全运营中，若有需要，还可在桥梁上设置监测垂直地面纵向风速的超声波风向风速仪。

7.3 高速铁路安全运营的风速预测机理

在高速铁路安全运营中,风速的变化是一个概率事件,高速铁路强风预测是指在特定的区域内,利用当前数分钟或数小时已记录的瞬时风数据,去预测以后 3~10 min 内会出现的危险风速,以便列车提前减速。高速列车接到报警信号减速至较安全速度(如 160 km/h 以下)将提高列车运行安全性。

目前,中国、法国、日本、德国等国家高速铁路部门,都对高速铁路强风进行监控和预测。目前预测模式共 7 种,其中包括气象学模式、遥感预测模式、专家系统预测模式、时间系列解析预测模式、神经网络预测模式、时间系列解析与神经网络相结合预测模式、气象模式与神经网络相结合预测模式等,如表 7.3 所示。

表 7.3 风速预测模式

编号	预测模式	特点	安全运行管制的适用性
1	气象学预测模式	考虑空间分布和每个地点的地形及其他因素的宏观详细气象物理模式的预测方法	适用于气压差显著路段
2	遥感预测模式	使用可以测定风向、风速面的分布的特殊观测装置预测各地点的风速	适用于拥有线状范围、需要规模宏大的铁路
3	专家系统预测模式	依据历史数据和信息进行预测	需要构筑作为预测根据的知识数据库的时间
4	时间系列解析预测模式	着眼于随着时间的变化所采集的数据的相互依存性进行预测	可以客观、定量地预测不可预知突发的强风
5	GRNN 神经网络预测模式	直接以采样风速数据对网络进行修改,不需重新计算参数	适用客运专线,进行客观、定量的预测
6	神经网络预测模式	选用神经网络提前 5 min 输出高速铁路沿线寒潮大风天气条件下预测风速	适用高铁沿线大风影响范围较大的寒潮大风
7	气象模式与 GRNN 神经网络相结合预测模式	结合 k 系数及各监测点风速资料,采用气象模式算法;提前 2 min 输出高速铁路沿线雷雨大风天气条件下预测风速	适用于地形复杂路段的短时雷雨大风,提前预测时段越长误差越大

高速铁路安全运营的强风预警系统以最大预测风速为依据对列车进行控制。当预测风速超过管制值时，系统启动限制运行措施。相对于单纯依赖实测风速决定管制而言，利用预测风速控车，列车在强风环境中的安全性更有保证。而且，强风预警系统可以在实测风速和最大预测风速两者均低于管制设定值时，解除速度管制，较强风管制方式平均缩短管制运行时间 20%～30%，显著提高高速铁路运营效率。

在高速铁路安全运营中，风的预测最直接的办法是采用气象预报仿真分析方式，但由于铁路线路周围受地面特殊气流和地形地貌等诸多因素影响，使气象模型非常复杂，结果不够精确。因而此方法目前无法满足高速铁路对强风预测实时、可靠的要求。与普通的天气预报不同，高速铁路强风预测是在指定的小尺度范围内（时间和区间）的气象预测，是利用在本区域已观测到的风数据，考虑到风与时间、空间规模的相关性，按照风的规律进行外推预测的一种方法。高速铁路强风预测的技术关键是选用合适的方法，对沿线实测风速建立外推模型，实现超前 3～5 min 以上的预测。

7.4 高速铁路安全运营的横风预警阈值

世界上许多国家针对高速列车横风安全问题进行了研究，并在实际环境中确定出了适用自身的高速铁路横风限制标准。如欧洲是较早对列车横风安全问题进行研究的地区，制定了欧洲高速铁路互通性技术规范（Technical Specification for Interoperability，TSI）。为了确定横风风速与列车车速安全限值的关系，TSI 定义了风速特性曲线，参考风速特性曲线或基准风速特性曲线。

7.4.1 德国高速铁路的强风运行机制

自从 1994 年德国国铁就开始调查强侧风对这些轻量化车体的影响，研究发现：在路堤或桥梁上每年大风最高风速超过 25 m/s 的天数平均每年有 3 天，从 200 km/h 的既有线继续提速会导致车辆的倾覆。因此，德国研究人员对强风预警系统展开了研究，并列出了保证列车运行安全的

4个步骤：

（1）步骤一。确定车辆能够承受的最大横向风速。采用多体动力学的方法分析强侧风情况下轮轨接触力。风洞试验中测得的空气动力学系数、驱动的特征参数、轨道的几何不平顺性、线路上部结构等都作为影响的因素，所得结果即为特征风曲线。

（2）步骤二。特定线路危险的或然率评估。包括基于特征风曲线确定当地允许的风速，确定一个强侧风出现可能性的函数。包括统计风速风向、线路的走向、轨道位置（路堤、桥梁）、线路表面和周围地面的粗糙度以及轨旁建筑物。在上述调查的基础上，确定其或然率。其函数可以表示为：车辆出现的或然率×强风出现的或然率。

（3）步骤三。高速铁路安全运营的冒险评估。根据函数确定两个车站之间的最终运行车速。

（4）步骤四。制定安全运行措施。如果特征风曲线超出目标值，就必须采取措施，包括：降低车速、设置挡风墙、调整车体的结构（降低重心高、提高空气动力学特性、增加配重）、整改线路的平整度。一般来说会对上述措施进行优化，以便更为经济地达到目标值。

德国还建立了短期强侧风播报模型，其具体做法是：在线路沿线设置有很多风速计，通过轨道线路将车型、线路状况、风速传递到控制中心，控制中心发出指令来调节车辆的运行速度。该系统能够提前2 min预报强风风速，以确保列车有足够的时间进行限速操作。在德国高速铁路建设中，一些强风区间倾向于设计防风墙，并忽略风向的影响。

表7.4中列出了汉诺威—维尔茨堡高速铁路强风运行限制值，与日本限速标准比较差别较大，可以说德国的客运列车无风向的限制，但他们仍在特殊地段和大跨度桥上设置风速、风向监测仪，并将信息传至防灾报警系统控制货运列车。

表7.4　德国高速铁路强风运行限制标准[74]

风速 v/（m/s）	$20<v<32$	$25<v<32$	$v>32$
客运列车	继续运行	继续运行	继续运行
货运列车	易吹翻的车辆限速 80 km/h	全部车辆限速 80 km/h	停车

7.4.2 日本高速铁路的强风运行机制

日本铁路早期通过所谓的风管制措施降低强风的危害。目前运用在东日本铁路客运公司（JR-EAST）的风管制简明规则如下：

管制规则一、管制在观测点风速超过制定标准的时刻立即开始；

管制规则二、管制在观测点最后一次风速超过制定标准时间 30 min 后结束。

为了防止车辆在强风下脱轨，JR 东日本公司发布了综合考虑风向和风速的新列车防风管制措施。JR 东日本公司发现当前的操纵限速措施包括一些缺点，比如，限速指令是在发现强风后发布，此后延续 30 min，即使此时已没有强风，但命令依然有效。为了解决这个问题，JR 东日本公司根据时间序列分析，采用 Lab view 开发了强风预警系统，基于安装在沿线轨道上的气象计采集到的速度数据的时间序列，这套系统能预测将来 30 min 内的风速，并发布限速指令。同时，给出了计算时的特别算法：

步骤一、基于观测到的持续风每间隔 3 min 制作最大风速时间序列；

步骤二、采用卡尔曼滤波估计最大速度时间序列的趋势；

步骤三、计算每个时刻最大风速的点估计；

步骤四、基于上面提到的最大风速点估计和实际观测到的风速之间的误差分布来估计最大风速的分布概率；

步骤五、依据前面的概率分布计算风速上限。

日本强风时列车运行管制规则见表 7.5。

表 7.5 日本强风时列车运行管制规则（风速指瞬时风速）[75]

风速 /（m/s）	一定区间	设置一定标准的挡风墙区间
20≤风速<25	列车限速 160 km/h 以下	不限速
25≤风速<30	列车限速 70 km/h 以下，也可视具体情况停运	列车限速 160 km/h 以下
30≤风速<35	停运	列车限速 70 km/h 以下
风速≥35	停运	停运

7.4.3 中国高速铁路的强风运行机制

目前，我国运用信息化手段实施在线监控，对可能发生的危险度及行车安全的灾害事件实时监测，并按预设的门限分级进行预测或发出超限预警，依照客运专线防灾安全监控系统总体技术方案（暂行）行车管理办法设定我国高速列车安全运行大风预警信号标准。我国高速铁路安全运行大风预警信号（除台风型大风、东南沿海特殊路段和横风路段外）分4级，并分别以蓝色、黄色、橙色、红色等4种颜色表示，见表7.6。

表 7.6 中国高速铁路强风运行限制标准

风速/（m/s）	安全信号	限速/（km/h）
15.0~20.0	1级（蓝色预警信号）	控制在300
20.0~25.0	2级（黄色预警信号）	控制在200
25.0~30.0	3级（橙色预警信号）	控制在120
大于30.0	4级（红色预警信号）	动车组停运

基于表7.6，在高速铁路安全运营中，高速铁路安全运营的大风预警信号：

（1）蓝色预警信号，即为一级大风预警信号：高速铁路安全运营的1级大风预警信号，瞬时风速为15.0~20.0 m/s，运行速度控制在300 km/h。

（2）黄色预警信号，即为二级大风预警信号：高速铁路安全运营的2级大风预警信号，瞬时风速为20.0~25.0 m/s，运行速度控制在200 km/h。

（3）橙色预警信号，即为三级大风预警信号：高速铁路安全运营的3级大风预警信号，瞬时风速为25.0~30.0 m/s，运行速度控制在120 km/h。

（4）红色预警信号，即为四级大风预警信号：高速铁路安全运营的4级大风预警信号，瞬时风速大于30.0 m/s，动车组停运。

为了保证高速铁路安全运营，在我国东南沿海特殊路段及横风路段（特大桥梁、垭口、峡谷、山区的风口、狭管效应等）瞬时风速大于25.0 m/s时，呈红色预警信号，高速列车停运。这主要是由于高速列车经过东南沿海特殊路段及横风路段时风速的倍增效应，地形影响导致瞬时风速增大 1.23~1.7 倍。如果线路与大风、强风风向夹角在 80°~100°，高速列车受大风、强风天气条件下瞬时风速和横风合力的影响，气动力显著增大，列车脱轨、倾覆的可能性明显增加。因此，为了确保高速铁路安全行车和提高效率，缩短报警和解除报警的时间，必须建立大风预警系统。

7.5 高速铁路安全运营的横风预警系统

高速列车安全运行防风预警系统是防灾安全监控预警系统中的一个子系统，其中包括通信站监控单元、防灾安全监控中心、传输网络设备等，并预留地震监控子系统、结冰监控子系统等其他子系统的接口。该系统监控客运专线铁路沿线各监测点风向、风速、雨雪、异物侵限等突发事件危及行车安全的情况，提供预警信息、解除预警信息，通过列控中心下达行车命令，防灾中心下达救援、维修、管理等命令。预警流程如图 7.9 所示。

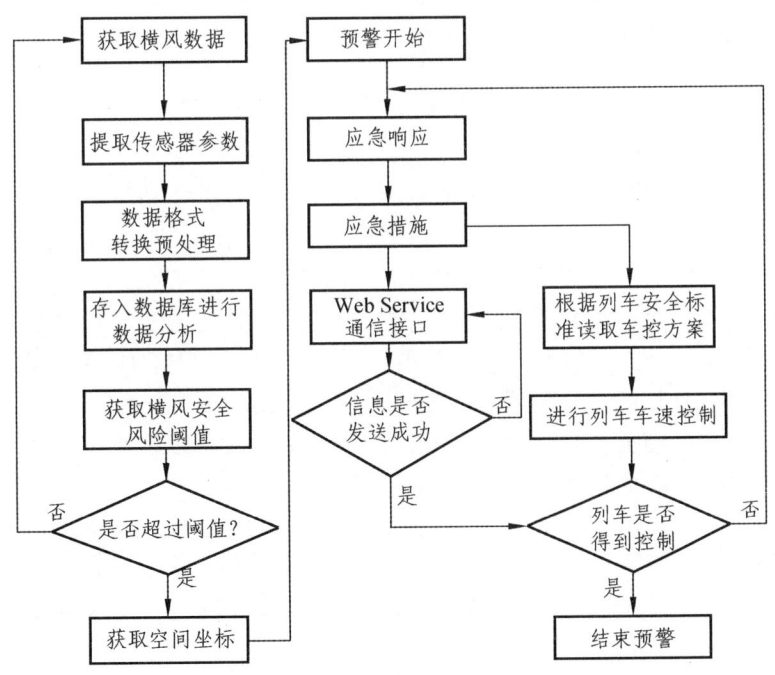

图 7.9 风速预警系统流程

在高速铁路安全运营中，高速铁路安全运营的大风预警流程如下：

Step 1：获取横风参数信息监测模块，采集装置所处环境的相关信息。

Step 2：大风预警的参数控制模块，根据当前时钟时间提取最新得到的横风参数信息。

Step 3：大风预警的信息转化控制模块，将获取的数据信息进行 AD 转换。

Step 4：大风预警的数据感知控制模块，调用评估预警模块对预处理过后的横风参数进行分析，横风参数分析是计算已有横风参数的平均值与新获取的横风参数的波动区间，并通过对历史数据分析得到动态的安全风险阈值数据。

Step 5：大风预警的阈值控制模块，读取评估预警模块分析后得到的铁路横风因素安全风险阈值数据。

Step 6：大风预警的阈值互动控制模块，将铁路横风因素安全风险阈值数据与前述步骤 Step4 得出的横风参数波动区间值进行比对。

Step 7：如果线路环境横风信息未超过风险阈值，则返回 Step2，重新读取横风参数信息，如果线路环境安全信息超过风险阈值，则进行 Step8。

Step 8：获取控制模块内置的空间坐标信息，对受影响的线路进行定位。

Step 9：定位后，控制模块启动预警指令，调用评估和预警模块中的预警过程。

Step 10：根据预警指令进行应急响应。

Step 11：控制模块执行预先设置的应急方案，主要包括预警信息的发送和列车速度控制两个方面。两个方案同时进行，其中列车控制由 Step12、Step13 完成，预警信息的发送通过 Step14、Step15 完成。

Step 12：根据相应的横风因素安全评估得出的线路横风因素安全等级结果查找相应的铁路线路应急备案措施。

Step 13：采取列车控制应急措施。主要包括通知列车降速、停止运行、疏散乘客到达安全地点等。

Step 14：将应急措施文本信息通过移动通信接口或者无线发射模块发送。

Step 15：检测应急措施文本信息是否发送成功。如果是，则进入

Step16，如果否（例如由于干扰或者其他原因导致信息没有发生成功时），重新启动通信模块发送应急措施文本信息。

Step 16：通过列车控制模块确定高速列车车速是否已经被控制。如果是，则进入 Step17，如果否（例如由于干扰或者其他原因导致列车速度没有被控制），返回 Step10，重新进行预警措施。

Step 17：结束预警。

7.5.1 高速铁路安全运营的横风预警系统

在高速铁路安全运营中，强风因素对高速铁路的影响主要有：一方面，列车的速度和列车的荷载存在关系，采用轻材质的材料制造列车，可以提高列车的行驶速度，这使侧向强风的问题更为敏感。另一方面，高速运行时会产生升浮力和仰俯力矩，而且随着运行速度的提高升浮力和仰俯力矩也不断增大，使列车处于一种"漂浮"状态。在此状态下运行的列车极易受到强风的影响而造成行车事故。本章以基于灾害监测数据的横风灾害预报为主要研究内容，建立实时监测网络、提供科学的预警数据，以达到降低灾害破坏、最终保证行车安全的目的。

7.5.1.1 横风灾害的预警步骤

高速铁路横风灾害预警系统是推动我国高速铁路发展的一个重要组成部分。在高速铁路安全运营中，预警系统可实时获取观测数据，提高观测数据的可靠性、准确性和实时性，使得数据能够在短时间内传送到监测中心，以提高调度部门的管理能力。为了确定横风风速与列车车速安全限值之间的关系，需要进行横风作用的气动力分析和轮轨动力学分析计算。包括：

Step1，确定高速列车运行时的风力场景；

Step2，通过风洞实验或数值模拟，确定空气动力学性能；

Step3，建立高速列车的多车体动力学仿真模型；

Step4，计算高速列车轮轨动力学参数，分析这些参数与横风风速和车速的关系；

Step5，根据规范确定横风风速与车速的关系。

7.5.1.2 横风灾害的预警内容

目前高速铁路沿线建设了越来越多的风速、风向监测站,随之而来的是大量的数据信息,如何对这些大量的数据进行及时、高效的分析处理,这就需要一个能对横风进行监控预测的信息系统,以保证高速列车在相应环境下的行车安全。横风信息中,两个主要的数据是风速数据和风向数据。风是大气压力差引起的空气流动所产生的,风向和风力的大小时刻都在变化。因而,风数据具有波动性、间歇性和随机性的特点。

1. 高速铁路风速数据的预测

风速是风力等级划分的依据,单位一般取 m/s,或者 km/h。一般来讲,风速越大,风力等级越高,风的破坏力就越强。风速与风力的换算如表 7.7 所示。

表 7.7 风力与风速关系

风力	风速/(m/s)	风力	风速/(m/s)	风力	风速/(m/s)
0	0~0.2	6	10.8~13.8	12	32.7~36.9
1	0.3~1.5	7	13.9~17.1	13	37.0~41.4
2	1.6~3.3	8	17.2~20.7	14	41.5~46.1
3	3.4~5.4	9	20.8~24.4	15	46.2~50.9
4	5.5~7.9	10	24.5~28.4	16	51.0~56.0
5	8.0~10.7	11	28.5~32.6	17	56.1~61.2

2. 高速铁路风向数据的预测

在高速铁路安全运营中,风向是指风吹来的方向,是横风的另一个重要信息。当风向与车体成一定偏角时,由于高速列车迎风侧和背风侧流场的非对称性,车辆必然经受横向气动力和气动力矩的作用。

高速铁路安全运营中横风预警是一个长期过程,且一般高速铁路沿线设置的测风站数目众多,故积累的监测数据量是巨大的。所以要在大量数据的基础上进行分析处理,结合高速铁路沿线参数信息及横风分布特征,确定横风监测预警系统实施风速预测的重点区域。

7.5.2　横风预警的数据感知模型

在高速铁路安全运营中，数据处理主要是利用监测数据对未来预测周期风速进行预测。为满足系统对横风数据预测的各项要求，特别是高精度的预测要求，现选取卡尔曼滤波理论对高速铁路横风数据进行分析处理和预测研究，并将研究获得的最优预测应用到横风监测预警系统中，使系统具有实时建模、实时预测输出、模型跟踪修正的横风预测功能。

1．卡尔曼滤波工作原理

卡尔曼滤波是一种先进的控制方法，是一种基于线性回归分析的预测方法。卡尔曼滤波算法是一种有限的以最小均方误差来估计系统状态的计算方法,即通过将前一时刻预报误差进行反馈到原来的预报方程中，及时修正预报方程的系数，以提高下一时刻的预报精度。卡尔曼滤波器工作过程如图 7.10 所示。

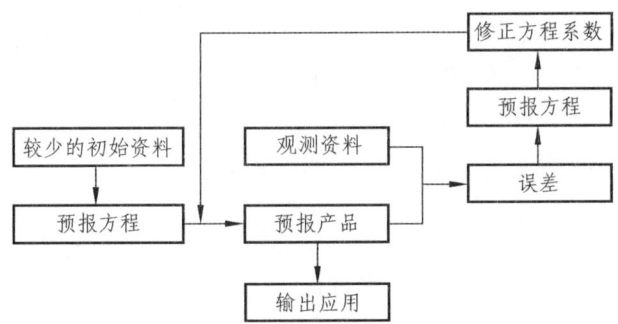

图 7.10　卡尔曼滤波器工作过程

2．横风预警的卡尔曼滤波估计模型

在高速铁路安全运营中，横风预警的卡尔曼滤波估计模型主要包括卡尔曼滤波估计（分为预测和滤波）、卡尔曼（增益和估计误差）方差矩阵的计算两部分。过程如下：

Step1：在高速铁路安全运营中，根据前一次滤波值 $\bar{X}(k-1|k-1)$ 计算横风预警的预测值

$$\bar{X}(k|k-1) = \Phi(k,k-1)\bar{X}(k-1|k-1)$$

Step2：在高速铁路安全运营中，根据横风预警新的观测值 $z(k)$ 计算滤波估计

$$\bar{X}(k|k) = \bar{X}(k|k-1) + K(k)\left[z(k) - H(x)\bar{X}(k|k-1)\right]$$

Step3：将滤波估计存入计算机，等到下一时刻得到横风预警新的观测值 $z(k+1)$ 时重复上述计算过程。

Step4：定义横风预警的卡尔曼增益函数和滤波误差方差矩阵。

在高速铁路安全运营中，横风预警的卡尔曼增益函数

$$K(k) = P(k|k-1)H^{\mathrm{T}}(k)\left[H(k)P(k|k-1)H^{\mathrm{T}}(k) + R(k)\right]$$

在高速铁路安全运营中，横风预警的滤波误差方差矩阵

$$P(k|k) = \left[1 - K(k)H(k)\right]P(k|k-1)。$$

3．横风预警的状态空间模型

在高速铁路安全运营中，求解横风预警的状态空间模型，步骤如下：

步骤一、确定横风预警的系数矩阵、初始化系统状态初值 x_0 和方差矩阵 V_0；

步骤二、横风预警系统的状态递推计算[76]

$$x_{n|n-1} = F_n x_{n-1|n-1} \tag{7.6}$$

$$V_{n|n-1} = F_n V_{n-1|n-1} F_n^{\mathrm{T}} + G_n Q_n G_n^{\mathrm{T}} \tag{7.7}$$

式中　$x_{n-1|n-1}$——$n-1$ 时段的横风预警系统状态的滤波值；

$x_{n|n-1}$——根据 $n-1$ 时段的横风预警滤波值，预测的 n 时段的横风预警系统状态向量；

$V_{n-1|n-1}$——$n-1$ 时段的横风预警状态方差矩阵，$V_{n|n-1}$ 为根据 $n-1$ 时段的横风预警状态方差矩阵预测的 n 时段的横风预警系统状态方差矩阵。

步骤三、根据观测向量滤波，修正横风预警系统状态方程[77]

$$K_n = V_{n|n-1} H_n^{\mathrm{T}} (H_n V_{n|n-1} H_n^{\mathrm{T}} + R_n)^{-1} \tag{7.8}$$

$$x_{n|n} = x_{n|n-1} + K_n(y_n - H_n x_{n|n-1}) \quad (7.9)$$

$$V_{n|n} = (I - K_n H_n)V_{n|n-1} \quad (7.10)$$

式中 K_n——横风预警的卡尔曼增益矩阵；

$x_{n|n}$——n 时段的横风预警系统状态滤波值；

$V_{n|n}$——n 时段的横风预警系统状态方差矩阵修正值。

在高速铁路安全运营中，已知横风预警系统状态初值 x_0 和横风预警方差矩阵 V_0，$V_0 = D(x_0)$，对于 $n=1$，将 x_0 代入式（7.6），可得 $x_{1|0}$，将 V_0 代入式（7.7），可得 $V_{1|0}$，由式（7.8）可得 K_1，将 K_1 代入式（7.9），可得到 $x_{1|1}$，这样由 x_0 和 $n=1$ 时刻的横风预警观测值 y_1 可以利用式（7.10）得到 $n=1$ 时刻横风预警系统的最优估计值 $x_{1|1}$。

为了进行以下的递推，由 K_1 需要代入式（7.10）得到 $V_{1|1}$，这样得到 $x_{1|1}$ 和 $V_{1|1}$。对于 $n=2$，继续按照以上步骤进行计算，得到 $x_{2|2}$ 和 $V_{2|2}$，依此类推，可得 $n=3$，4，5…时刻的横风预警最优估计值和横风预警方差矩阵。

7.5.3 横风灾害监测的预警系统

目前对铁路横风的监测，是在高速铁路沿线设立监测点，安装风速风向传感器和采集单元，实时采集风速风向数据，数据超出报警值则发出报警；用户确认报警信息和现场情况后，及时采取应对措施，如减速停车或躲避等。防灾系统用户一般为铁路调度人员。如果能够对强风，尤其是强侧风做到预警，即在强风影响线路正常行车前预先警告，就能给调度人员留出决策时间，确定合理适度的对策。现通过对国内外铁路横风监测及预警系统的比较，设计适合我国国情的高速铁路横向风监测和预测系统，系统包括：

（1）基于风速和风向传感器，实现风速和风向信息采集接口设计。

（2）基于 802.11-WIFI 无线发射模块，实现传感器数据实时传输。

（3）基于 Visual Studio 平台，设计上位机数据融合处理中心。

（4）在传统风速预警判别的基础上，综合考虑风向对列车运行的影响,设计基于风向-风速双因子高速铁路运营安全评估算法。

(5)基于移动通信基站,实现高速铁路运营安全评估信息推送功能。

在高速铁路安全运营中,基于风速检测的高速铁路预警系统的设计方法具体可划分为阈值判别、预警算法、系统结构、整合测试等4个部分。

7.5.3.1 预警阈值界定

风向、风速、车重、外形、轨道路基结构、高速列车运行速度等均影响列车倾覆极限风速,一般用倾覆极限风速作为预警阈值(倾覆极限风速,即其他因素不变的情况下保证列车安全运行最小的自然风的风速)。列车运行图确立后,车速、路基结构等参数均已固定,倾覆极限风速也可通过仿真计算得到,根据国家当前既有的标准:当铁路沿线周边的环境风速大于 15 m/s 时,列车正常速度运行;当铁路沿线横风速度大于 30m/s,列车停止运行。具体的判别阈值如表 7.8 所示。

表 7.8 铁路沿线风速判别阈值

铁路沿线环境风速 /(m/s)	列车运行限速
[0,15]	正常速度运行
(15,20]	限速 300 km/h
(20,25]	限速 200 km/h
(25,30]	限速 120 km/h
>30	严禁列车进入风区

7.5.3.2 风速-风向双因子算法

传统的高速铁路横风预警方法是基于风速进行判别,忽略了风向对高速铁路列车的影响。针对此问题,提出基于风速-风向双因子判别算法,假设列车行驶方向为 N,横风的速度为 v_0(m/s),风向为 N+90°+α,具体如图 7.11 所示[71]。

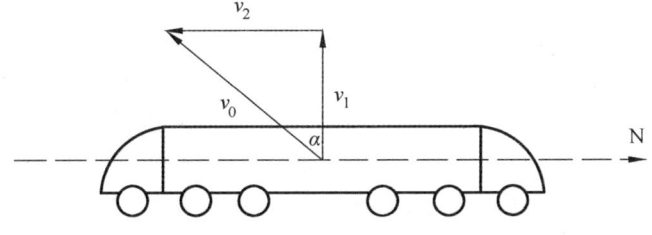

图 7.11　高速铁路车辆横风干涉示意图

在高速铁路安全运营中,横风在列车运行垂直方向的投影向量为[72]

$$v_1 = v_0 \times \cos\alpha \quad (7.11)$$

在高速铁路安全运营中,横风在列车运行平行方向的投影向量为[72]

$$v_2 = v_0 \times \sin\alpha \quad (7.12)$$

如果横风的平行方向与列车前行方向相同,这部分横风向量将不会对高速铁路列车运行产生影响;如果横风的平行方向向量与列车前行方向相反,则会对高速铁路列车运行产生较大阻力和离心力。因此,综合考虑风向和风速双因子的高速铁路预警判别算法为:假设横风的平行方向与列车前行方向相同,则只根据横风垂直方向的投影进行预警判别;假设横风的平行方向与列车前行方向相反,则根据横风垂直方向的投影和平行方向的投影之和进行预警判别[73]。

$$v = \begin{cases} v_1, & 0° < \alpha < 180° \\ v_1 + v_2, & 180° < \alpha < 360° \end{cases} \quad (7.13)$$

式中,v 为最终阈值判别风速(m/s)。

在具体的设计中,采用以下方式进行硬件报警,见表 7.9。

表 7.9　高速铁路沿线风速的硬件报警模式

风速等级	报警模式	智能操作模式	营运模式
一级	鸣器不报警	发送短信	命令列车正常运行
二级	鸣器报警(间断)	发送短信	命令列车正常运行
三级	鸣器报警(急促)	发送短信	命令列车减速运行

7.5.3.3 横风监测系统的预警架构

基于风速判别的高速铁路预警系统由上位机、下位机和终端组成。其中，上位机包括采集风速和风向的风速传感器和风向传感器，以及控制风速和风向传感器工作的中心处理器。上位机为高速铁路预警系统仿真平台，功能为对中心处理器通过无线模块传输入的数据进行实时读取和动态处理，例如数据解码和预警判别等。终端为预警系统最终信息展示对象，它可以为旅客、驾驶员或者铁路运营管理部门，通过信息推送的方式将铁路预警信息发送到手机界面。

基于风速检测的高速铁路预警系统框架如图 7.12 所示。

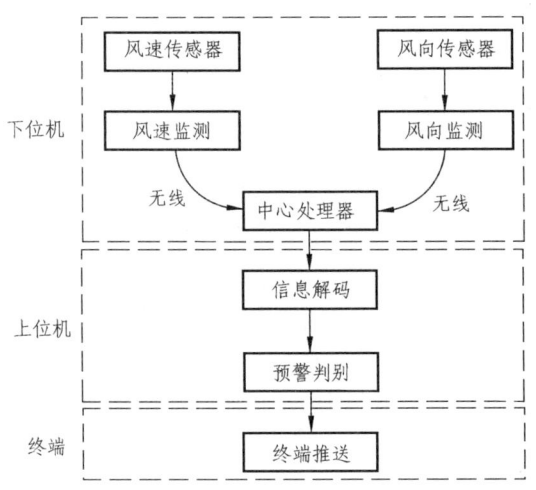

图 7.12　基于风速检测的高速铁路预警系统框架

7.5.3.4 横风监测系统的测试分析

为验证系统的稳定性和实用性，采用虚拟横风对基于风速检测的高速铁路预警系统进行测试。测试方法为，首先以一定角度对风速传感器加载一个微小风速，然后在此基础上更换风速加载角度和增加风速大小，测试整个系统在风速变化过程中采集到的风速信息、风向信息以及预警信息的变化情况。在实际测试中，由于资源限制暂时难以产生 20 m/s 以上的风速，因此在测试时在国家标准的风速预警区间基础上，为了反映系统的灵敏性和实用性，同比例地缩小预警等级，将预警等级划分为 3 级。最终得到的测试结果如图 7.13 所示。

第 7 章　高速铁路安全运营的横风灾害预警系统

（a）低等级横风预警结果（b）中等级横风预警结果（c）高等级横风预警结果

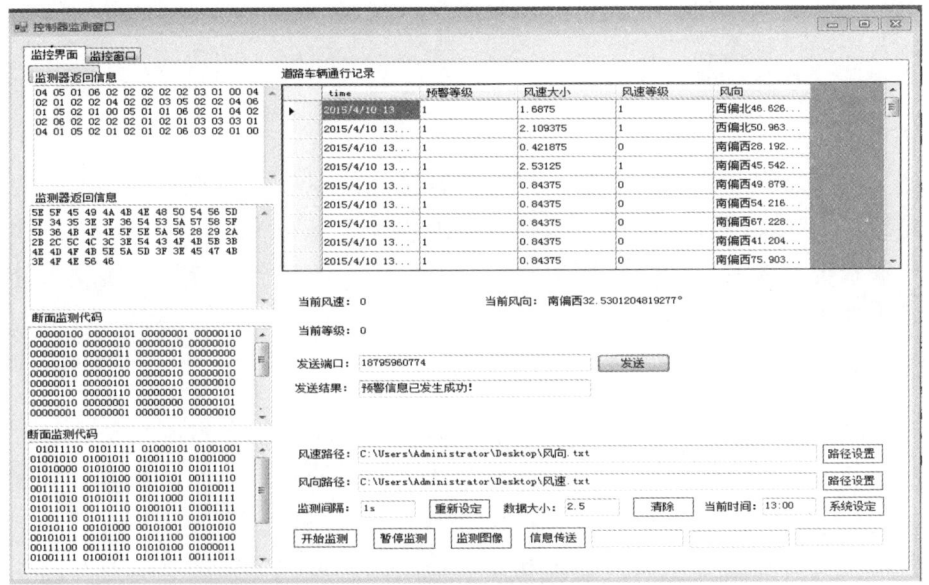

（d）基于风速检测的高速铁路预警系统上位机数据管理中心

图 7.13　基于风速检测的高速铁路预警系统测试结果

图 7.13 所示测试结果表明，该横风预警系统能够快速、准确地采集当前的风速、风向信息，并且根据当前的信息对高速铁路运营安全情况进行预警判别，将信息推送到手机终端。

7.6　高速铁路安全运营的强风预警系统

为了保证高速铁路安全运营，特别是大风条件下的高速铁路安全运营,本章构建高速铁路安全运营的强风预警系统。

7.6.1 高速铁路安全运营的强风预警系统架构

通过对国内外高速铁路大风监测及预警系统的比较分析,可以将高速铁路大风监测及预警系统设计为4层结构,即现场层、远程终端层、中心处理层及应用层等4层。通过这样4层结构,来构建高速铁路安全运营的强风预警系统。

7.6.1.1 强风预警系统的现场层

在高速铁路安全运营中,强风预警系统的现场层即传感器层,主要包括安装风向风速仪及配套传输设备。强风预警系统的现场层可以直接获取轨道沿线的风速风向等信息,是整套系统的基础部分,现场层设计时需考虑3个问题:

1. 强风预警系统的风向风速仪的选择

风向风速仪主要有三杯式和螺旋桨式风向风速仪、声波式和热场式风向风速仪。其中,三杯式和螺旋桨式风向风速仪,虽然价格低,但维修成本大,不适宜高速铁路高可靠性的要求;超声波式和热场式风向风速仪,具有高精度、高可靠性和高性价比的特点,可以满足高速铁路使用要求,其中超声波式在寒冷环境下使用需要加热,否则,探头结冰或结霜会影响测量结果。

在高速铁路安全运营中,由于高速铁路沿线气象条件复杂,通常采用热场式风向风速仪。

2. 强风预警系统的风向风速仪的布点

布点法主要有两种:重点位置布置法和覆盖法。其中,第一种是重点位置布置法:利用铁路沿线气象站多年风速风向资料,结合铁路沿线现场地形踏勘和地理参数,进行最大风速时距换算,建立最大风速概率模式,得出全线最大风速分布曲线,最终确定布点方案,满足客运专线工程规划、设计、施工和安全运行的需要。第二种是覆盖法:依据给定线路的地形参数、地表情况、路堤及高架桥的设置，运用 CFD（计算流体力学）技术完成该区段的风流模型。而后依据该模型及线路自身的弯曲及倾斜数据、运行车辆的风动数据，计算出沿线每 50 m 处平均风速及最不利风向与测风点实测数据的转换系数，形成该区段危险风速与风向的关系曲线，即临界曲线。

在高速铁路安全运营中，两种方法均可实现布点目标，其中覆盖法由于不必担心布点的遗漏，更具有可操作性。

3. 强风预警系统的风向风速仪的安装

风向风速仪的安装位置有两种方式。其中，第一种方法，风向风速仪安装在线路旁接触网支柱上；第二种方法，风向风速仪安装在线路外侧的 GSM-R 铁塔上。对于防风预警监控系统而言，这两种安装方案各有优缺点。风向风速仪安装在 GSM-R 铁塔上的好处是距基站近，传输电缆敷设方便，缺点是有铁塔的地点不一定是风向风速仪需要设置的地点。风向风速仪安装在接触网支柱上，则能较好符合防风预警监控系统风向风速仪的布点要求，但高速铁路基站大多在桥下，传输电缆敷设需要上下桥防护。为确保风向风速仪监测的数据准确可靠，风向风速仪统一设置于接触网支柱上。

在高速铁路安全运营中，根据研究，风向风速仪安装在接触网支柱上距轨面高度 4 m 位置监测的风速和风向数据最佳。

7.6.1.2 强风预警系统的远程终端层

高速铁路安全运营的远程终端层主要负责监控系统各部分的工作状况，由不同的监控单元组成。横风预警系统的监控单元设备安装于现场探测设备附近的 GSMR 基站内，与其他通信机柜并行放置。在高速铁路安全运营中，高速铁路安全运营的监控单元主要功能有：负责采集现场监测设备的实时数据（远程终端层与现场层之间多采用 RS-232 或 RS-485 连接，这主要根据采用的风向风速仪来决定），经内嵌采集软件对数据进行处理和短期存储，再通过传输网络上传至中心处理层；对现场监测设备状态信息进行监测管理，同时进行自检，实现故障报警、故障诊断和

故障定位,将故障记录等信息上传,并接受中心处理层的集中监测管理。该层设计时包括 2 个问题:

(1)强风预警系统远程终端层与中心处理层之间的数据传输问题:有线方式还是无线方式。第一种,有线方式,目前已建设的强风监测及预警系统,远程终端层与中心处理层之间都采用专线通道,这保证了数据的实时高效性,但建设费用高,线路不利于维护。第二种,无线方式,基于无线网络的设计,租用无线公网进行数据传输的方式目前主要有 3 种:① 基于短信的数据传输;② 基于 GPRS 的数据传输;③ 基于 CDMA 的数据传输。对于工业数据来说,要求传输速度和传输可靠,一般采用 CDMA 来传输,如果 CDMA 网络覆盖条件不好而影响了传输质量和速度,可以考虑采用 GPRS 传输;如果对于民用或者对速度、质量要求不高的传输来说,可以考虑使用相对简单的 GSM/SMS 实现方式。然而如果铁路沿线建设了 GSM-R 网络,则相应引进了 GPRS 分组交换数据传输模式。

在高速铁路安全运营中,从数据传输速度、传输可靠性的要求、技术实现复杂性,以及网络的覆盖情况考虑,选择 GSM-R/GPRS 来传输数据是最佳方案。

(2)强风预警系统监控单元的实用性与可靠性:长期以来的工程实践证明,一个无人值守设备的可靠性必须包括以下 4 个方面:① 设备自身的质量控制;② 设备所用第三方外设的质量控制;③ 通信环节的质量控制;④ 设备状态的远程监测和人工干预。

在高速铁路安全运营中,前 3 个方面需要系统具有自动侦测和自动恢复的能力,最后一个方面则是为系统在最不利情况下的恢复提供保障。强风预警系统监控单元必须达到以上 4 个条件,才能满足系统可靠性的要求。

7.6.1.3 强风预警系统的中心处理层

高速铁路安全运营的中心处理层负责实时接收管辖范围内各监控处理层传送来的各种信息,对数据实时进行存储、分析和处理等,并根据信息内容提供相应级别的防灾报警、预警，根据列车运行管制规则提供限速、停运等预案信息，同时将报警信息上传至应用层的用户。该层主要由数据库服务器和应用服务器组成。数据库服务器为双机热备方式，内设相关监控数据表，存储各种系统信息，包括风向风速信息、报警信息、设备故障信息等历史记录，以备查询。该层设计的核心问题就是利用实测的风速以及风向数据进行预警。针对铁路应用的自然灾害强风的预警研究还处于起步阶段，在现有的几种预警方法的基础上，对于预警的模型、算法、理论基础和实际应用等方面还有待研究和数据验证。

在高速铁路安全运营中，目前对强风的监测，是在高速铁路沿线设立监测点，安装风速、风向传感器和采集单元，实时采集风速、风向数据，数据超出报警值发出报警；用户确认报警信息和现场情况后，及时采取应对措施，如减速、停车或躲避等。防灾系统用户一般为铁路调度人员，如果能够对强风，尤其是强侧风做到预警，即在强风影响线路正常行车前预先警告，给调度人员留出决策时间，确定合理、适度的对策，对于预防灾害、保证行车安全和效率会起到非常好的作用。在高速铁路安全运营中，对于强风的预警，分为时间点预警、空间点预警和预警值报警等3种方法。

（1）时间点预警方法。时间点预警指整条线路的所有监测点都有单独的未来某个时间点预测值。如东日本铁路公司的强风预警系统。

（2）空间点预警方法。空间点预警是针对整条线路，即系统接收气象部门的数据，包括风力、风向变化等，如有大风情况，系统计算大风是否对于铁路线路产生影响，并将计算所得结果告知用户。如日本WINDAS系统。

（3）预警值报警方法。预警值报警是针对单个监测点和整条线路，结合气象、列车、线路等条件，进行综合预警报警。强风报警设计时考虑到用户需要和铁路管理规定，不能单个监测点达到报警值就报警一次，而是经用户确认后在此次强风持续时间内不再重复报警或减少报警次数。预警报警也遵守同样的报警原则，如青藏铁路大风监测系统。

7.6.1.4 强风预警系统的应用层

在高速铁路安全运营中，强风预警系统的应用层提供数据的显示、打印等功能，辅助用户做出科学的防灾决策，并提供列车控制系统的接口，使得行驶在风区中的列车能够得到及时的限速或停运控制。

7.6.2 强风预警系统远程终端监控单元设计

在高速铁路安全运营中，高速铁路安全运营监控单元的主要任务是采集、存储并传送风向风速数据，其结构设计如图 7.14 所示。

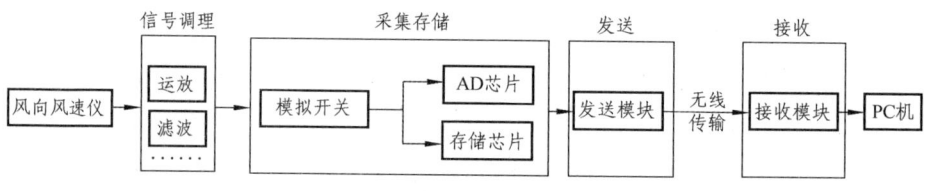

图 7.14 监控单元结构设计图

1．强风预警系统的信号调理

在高速铁路安全运营中，由于风向风速传感器给出的信号通常强度较弱或含有高频噪声，所以在系统前端添加运放和滤波电路，可以使接收的信号更加精确并易于计算处理。

2．强风预警系统的采集存储

由于一个监控单元需采集多路信号，而多路采集的 AD 芯片通常成本比较高，这里可考虑采用模拟开关芯片加单路采集的 AD 芯片来降低实现成本。另外，由于数据采样率通常比较高，而远程终端层与中心处理层之间的数据传输率有限，所以采得的数据应首先存储在监控单元的存储芯片中进行保存。

3．强风预警系统的信息发送

在高速铁路安全运营中，能够定时将采集数据发送到服务器，并且能够响应中心处理层对远程终端的数据请求。由于 AD 芯片的发展，很多 AD 芯片已经内置了编程处理器，比如 THS1206、AD7725 等芯片，所以在考虑设计成本和实施的复杂程度上，对数据的程序处理都可只依赖于 AD 芯片本身，而不需再引入额外的单片机了。

7.6.3 强风预警系统软件设计

由于铁路线路距离长、跨度大，各车站终端或相关单位都需要实时了解本地和沿线的大风信息，这就要求系统软件必须能够方便容易地批量部署和维护，而浏览器/服务器（B/S）结构无疑是最好的选择。因为 B/S 结构软件的设计和维护都集中在服务器端，各客户端只需通过浏览器即可访问系统数据，了解铁路沿线的实时大风信息。由于系统监测信息通常与地理坐标、地形地势密切相关，所以系统软件一定是建立在地理信息系统（GIS）基础之上的。在高速铁路安全运营中，强风预警系统软件架构如图 7.15 所示。

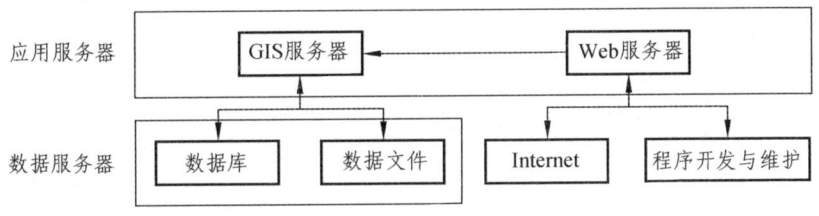

图 7.15　系统软件架构图

由图 7.16 可以看到，地理信息服务器和网页服务器构成了强风预警系统软件的核心。强风预警系统 GIS 服务器管理风速风向等系统数据和包括地图在内的地理数据，Web 服务器负责响应来自浏览器的数据请求，并通过 Internet 以清晰合理的形式向浏览器发送结果。强风预警系统 GIS 的开发方式通常分为独立开发、单纯二次开发和集成二次开发。相较于独立开发的难度大，单纯二次开发的功能相对简单，集成二次开发将利用专业的 GIS 工具软件实现 GIS 的基本功能，以通用软件开发工具尤其是可视化开发工具为开发平台，进行二者的集成开发。这种方式既能集成强大的 GIS 功能，又能针对具体应用进行自主研发，结合了前两种开发方式的优点。

7.7　小　结

本章针对强风灾害下高速铁路安全运营问题，进行了系统研究。主要在分析国内外高速铁路大风监测系统的基础上，以远程监控单元和地理信息系统为核心，给出了强风灾害下高速铁路安全运营的预警方法，并建立强风灾害下高速铁路安全运营的预警系统。

强风预警系统使用不间断的风速测量数据，预测强风天气中列车通过某特定区段时的最大可能风速（最大预测风速）。若最大预测风速或实测值（即实际风速）任意一个值超过列车管制设定值，就要及时实行限速运行或停运。而只有在最大预测风速或实际风速两者都小于管制设定值时，才可以解除管制。因此，本章在研究国内外铁路大风安全监测系统的基础上，基于地理信息系统和传感器技术，构建了高速铁路大风监测与预警的远程监控系统。

第 8 章 高速铁路安全运营的自然灾害综合预警系统

对于高速铁路系统而言，安全运营是重中之重。为了防止可能发生的自然灾害影响高速铁路正常运营，高速铁路应该构建自然灾害预警的综合监控系统。该系统用来综合监测自然灾害（如风、雨、雷电、温度、泥石流、地震等自然灾害）对高速铁路安全运营的影响。本章在分析自然灾害对高速铁路安全运行影响的基础上，构建自然灾害下高速铁路安全运营的综合预警系统，该系统包含了：风、雨、雷电、温度、地质、地震等自然灾害的预警系统，如图 8.1 所示。

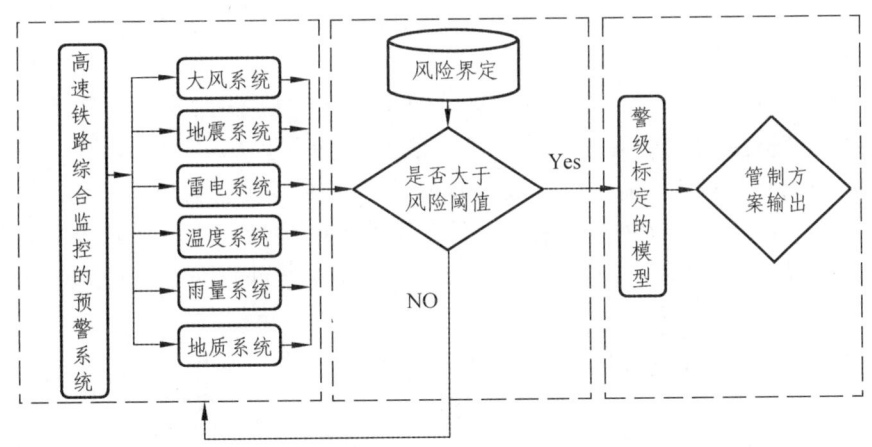

图 8.1 自然灾害预警的综合监控系统

根据图 8.1，在高速铁路安全运营中，高速铁路自然灾害预警的综合监控系统可分为 4 个层次。

第一层次：高速铁路综合监控系统的用户层。高速铁路的用户为调度人员所用，该层设备设在高速铁路的监控中心。高速铁路的监控中心一方面为整个监控中心管辖范围内的高速线路服务；另一方面提供报警信息。

第二层次：高速铁路综合监控系统的区域处理层。高速铁路的区域处理层主要负责实时接收管辖范围高速铁路内各监控处理层传送来的各种信息，对数据实时进行存储、分析处理、显示和打印，根据信息内容提供相应级别的监控报警、预警等。并根据高速列车运行管制规则提供限速、停运等预案信息，同时将报警信息上传至高速铁路的用户层。

第三层次：高速铁路综合监控系统的监控处理层。高速铁路的监控处理层是采集现场监测设备的实时数据，对数据进行处理和短期存储，再通过网络上传至高速铁路的区域处理层；并对现场监测设备状态信息进行监测管理，实现故障报警、故障诊断。

第四层次：高速铁路综合监控系统的现场信息采集层。高速铁路的现场信息采集层直接面向轨旁设施。高速铁路轨旁设施不但分散，而且内容多样，这样保证了高速铁路在自然灾害下的安全运营。

8.1 高速铁路安全运营的自然灾害综合监控系统

中国高速铁路具有速度快（时速 350 km）、行车密度高（列车追踪间隔最小可以达到 3 min）等特点。虽然我国高速铁路建设标准高，但自然灾害仍然对我国高速铁路安全运营构成重大威胁。根据前面章节的介绍，对高速列车行车安全构成威胁的自然灾害主要有大风、温度、暴雨、地震、雷电和地质灾害等，因此，要在构建各种自然灾害的高速铁路监测子系统基础上，建立自然灾害下高速铁路安全运营的综合监测系统。

8.1.1 高速铁路的大风预警系统

在高速铁路安全运营中，高速列车行驶在高速线路上时，在侧向风作用下，高速列车的动力学参数包括脱轨系数、减载率、倾覆系数及轮轨横向力均显著增大，从而导致高速列车运行安全性、可靠性降低。其中，曲线上高速运行的列车的脱轨系数和减载率受曲线轨道内侧的侧向风作用而急剧增大，是高速列车运行中相对危险的工况。根据国内外研究成果，构建了高速铁路的大风预警系统，如图 8.2 所示。

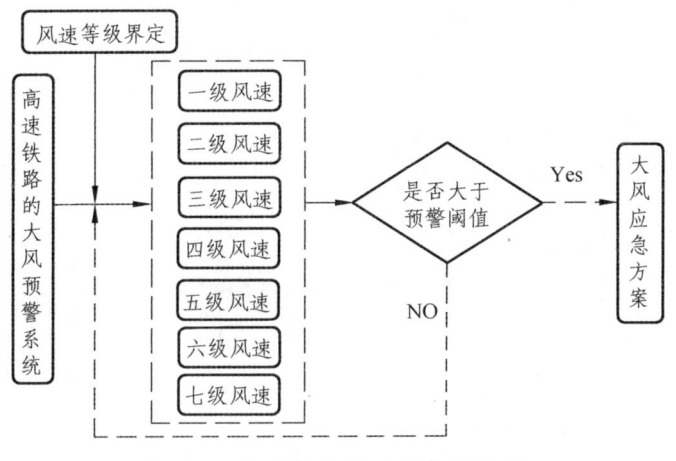

图 8.2 高速铁路的大风预警系统

8.1.2 高速铁路的温度预警系统

在高速铁路安全运营中，高温或低温会使钢轨膨胀或收缩。根据我国交通运输部相关研究成果，高速铁路在有砟轨道曲线半径小于 6 000 m 的地段，以及温度跨度较大的特大连续桥梁端或桥梁较多的地段需要设置轨温监测系统。高速铁路的温度预警系统如图 8.3 所示。

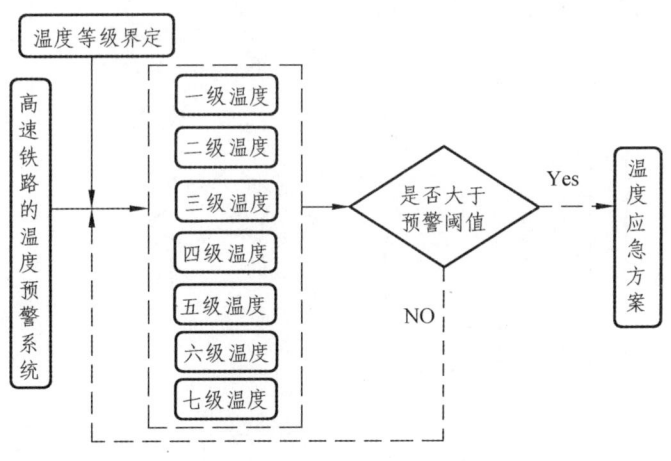

图 8.3 高速铁路的温度预警系统

我国东北地区雪灾对高速列车运行的影响较大，持续降雪和严寒天气可能会引起接触网和供电线路负荷过大，道岔无法转换等，必须进行有效监控。根据国内外研究成果，构建了高速铁路的雪灾预警系统，如图8.4所示。

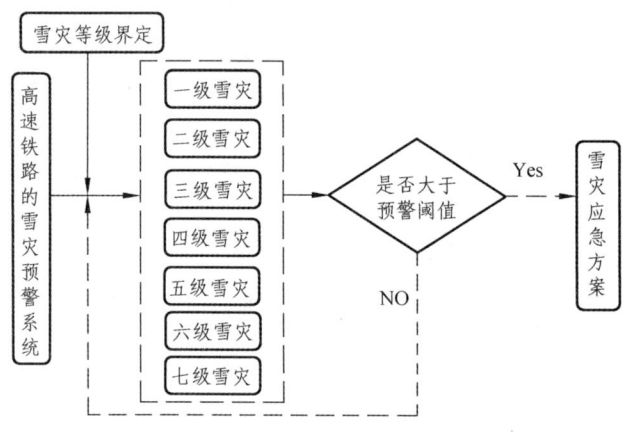

图 8.4　高速铁路的雪灾预警系统

8.1.3　高速铁路的暴雨预警系统

在高速铁路安全运营中，持续大雨或暴雨可能会造成高速铁路路基塌方或泥石流危害。对于无砟轨道以及桥隧比例较高的高速铁路，一般不需再考虑被动式的监测报警。根据国内外研究成果，我们构建了高速铁路的雨量预警系统，如图8.5所示。

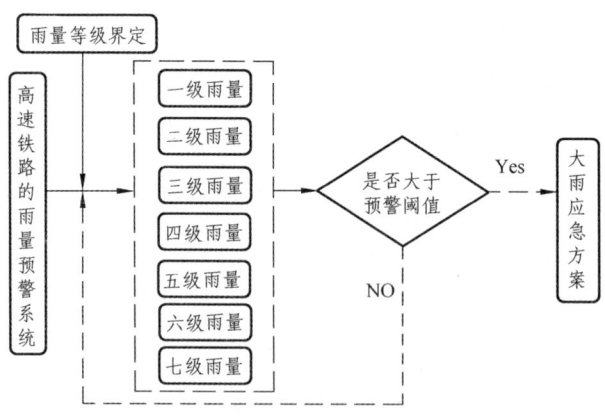

图 8.5　高速铁路的暴雨预警系统

8.1.4 高速铁路的地质预警系统

在高速铁路安全运营中，应运用各种先进技术和有效方法，测量、监视地质灾害活动以及各种诱发因素动态变化，防止地质灾害对高速铁路安全运营影响。因此，高速铁路的地质监测系统主要通过仪器测量记录地质灾害发生前各种前兆现象的变化过程和地质灾害发生后的活动过程，达到有效监控高速铁路安全运营的目的。通过定期监测地质灾害隐患点有无异常变化，了解地质灾害演变特征，及时发现斜坡地面开裂、剥脱落、地面鼓胀、泉水突然浑浊、流量增减变化、树木歪斜、墙体开裂等微观变化，及时捕捉地质灾害前兆信息，提前预警地质灾害发生。根据国内外研究成果，构建了高速铁路的地质预警系统，如图8.6所示。

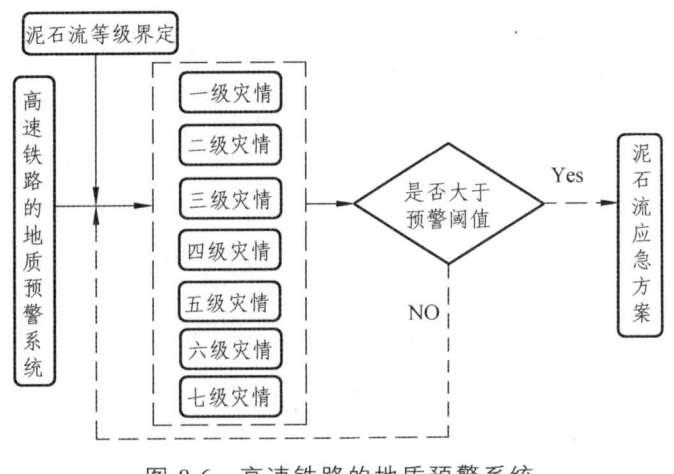

图 8.6 高速铁路的地质预警系统

8.1.5 高速铁路的地震预警系统

在高速铁路安全运营中，地震破坏高速线路、桥梁和隧道等结构，易使高速行驶的高速列车发生车毁人亡事故。根据京沪高速铁路相关研究报告，当地震动峰值加速度等于或大于 0.1g 时，高速列车必须停驶。因此，在一定程度上需要对高速铁路运行线路重点地段辅助采取实时监测的手段加以弥补。根据国内外研究成果，构建了高速铁路的地震预警系统，如图8.7所示。

高速铁路安全运营的自然灾害预警系统

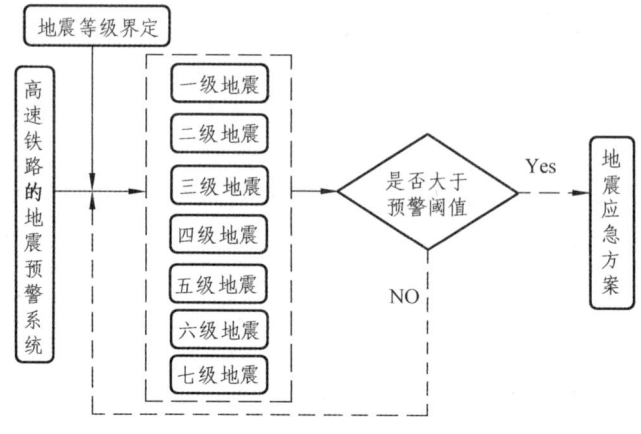

图 8.7　高速铁路的地震预警系统

8.1.6　高速铁路的雷电预警系统

在高速铁路安全运营中,高速铁路的雷电监测系统由中心站和分布在不同地方的数个在线时差探测站组成。当被监视的区域内发生雷云对地放电时,高速铁路的雷电监测中心站根据各时差探测站获得的闪电放电电磁信号时差,便可运用专用程序计算和确定雷击点位置。经过一段时间的积累,可获得被监测高速铁路区域地面落雷的次数和落雷密度,同时也可获得每次雷击的发生时间、位置、雷电流幅值和极性等信息。根据国内外研究成果,构建了高速铁路的雷电预警系统,如图 8.8 所示。

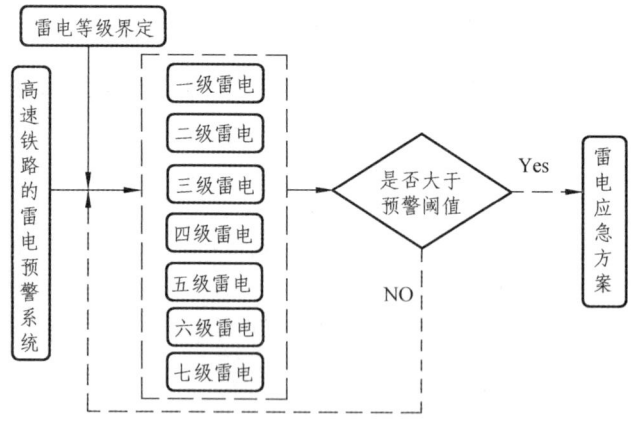

图 8.8　高速铁路的雷电预警系统

8.2 高速铁路安全运营的自然灾害预警模型

在高速铁路安全运营中，自然灾害对高速铁路安全运营的影响事件属于突发事件。因此，自然灾害突发事件发生初期，进行突发事件的快速综合评估，有利于及时、准确地把握事件的态势，以满足应急决策的时效性要求，保证高速铁路的安全运营。为了解决自然灾害下高速铁路的突发事件数据量较大、数据更新较快时，过于复杂的运算过程难以满足应急决策的时效性要求的问题，我们构建了高速铁路自然灾害预警的快速评估模型。高速铁路自然灾害预警的快速评估模型，可在自然灾害下高速铁路突发事件发生初期，快速甄别和深度分析突发事件相关信息，特别是可进行自然灾害下高速铁路突发事件信息获取及分析，多因素风险评估和复杂条件下的应急决策。

8.2.1 高速铁路自然灾害的快速综合评估

8.2.1.1 高速铁路自然灾害预警的快速评估体系

在高速铁路安全运营中，自然灾害下高速铁路突发事件应急管理能力是高速铁路防灾减灾管理的重要内容。我们构建的高速铁路自然灾害预警快速评估指标体系共3层，如图8.9所示。其中，第一层是总目标层；第二层包含6个衡量自然灾害下高速铁路应急能力的子系统（大风系统、地震系统、温度系统、地质系统、雨量系统和雷电系统）；第三层是评价指标体系和决策模型。构建高速铁路自然灾害预警快速评估体系的原则是：

（1）预警系统的简单原则：自然灾害下高速铁路突发事件的预警系统面向的用户是调度人员，要求人机界面简单明了，自然灾害下高速铁路突发事件的预警系统提供的信息简单、快捷和准确，便于调度人员快速判断决策。

（2）预警系统的可靠原则：自然灾害下高速铁路突发事件的预警系统发出的每一个报警信息都与行车安全和效率密切相关，因此要求自然灾害下高速铁路突发事件的预警系统必须具有高可靠性。

（3）预警系统的集成原则：自然灾害下高速铁路突发事件的预警子

系统类型多，现场设施分散，为减少成本，便于维护管理，各子系统应尽可能整合集成，当条件许可时还应与其他系统设备共享资源。

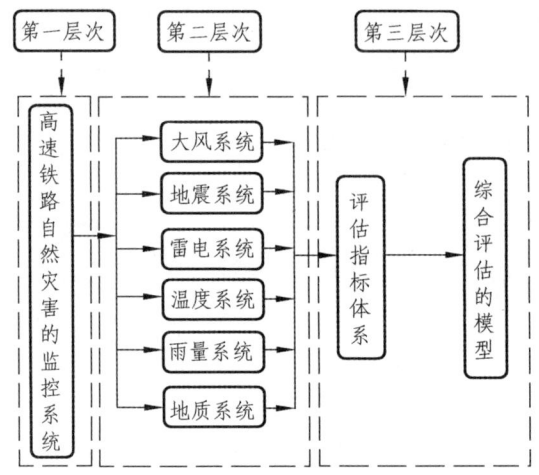

图 8.9　高速铁路自然灾害的监控系统

根据图 8.9，在高速铁路安全运营中，我们构建了高速铁路自然灾害预警的快速评估指标体系，如图 8.10 所示。

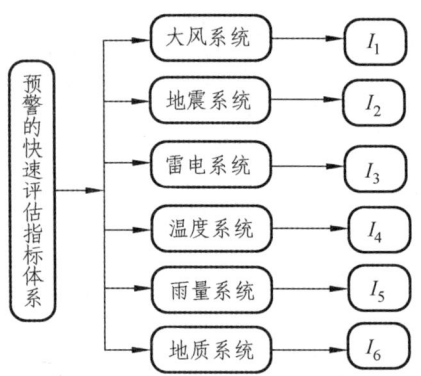

图 8.10　高速铁路自然灾害预警的快速评估指标体系

8.2.1.2　高速铁路安全运营的自然灾害快速评估模型

由于高速铁路自然灾害事件发生初期，面临自然灾害信息的不确定性，自然灾害数据的多变性，资源的短缺性等实际困难，也面自然灾害次生事件和衍生事件发生的巨大风险，因此，通过实时的高速铁路自然灾害预警的快速综合评估模型，准确把握突发事件的高速铁路运营态势，是进行成功应急响应的重要手段。

在高速铁路安全运营中，高速铁路自然灾害预警的综合快速评估模型应具备不受数据规模大小的限制、简单、操作便捷等特点，以满足自然灾害发生初期，数据动态更新，数据规模不断增加的情景下，应急决策对评估速度的要求。高速铁路自然灾害预警的快速评估流程（见图8.9）包括3个主要阶段，即数据输入阶段、数据处理阶段和数据输出阶段。

1．数据输入阶段

高速铁路自然灾害预警的数据输入阶段，动态搜集并规范自然灾害下高速铁路突发事件数据，形成动态数据集，为下一步的数据分析做准备。

2．数据处理阶段

高速铁路自然灾害预警的数据处理阶段，数据处理阶段的时效性体现在如何提高评估指标体系构建的效率和实现动态实时更新数据两方面。该阶段利用集成的模型进行数据处理，是整个自然灾害下高速铁路突发事件快速评估过程中最关键的阶段。

3．数据输出阶段

高速铁路自然灾害预警的数据输出阶段，依据高速铁路自然灾害预警的综合评估模型，给出评估结果并提出决策建议。

总之，高速铁路自然灾害预警的综合快速评估模型，能解决自然灾害下高速铁路突发事件数据量较大时，过于复杂的运算过程难以满足突发事件初期应急决策的高时效性要求的问题。

8.2.2　高速铁路自然灾害预警的属性识别评估模型

目前，由于国内对于高速铁路自然环境影响分析的研究，主要是从宏观上进行自然灾害应急预警与防护理论研究较多，而从微观上进行自然环境因子作用机理综合研究较少。而国外对于高速铁路自然环境影响研究起步较早，已经建立了有效的高速铁路自然灾害预警系统。所以，我们利用属性识别理论对我国高速铁路安全运营的自然灾害进行预警研究，主要在不同环境下进行综合分析和判定，为我国高速铁路的安全运营防护提供一定的理论支撑。

8.2.2.1 高速铁路自然灾害预警的属性识别理论

属性数学是北京大学程乾生教授提出的，用属性关系表达事物与物质的整体运动规律与变化过程中的相关结构关系。属性数学是在人类对自然数的整体运动、持续变化、无限发展规律研究的基础上发展起来的数学科学，表示的是事物与物质的整体运动属性关系、相互变化的规律与内涵、发展趋势分析。

以我国 31 个省市自治区（不包括我国的香港、澳门、台湾）为计算样本空间 $X = \{x_1, x_2, x_3, \cdots, x_{31}\}$，以图 8.10 中的 6 个高速铁路自然灾害预警的快速评估指标（$I_1, I_2, I_3, I_4, I_5, I_6$），为每个地区高速铁路自然灾害影响的评估指标 I_j，并且第 i 个地区的第 j 个自然灾害影响评价指标值表示为 $x_{ij} = (i = 1, 2, \cdots, 31; j = 1, 2, 3, 4, 5, 6)$。

定义 F 为样本空间 X 上的一个有序分割集，这里将自然灾害影响分为特别严重、严重、中等、轻微等 4 类，则有序分割集为 $F = \{C_1, C_2, C_3, C_4, C_5\}$，其中满足 $C_1 > C_2 > C_3 > C_4 > C_5$。有序分割集是每个自然灾害评价指标对分割类的阈值的集合，所以根据定义有序分割集可表示为以下标准形式

$$\begin{array}{c|ccccc} & C_1 & C_2 & C_3 & C_4 & C_5 \\ \hline I_1 & a_{11} & a_{12} & a_{13} & a_{14} & a_{15} \\ I_2 & a_{21} & a_{22} & a_{23} & a_{24} & a_{25} \\ \vdots & \vdots & \vdots & \vdots & \vdots & \vdots \\ I_6 & a_{61} & a_{62} & a_{63} & a_{64} & a_{65} \end{array}$$

其中，$a_{ij} = (i = 1, 2, \cdots, 31; j = 1, 2, 3, 4, 5, 6)$ 表示高速铁路自然灾害预警的评估指标 I_i 在 C_j 属性类的阈值，满足 $a_{i1} > a_{i2} > a_{i3} > a_{i4} > a_{i5}$。

8.2.2.2 高速铁路自然灾害预警的标准属性评估值

在高速铁路安全运营中，高速铁路自然灾害预警的标准属性评估值是表征某高速铁路 X_i 的第 j 个指标 x_{ij} 具有属性程度的量，表示为

$u_{ijk}=u(x_{ijk}\in C_k)$。其中，属性测度函数的选择直接关系到属性判别结果，属性测度函数是属性识别的核心内容。属性评估的实质是判定指标与属性类的多维空间距离问题，属性评估值计算步骤如下：

1．计算高速铁路与属性类之间的马氏空间

假设已获得某地区高速铁路 X_i 的自然灾害因子评估指标，则地区高速铁路 X_i 与属性类 C_k 之间的马氏距离为

$$d_{ik}=\sqrt{(X_i-C_k)\Sigma_{ik}^{-1}(X_i-C_k)^{\mathrm{T}}} \tag{8.1}$$

式中　　$X_i[=(x_{i1},x_{i2},\cdots,x_{i6})]$——第 i 个地区的自然灾害因子评估指标向量；

$C_k[=(a_{k1},a_{k2},\cdots,a_{k6})]$——每个自然灾害因子评估指标在属性类别 k 上的分类标准向量；

Σ_{ik}——X_i 与 C_k 协方差矩阵：

$$\Sigma_{ik}=\begin{bmatrix}\mathrm{Cov}(x_{i1},a_{k1}) & \mathrm{Cov}(x_{i1},a_{k2}) & \cdots & \mathrm{Cov}(x_{i1},a_{k6})\\ \mathrm{Cov}(x_{i2},a_{k1}) & \mathrm{Cov}(x_{i2},a_{k2}) & \cdots & \mathrm{Cov}(x_{i2},a_{k6})\\ \cdots & \cdots & \cdots & \cdots\\ \mathrm{Cov}(x_{i6},a_{k1}) & \mathrm{Cov}(x_{i6},a_{k2}) & \cdots & \mathrm{Cov}(x_{i6},a_{k6})\end{bmatrix} \tag{8.2}$$

2．计算地区高速铁路的标准属性评估值

在高速铁路安全运营中，假设已经计算出某高速铁路 X_i 在每个属性类别 C_k 的马氏空间距离 d_{ik}，一般来说，马氏空间距离越大表示高速铁路与属性类别的相似度越小，即评估值越小。因此，令马氏空间距离的倒数 $1/d_{ik}$ 作为样品与属性类别的评估值，则高速铁路评估 X_i 在评价类 C_k 的标准属性评估值为

$$u_{ik}=\frac{1/d_{ik}}{\sum_{j=1}^{5}1/d_{ij}} \tag{8.3}$$

8.2.2.3　高速铁路自然灾害预警的安全度

通过式（8.3）可求得某地区高速铁路对某一评价类的标准属性评估值，据此可进行地区高速铁路的评价类归属识别及其得分计算。属性识别中的评价类归属识别是按照置信准则进行的，即设定一个区间值 λ，若

$$k_i = \min\{k : \sum_{l=1}^{k} u_{il} \geqslant \lambda, k = 5,4,3,2,1\} \qquad (8.4)$$

则可认为某高速铁路 X_i 属于评价类 C_k，中等情况下取 $0.6 \leqslant \lambda \leqslant 0.7$。假设每一评价类 C_k 对应的分值为 q_k，则高速铁路 X_i 的综合安全值得分为

$$S_i = \sum_{k=1}^{4} u_{ik} q_k \qquad (8.5)$$

假设 $S_i > S_j$，则认为高速铁路线路 X_i 的自然灾害因子，高于高速铁路 X_j，因此，根据高速铁路自然灾害预警的安全度得分可判定不同地区的自然灾害因子对高速铁路安全的影响程度。

8.2.3 高速铁路自然灾害预警的粗糙预测模型

针对高速铁路安全运营中的自然灾害预警问题，利用粗糙集中的未确知预测理论进行定量研究。在考虑高速铁路安全运营多种因素的基础上，构建高速铁路自然灾害预警的预测指标体系，并利用定性分析和定量分析相结合的方法，将粗糙集和未确知预测有机地结合起来，建立高速铁路自然灾害预警的粗糙预测模型。最后在确定预测指标权重系数的基础上，通过计算预测矩阵，将高速铁路系统的多层次测定转化为单级测定，并用定量的数值来表示高速铁路自然灾害预警的预测结果。高速铁路自然灾害预警的预测值能够简明确切地反映出高速铁路安全运营态势的现状水平。

在高速铁路安全运营中，由于高速铁路自然灾害预警的预测指标体系是描述、预测高速铁路受自然灾害大小的重要依据，所以，在构建高速铁路自然灾害预警的预测指标体系基础上，应用粗糙集理论对高速铁路自然灾害预警的预测指标进行约简后，提取影响高速铁路安全运营的主要预测指标，然后应用预测模型进行综合预测。并在利用客观赋权法确定预测指标权重系数的基础上，依据单指标预测矩阵和评估标准，得到高速铁路自然灾害预警的综合预测结果。

8.2.3.1 高速铁路自然灾害预警的粗糙预测理论

设 $x_1, x_2, \cdots, x_n$ 表示 n 条待评估安全运营态势的高速铁路，记为 $X = \{x_1, x_2, \cdots, x_n\}$，称之为高速铁路自然灾害预警的论域；预测高速铁路

$x_i(x_i \in X)$ 的 6 项指标体系 $I_1, I_2, \cdots, I_6$（图 8.10 中的 6 个评估指标），记为 $I = \{I_1, I_2, \cdots, I_6\}$。用 x_{ij} 表示高速铁路 x_i 在高速铁路自然灾害预警的预测指标 I_j 下的观测值。设 $C = \{c_1, c_2, \cdots, c_k\}$ 为高速铁路自然灾害预警的评估空间，其中 $c_k (1 \leqslant k \leqslant K)$ 为高速铁路自然灾害预警的第 k 个评估等级。所以，根据高速铁路安全运营影响因素，建立高速铁路自然灾害预警的预测指标体系，并依据有关国家标准和相应的统计数据，利用粗糙集综合评估方法对高速铁路安全运营进行综合预测，以定量的数值表示预测的结果。高速铁路自然灾害预警的预测结果能够把铁路安全运营评估中的定性与定量信息、历史事故数据与评估现状信息等紧密地联系在一起，动态地构成一个有机预测体系。

8.2.3.2 高速铁路自然灾害预警的单指标预测

在高速铁路安全运营中，高速铁路 x_i 关于高速铁路自然灾害预警的预测指标 I_j 的观测值 x_{ij} 不同时，则该高速铁路自然灾害预警的预测指标使高速铁路 x_i 处于各评估等级的程度也不同。设 x_{ij} 使高速铁路 x_i 处于运营安全评估的第 k 个评估等级 c_k 的程度为

$$\mu_{ijk} = \mu(x_{ij} \in c_k)$$

那么 μ_{ijk} 满足

$$0 \leqslant \mu_{ijk} \leqslant 1, \quad \mu\left[x_{ij} \in \bigcup_{k=1}^{K} c_k\right] = \sum_{k=1}^{K} \mu(x_{ij} \in c_k), \quad \mu(x_{ij} \in c) = 1$$

其中，$i = 1, 2, \cdots, n; \ j = 1, 2, \cdots, 6; \ k = 1, 2, \cdots, K$。

称 μ_{ijk} 为高速铁路自然灾害预警的未知预测，简称高速铁路自然灾害预警的预测，即

$$(\mu_{ijk})_{m \times K} = \begin{bmatrix} \mu_{i11} & \mu_{i12} & \cdots & \mu_{i1K} \\ \mu_{i21} & \mu_{i22} & \cdots & \mu_{i2K} \\ \vdots & \vdots & \cdots & \vdots \\ \mu_{im1} & \mu_{im2} & \cdots & \mu_{imK} \end{bmatrix}, (i = 1, 2, \cdots, n) \tag{8.6}$$

则称 $(\mu_{ijk})_{m \times K}$ 为高速铁路 x_i 的单指标预测矩阵。其中 $\mu_j^i (1 \leqslant j \leqslant 6)$ 表示 x_{ij} 使 x_i 处于各个评估等级的未知预测。

8.2.3.3 高速铁路自然灾害预警的权重系数

由于高速铁路系统的复杂性,无法获得较多的训练样本,因此不能采用客观赋权法,也无法通过计算属性预测向量的相关系数求得高速铁路自然灾害预警的预测指标权重值。为了增大决策过程的客观性,本章采用模糊离差赋权法确定高速铁路自然灾害预警的预测指标权重系数。则高速铁路自然灾害预警的预测指标 I_i 的权重系数

$$w_i = \Delta_i \cdot \left[\sum_{i=1}^{6} \Delta_i \right]^{-1} \quad (8.7)$$

式中,$\Delta_i = \dfrac{1}{n}\sum_{j=1}^{n}\left|b_{ji} - \bar{b}_i\right|$,且 $\bar{b}_i = \dfrac{1}{n}\sum_{j=1}^{n}b_{ji}$。

8.2.3.4 高速铁路自然灾害预警的综合预测

由式(8.6)可知高速铁路 x_i 的单指标预测矩阵,由式(8.7)可知高速铁路 x_i 的各预测指标分类权重系数,可令

$$\begin{aligned}\mu^i &= W \cdot (\mu_{ijk})_{m \times K} \\ &= (w_1, w_2, \cdots, w_m) \cdot \begin{bmatrix} \mu_{i11} & \mu_{i12} & \cdots & \mu_{i1K} \\ \mu_{i21} & \mu_{i22} & \cdots & \mu_{i2K} \\ \vdots & \vdots & \cdots & \vdots \\ \mu_{im1} & \mu_{im2} & \cdots & \mu_{imK} \end{bmatrix} \\ &= (\mu_{i1}, \mu_{i2}, \cdots, \mu_{iK}) \end{aligned} \quad (8.8)$$

则 μ^i 为高速铁路 x_i 的安全运营预测向量。

8.2.3.5 高速铁路自然灾害预警的预测准则

高速铁路自然灾害预警预测的评估等级划分是有序的,预测的第 k 个评估等级 c_k "好于"预测的第 $k+1$ 个评估等级 c_{k+1},所以最大预测识别准则不适合,而应改用置信度识别准则。

(1)高速铁路自然灾害预警的准则一,置信度识别准则。高速铁路自然灾害预警的评估等级界定准则,即置信度识别准则。

置信度识别准则：高速铁路自然灾害预警的置信度为 $\lambda(\lambda>0.5)$，通常取 0.6，令

$$k_o = \min_k\left[\left(\sum_{l=1}^{k}\mu_{il}\right)\geqslant \lambda, k=1,2,\cdots,K\right] \quad (8.9)$$

则测定高速铁路 x_i 属于安全运营中的第 k_o 个评估等级 c_{k_o}。

（2）高速铁路自然灾害预警的准则二，排序值界定准则。高速铁路自然灾害预警的预测排序值界定准则

$$p_i = \max(\mu_{i1},\mu_{i2},\cdots,\mu_{iK}) \quad (8.10)$$

依据高速铁路自然灾害预警的预测模型就可以得到第 i 条高速铁路 x_i 安全运营的综合预测值 p_i。依据预测理论，高速铁路自然灾害预警的预测值 p_i 越大表示该高速铁路安全运营态势越好，受自然灾害的影响越小；相反，高速铁路自然灾害预警的预测值 p_i 越小表示该高速铁路安全运营态势越差，受自然灾害的影响越大。因此，根据高速铁路自然灾害预警的预测值 p_i，在判断各条高速铁路安全运营态势的基础上，也可对 m 条高速铁路安全运营态势进行大小排序研究，排在越前面，说明高速铁路安全运营态势越安全，受自然灾害的影响越小。

8.2.4 高速铁路自然灾害预警的复合物元模型

根据物元分析理论，依据有关国家标准和相应的统计数据，给出高速铁路安全运营中各自然灾害因素因子的量值，然后建立高速铁路自然灾害预警的复合物元分析模型，并以定量的数值表示高速铁路安全运营测定的结果。采用复合物元概念，建立高速铁路自然灾害预警的预测模型。该模型不但能够把高速铁路安全管理中定性与定量的信息、历史事故数据与管理现状信息等有机地联系在一起，而且在测定过程中，充分体现注重规范、强调现状和遵循事实这样一种科学的预测机制，客观地反映高速铁路的安全现状。

8.2.4.1 高速铁路自然灾害预警的复合物元理论

根据蔡文教授提出的可拓学理论，物元指用有序三元组："事物、特

征、量值"来描述事物的基本元。所以，给定事物的名称 N，它的特征 C 及其量值 V 构成一个基本物元 $R=(N,C,V)$。如果事物 N 有 n 个特征 $c_1,c_2,\cdots,c_n$ 和对应的量值 $v_1,v_2,\cdots,v_n$ 时，称 $R=(N,C,V)$ 为 n 维物元。并且物元中事物为方案，特征为信息熵，则就称为复合物元，记为 $R_{\sim H}$。若复合物元中有 m 个方案，则为 m 个方案的复合物元，记为 $R_{\sim mH}$。

8.2.4.2 高速铁路自然灾害预警的预测模型

设有 m 条高速运营铁路，记为 $R_1,R_2,\cdots,R_m$，以高速铁路自然灾害预警的预测指标（以图 8.10 中个 6 个评估指标作为预测指标）作为特征，其相应预测值作为量值来构建高速铁路自然灾害预警的复合物元。则 m 条高速铁路自然灾害预警的复合物元

$$HR_{\sim 高铁} = \begin{bmatrix} & R_1 & R_2 & \cdots & R_m \\ C_1 & x_{11} & x_{21} & \cdots & x_{m1} \\ C_2 & x_{12} & x_{22} & \cdots & x_{m2} \\ \vdots & \vdots & \vdots & \vdots & \vdots \\ C_6 & x_{1,6} & x_{2,6} & \cdots & x_{m,6} \end{bmatrix} \qquad (8.11)$$

式中　R_i——第 i 条高速运营铁路；

　　　C_j——高速铁路自然灾害预警的第 j 项预测指标，与其相应的量值用 x_{ij} 表示。

基于复合物元的高速铁路自然灾害预警模型，计算步骤如下：

1．高速铁路自然灾害预警中复合物元量值的标准化处理

由于高速铁路自然灾害预警中各预测指标的含义不同，式（8.11）中预测指标值的计算方法也不同，造成高速铁路自然灾害预警中，各个预测指标的量纲各异。因此，为了使高速铁路自然灾害预警中，各预测指标有可公度性，必须对其量值进行标准化处理。令

$$J^+ = \{效益型预测指标\}, \quad J^- = \{成本型预测指标\}$$

则

$$\mu_{ij} = (x_{ij} - \min_{1 \leq i \leq n} x_{ij})/(\max_{1 \leq i \leq n} x_{ij} - \min_{1 \leq i \leq n} x_{ij}), (i=1,2,\ldots,n; j \in J^+)$$

$$\mu_{ij} = (\max_{1 \leqslant i \leqslant n} x_{ij} - x_{ij}) / (\max_{1 \leqslant i \leqslant n} x_{ij} - \min_{1 \leqslant i \leqslant n} x_{ij}), (i=1,2,\ldots,n; j \in J^-)$$

标准化处理后 m 条高速运营铁路的复合物元

$$\underset{\sim 高铁}{HR} = \begin{bmatrix} & R_1 & R_2 & \cdots & R_m \\ C_1 & \mu_{11} & \mu_{21} & \cdots & \mu_{m1} \\ C_2 & \mu_{12} & \mu_{22} & \cdots & \mu_{m2} \\ \vdots & \vdots & \vdots & \vdots & \vdots \\ C_6 & \mu_{1,6} & \mu_{2,6} & \cdots & \mu_{m,6} \end{bmatrix} \quad (8.12)$$

2．高速铁路自然灾害预警中预测指标的权重系数确定

由于高速铁路系统的复杂性和自然灾害的不确定性，往往不能明确给出高速铁路自然灾害预警中各预测指标的权重信息。为了增大决策过程的客观性，采用关联熵法来确定高速铁路自然灾害预警中，各预测指标的权重系数。具体如下

当 $y_j = \max\limits_{1 \leqslant i \leqslant m} \mu_{ij}, j=1,2,\cdots,6; i=1,2,\cdots,m$ 时，有参考数列 $Y=\{y_1, y_2, \cdots, y_6\}$。则复合物元 $\underset{\sim 高铁}{HR}$ 的第 j 项高速铁路自然灾害预警中预测指标 C_j 的关联系数

$$\zeta_{ij} = \frac{\min\limits_{i}\min\limits_{j}|\mu_{ij}-y_j| + 0.5\max\limits_{i}\max\limits_{j}|\mu_{ij}-y_j|}{|\mu_{ij}-y_j| + 0.5\max\limits_{i}\max\limits_{j}|\mu_{ij}-y_j|}$$

所以，由信息论可知，高速铁路自然灾害预警中第 j 项预测指标 C_j 的熵

$$F_j = -(\ln 6)^{-1} \sum_{i=1}^{m} \frac{\zeta_{ij}}{\sum_{i=1}^{m}\zeta_{ij}} \ln \frac{\zeta_{ij}}{\sum_{i=1}^{m}\zeta_{ij}} \quad (8.13)$$

由于 $F_j \in [0,1]$，令偏差度 $k_j = 1 - F_j$，则高速铁路自然灾害预警中第 j 项预测指标 C_j 的权重系数

$$w_j = \frac{k_j}{\sum\limits_{j=1}^{n} k_j} \quad (8.14)$$

由于高速铁路自然灾害预警中第 j 项预测指标 C_j 的权重系数为 w_j，

构造高速铁路自然灾害预警中预测指标权重的复合物元

$$HR_{wj} = \begin{bmatrix} & C_1 & C_2 & \cdots & C_6 \\ w_j & w_1 & w_2 & \cdots & w_6 \end{bmatrix} \quad (8.15)$$

3. 确定高速铁路自然灾害预警的复合关联熵物元

在高速铁路安全运营中，由式（8.14）、式（8.15）可构成 m 条高速铁路自然灾害预警的复合物元 $HR_{\sim 高铁}$，即

$$HR_{\sim 高铁} = \begin{bmatrix} & R_1 & R_2 & \cdots & R_i & \cdots & R_m \\ H_i & H_1 & H_2 & \cdots & H_i & \cdots & H_m \end{bmatrix}$$

$$= \begin{bmatrix} & R_1 & \cdots & R_i & \cdots & R_m \\ H_i & -\sum_{j=1}^{6} P(w_j\mu_{1j})\ln P(w_j\mu_{1j}) & \cdots & -\sum_{j=1}^{6} P(w_j\mu_{ij})\ln P(w_j\mu_{ij}) & \cdots & -\sum_{j=1}^{6} P(w_j\mu_{mj})\ln P(w_j\mu_{mj}) \end{bmatrix}$$

式中，$P(w_j\mu_{ij}) = w_j\mu_{ij} \cdot \left[\sum_{j=1}^{6} w_j\mu_{ij}\right]^{-1}, (i=1,2,\cdots,m; j=1,2,\cdots,6)$。

4. 确定高速铁路自然灾害预警的预测值

依据高速铁路自然灾害预警的复合物元模型，就可以得到第 i 条高速铁路自然灾害预警的综合预测值 $H_i(i=1,2,\cdots,m)$。

高速铁路自然灾害预警的函数关系表示为

$$H_i = \max_{1 \leqslant i \leqslant m} \{H_i\} \quad (8.16)$$

依据物元分析理论知：在高速铁路安全运营中，高速铁路自然灾害预警的综合预测值 H_i 值越大，表示该高速铁路在自然灾害下安全运营态势越好；高速铁路自然灾害预警的综合预测值 H_i 值越小，表示该高速铁路在自然灾害下安全运营态势越差，越容易发生危险，要进行预警和预防。

8.3 高速铁路安全运营的自然灾害综合预警机理

在高速铁路安全运营中，虽然大风、暴雨、大雪、地震、地质、雷电等自然灾害的发生概率较小，但其危害性很大。在对国外高速铁路防

灾安全预警系统现状分析的基础上，我们研究了高速铁路灾害监测技术及发展趋势，特别是研究了大风、暴雨、大雪、地震、地质、雷电等灾害对高速列车安全运行态势的危害性。为了防止或减轻自然灾害和突发事件对高速铁路行车安全的危害，结合我国高速铁路的实际情况，我们提出了自然灾害下高速铁路的预警系统总体结构，实现大风、暴雨、大雪、地震、地质、雷电等灾害实时监测信息分布式获取、集中管理、紧急处置、综合分析与运用，及时掌握自然灾害发生动态，保证高速铁路安全运营。

8.3.1 自然灾害预警的综合功能

自然灾害下高速铁路的预警系统保证高速铁路行车安全，对危及列车运行安全的自然灾害（风、雨、雪、地震、地质、雷电等）突发事件等进行实时监测，采集、汇总各类监测设备的监测信息，实现高速铁路监测信息的分布获取、集中管理、综合运用，全面掌握自然灾害动态，提供及时准确的灾害报警和预警功能。依据灾害严重程度立即采取相应的紧急处置措施，防止或减轻因自然灾害引发的损失，避免次生灾害，并为调整高速铁路运行计划，下达行车管制、抢险救援、维修等工作提供数据基础依据，是高速铁路运输系统中不可缺少的重要技术保障。

高速铁路自然灾害预警系统的主要功能包括：高速铁路全路监测网布局、报警阈值设定、紧急处置措施、监测设备选型、运用情况和应急预案管理等，并提供相关基础数据、监测数据等共享和交换，掌握自然灾害监测报警和设备运用状态，对各高速铁路线路防灾安全预警系统的运行情况进行监督和指导，通过对高速铁路全路灾害监测数据分析，为高速铁路防灾安全预警系统建设提供决策支持服务。

8.3.2 自然灾害预警系统的架构

高速铁路自然灾害的预警系统由沿线现场监测点（风、雨、雪、地震、地质、雷电灾害监测设备）、预警单元、预警中心和相关系统接口等4部分构成，提供高速铁路自然灾害及突发事件的实时监测、报警和预警功能，实现自然灾害报警紧急处置，最大限度地减少因灾害导致的损失，防止次生灾害发生。

（1）高速铁路的实时预警子系统。实时预警风、雨、雪、地震、地质、雷电等自然灾害，提供报警和预警功能，记录处理结果。

（2）高速铁路的统计分析子系统。通过对监测到的高速铁路自然灾害数据、报警信息及设备状态数据进行统计分析，生成有效信息。

（3）高速铁路的设备管理子系统。建立高速铁路自然灾害预警系统风向风速仪、雨量计、雪量计、强震仪、感震柜、双电缆传感器、预警单元、服务器、交换机等设备台账，掌握设备运行状态，组织维修和保养。

（4）高速铁路的紧急处置子系统。提供风、雨、雪、地震、地质、雷电等自然灾害报警阈值和报警级别，并制定各种高速铁路报警级别所采取的相应紧急处置措施。

（5）高速铁路的系统管理与维护子系统。提供高速铁路自然灾害预警系统运行的支撑，包括检测数据接收与校验、与其他系统信息交换、系统参数配置和安全管理、系统运行状态预警、数据转储与备份等。

在高速铁路安全运营中，高速铁路自然灾害的预警系统是铁路信息化的一个新领域，与高速列车运行安全密切相关，具有实时性强、可靠性高、涉及面广、专业性强、优化周期长等特点。因此，高速铁路自然灾害预警系统的建立符合我国高速铁路发展的要求，对保障我国高速列车运行安全具有重大的社会和经济意义。

8.4 高速铁路安全运营的自然灾害预警系统

高速铁路自然灾害的预警系统是保证高速列车安全、高速运行的重要基础装备之一，该系统架构于通信传输系统之上，通过对风、雨、雷电、温度、地质、地震灾害等现场监测设备采集到的危及铁路运输安全的数据进行监测，提供经处理后的灾害预警信息、限速信息或停运信息，为调度中心决策提供依据，保证列车安全正点、高效运行。高速铁路自然灾害的预警系统主要由现场监测设备、预警单元、预警数据处理设备、调度所设备等设备构成。

8.4.1 自然灾害预警的子系统

高速铁路自然灾害预警系统现场监测设备,主要用来采集风速风向、雨量、温度、地质、雷电、地震等数据。因此,其对应的系统分别为高速铁路自然灾害的风预警系统、雨量预警系统、温度预警系统、地震预警系统、地质预警系统、雷电预警系统等6个子系统。

1. 高速铁路自然灾害预警的风监测系统

高速铁路自然灾害预警的风监测系统的主要构成设备为超声波式风向风速仪,用于采集所处地风速风向数据。该设备设于线路的迎风侧,采用抱箍安装于接触网杆上距离轨面(4±0.1)m高处,其抗电力牵引电磁干扰能力强,具有防水、防尘等功能,能适用复杂、恶劣的环境。高速铁路在线路上最大瞬时风速30年均值不小于15 m/s的地区设置风向风速仪,见表8.1。

表 8.1 风监预警系统中的风速规定

等级	风速 /(m/s)		限速 /(km/h)	
	风速区间	预警阈值	速度区间	预警阈值
一级	风速<15		300<速度<350	350
二级	15<风速<20	15	250<速度<300	300
三级	20<风速<23	20	200<速度<250	250
四级	23<风速<26	23	150<速度<200	200
五级	26<风速<27	26	100<速度<150	150
六级	27<风速<30	27	50<速度<100	100
七级	30<风速	30	停运	50

由于大风对高速列车的影响需要通过调度人工采取措施控制列车的运行,因此需要风监测系统具备预报能力。

2. 高速铁路自然灾害预警的雨量监测系统

高速铁路自然灾害预警的雨量监测系统的主要构成设备为雨量计,用于采集所处地雨量数据,见表8.2。

表 8.2 雨监预警系统中的风速规定

等级	雨量的阈值/(mm)		限速/(km/h)	
	名称	预警阈值	速度区间	预警阈值
一级	时降雨量	25	300<速度<350	350
	日降雨量	90		
	连续降雨量	110		
二级	时降雨量	30	250<速度<300	300
	日降雨量	100		
	连续降雨量	120		
三级	时降雨量	35	200<速度<250	250
	日降雨量	110		
	连续降雨量	130		
四级	时降雨量	40	150<速度<200	200
	日降雨量	120		
	连续降雨量	140		
五级	时降雨量	45	100<速度<150	160
	日降雨量	135		
	连续降雨量	160		
六级	时降雨量	55	50<速度<100	100
	日降雨量	182		
	连续降雨量	180		
七级	时降雨量	60	停运	50
	日降雨量	200		
	连续降雨量	200		

3. 高速铁路自然灾害预警的地震预警系统

高速铁路自然灾害预警的地震预警系统的主要构成设备为强震仪。

该设备能及时准确地预警地震波,当线路遇到烈度大于 6 度的地震(地震动加速度>0.04g,相当于 5 级地震)来袭时,地震预警系统能自动发出报警信息,通过高速列控系统控制地震区域的高速列车减速或停止运行,见表 8.3。

表 8.3 地震预警系统中的震级规定

等级	地震动加速度/g		限速 /(km/h)	
	震级区间	预警阈值	速度区间	预警阈值
一级	加速度<15		300<速度<350	350
二级	15<加速度<20	15	250<速度<300	300
三级	20<加速度<23	20	200<速度<250	250
四级	23<加速度<26	23	150<速度<200	200
五级	26<加速度<27	26	100<速度<150	150
六级	27<加速度<30	27	50<速度<100	100
七级	30<加速度	30	停运	50

高速铁路自然灾害的预警系统检测到地震动强度达到地震报警阈值时,向高速铁路调度中心发出报警信息,并立即使变电所主断路器跳闸,接触网停止供电,迫使高速列车停车。同时,地震监测系统继续监测后续的地震动加速度,以向高速铁路调度中心提供停车后恢复运营的列车运行管制依据。

4. 高速铁路自然灾害预警的温度预警系统

高速铁路自然灾害预警的温度预警系统主要包括高温预警系统和低温预警系统。高速铁路自然灾害的高温预警系统主要预警沙漠等高热地区(如我国新疆沙漠地区,夏天温度达到 60 ℃)的温度,保证高速铁路的安全运营,见表 8.4;高速铁路自然灾害的低温预警系统主要预警严寒等低温地区(如我国东北地区,冬天零下 50 ℃)的温度,保证高速铁路的安全运营,见表 8.5。

表 8.4 温度预警系统中的高温规定

等级	温度/°C		限速/（km/h）	
	温度区间	预警阈值	速度区间	预警阈值
一级	温度<15		300<速度<350	350
二级	15<温度<25	15	250<速度<300	300
三级	25<温度<30	25	200<速度<250	250
四级	30<温度<35	30	150<速度<200	200
五级	35<温度<40	35	100<速度<150	150
六级	40<温度<45	40	50<速度<100	100
七级	45<温度	45	停运	50

表 8.5 温度预警系统中的低温规定

等级	温度/°C		限速/（km/h）	
	温度区间	预警阈值	速度区间	预警阈值
一级	5<温度<15		300<速度<350	350
二级	0<温度<5	5	250<速度<300	300
三级	-10<温度<0	0	200<速度<250	250
四级	-20<温度<-10	-10	150<速度<200	200
五级	-30<温度<-20	-20	100<速度<150	150
六级	-40<温度<-30	-30	50<速度<100	100
七级	温度<-40	-40	停运	50

5．高速铁路自然灾害预警的雷电预警系统

高速铁路自然灾害预警的雷电预警系统就是利用闪电定位、雷达、卫星、地面电场和探空等观测资料，通过多资料融合应用、统计分析、临近外推及数值预报等技术手段对有可能发生或已经发生闪电的区域进行识别、跟踪和预报预警，见表 8.6。

表 8.6 雷电预警系统中的雷级规定

等级	年平均雷电日/天		限速/(km/h)	
	雷级区间	预警阈值	速度区间	预警阈值
一级	雷电日<10		300<速度<350	350
二级	10<雷电日<20	10	250<速度<300	300
三级	20<雷电日<30	20	200<速度<250	250
四级	30<雷电日<40	30	150<速度<200	200
五级	40<雷电日<50	40	100<速度<150	150
六级	50<雷电日<60	50	50<速度<100	100
七级	60<雷电日	60	停运	50

6．高速铁路自然灾害预警的地质预警系统

高速铁路自然灾害预警的地质预警系统就是通过直接观察和仪器测量，记录地质灾害发生前各种前兆现象的变化过程和地质灾害发生后的活动过程，见表 8.7。

表 8.7 地质预警系统中的泥位规定

等级	泥位		限速/(km/h)	
	泥位区间	预警阈值	速度区间	预警阈值
一级	$0<H<$正常洪水位		300<速度<350	350
二级	正常洪水位$<H<0.8h$	正常洪水位	250<速度<300	300
三级	$0.8h \leqslant H<0.9h$	$0.8h$	200<速度<250	250
四级	$0.9h \leqslant H<1.1h$	$0.9h$	150<速度<200	200
五级	$1.1h \leqslant H<1.3h$	$1.1h$	100<速度<150	150
六级	$1.3h \leqslant H<1.5h$	$1.3h$	50<速度<100	100
七级	$H \geqslant 1.5h$	$1.5h$	停运	50

注：h 为桥涵，沟道的安全过流泥位。

8.4.2 自然灾害的综合预警系统

高速铁路自然灾害预警的综合系统构建，对于减少自然灾害对高速铁路安全运营的影响起到积极的作用。特别是随着技术的进步，高速铁路安全态势预警的综合系统预警内容也将日趋丰富，预警内容更全面，可更好地应对自然灾害对高速铁路安全运营的威胁。

高速铁路自然灾害预警综合系统主要包括：大风预警系统、雨量预警系统、雪深预警系统、地震预警系统、雷电预警系统和地质预警系统等子系统。高速铁路自然灾害预警的综合系统也是保障高速铁路列车运行安全的重要技术手段。高速铁路安全态势预警的综合系统主要功能包括实时监测功能、报警限速提示功能、紧急处置功能和查询统计功能等，实现各灾害监测系统的数据交换、互联互通、与相邻部门灾害监测报警信息及路内外相关系统数据共享的功能，如图 8.11 所示。

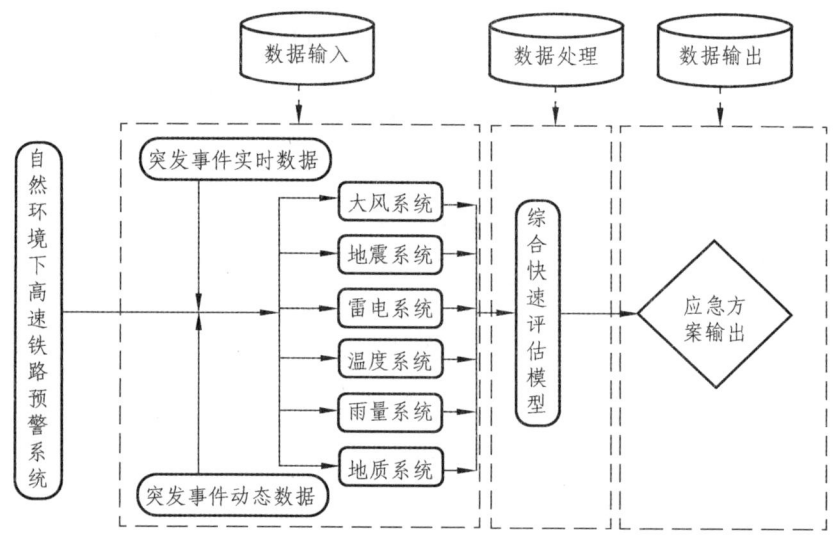

图 8.11 高速铁路自然灾害预警的快速评估流程

1．高速铁路自然灾害预警的系统架构

基于两级架构的灾害预警系统由交通运输部铁路局中心系统和现场监测设备组成。现场监测设备由现场采集设备和预警单元构成。交通运输部铁路局中心系统由数据处理中心、前端应用两级结构组成，汇总处理风、雨、雪、雷电、地质及地震监测、报警信息,并与防洪管理系统、综合视频预警系统、其他系统及省气象局进行信息交换和共享。如监测点发生大雨、大雪、异物侵限报警时,交通运输部铁路局级中心系统将报警信息发送至综合视频预警系统。

2.高速铁路自然灾害预警的信息流程

高速铁路自然灾害预警的综合系统(包括预警单元、预警处理设备、相邻铁路局)和路外系统的报警数据、监测数据流入数据处理中心;经过前置机解析后,监测数据和报警数据流入数据库服务器,报警数据同时流入应用服务器进行报警处置。经过报警处置的报警数据与数据库中的监测数据最终流入各用户终端,其中经过报警处置的报警信息再经封装流入各路内相关系统。

8.5 小 结

高速铁路设置自然灾害预警系统的目的,是提高高速列车运行的安全性。所以,高速铁路自然灾害预警系统必须有很高的可靠性。但高速铁路自然灾害预警系统的可靠性设计不仅体现在系统硬件的冗余配置上,还与报警阈值的设定有很大关系。本章提供的预警阈值是建议值,高速铁路报警阈值需要结合高速铁路运行实际情况,每隔一定时间做出动态调整,这样才能达到系统预警的目的。

在高速铁路安全运营中,高速铁路自然灾害综合预警系统可实现数据共享、互联互通等功能。高速铁路自然灾害综合预警系统在运行初期误报率可能较高,这就需要我们对自然灾害下高速铁路的预警系统运用有一个正确的认识,不要认为有了误报就停止使用,毕竟有了该系统可减轻遇灾后的损失程度。因此,高速铁路自然灾害综合预警系统,在提高预警系统的可靠性和稳定性的基础上,能够更有效地保障高速铁路列车的安全运行。

参考文献

[1] 王卫东. 基于 WebGIS 的区域公路地质灾害管理与空间决策支持系统[M]. 北京：科学出版社，2014.

[2] 王彤. 高速铁路防灾安全预警系统研究与开发[J]. 中国铁路，2009，47（8）：25-28.

[3] 王爽，陈光武. 铁路防灾安全预警系统分布式实时监测单元的设计与实现[J]. 兰州交通大学学报，2013，32（6）：56-59.

[4] 刘丽霞. 高速铁路防灾气象监测系统设计[J]. 计算机测量与控制，2010，18（9）：1979-1981.

[5] 白鑫，李晓宇，戴贤春. 高速铁路防灾安全预警系统架构研究[J]. 中国铁路，2012，（12）：27-31.

[6] 张卫军. 防灾安全预警系统在高速铁路中的应用[J]. 铁道通信信号，2010，46（6）：80-81.

[7] 李乾社. 铁路防灾安全预警系统建设的探讨[J]. 高速铁路技术，2013，4（6）：24-28.

[8] 王彤，史宏，刘承亮. 高速铁路防灾安全预警系统[J]. 第五届中国智能交通年会暨第六届国际节能与新能源汽车创新发展-论坛优秀论文集（上册）：2009，25-30.

[9] 沈志凌. 高速铁路防灾安全预警系统设计方案[J]. 铁路通信信号工程技术，2009，6（3）：6-10.

[10] 石锐华，李伟. 高速铁路的灾害防护设计[J]. 铁道工程学报，2008，12（6）：6-9.

[11] 吴艳华，何峰林，王富章. 基于灾害风险评估模型的铁路灾害监测预警系统研究[J]. 中国铁道科学，2012，33（1）：121-125.

[12] Ministry of Railway Government of PRC，Asian Development Bank. Railway Emergency Management System Study[R]. Beijing：China

Academy of Railway Sciences,2010.

[13] 胡启洲,张卫华,张晓亮.高速铁路安全运营的测度理论与预警方法[M].北京:科学出版社,2014.

[14] 张洪宇,张源,夏德春.客运专线综合防灾安全预警仿真系统的设计与开发[J].中国铁道科学,2011,32(1):136-140.

[15] 孙汉武,王澜,戴贤春.高速铁路地震紧急自动处置系统的研究[J].中国铁道科学,2007,28(5):121-127.

[16] 张延年,刘丽,刘明.基于地震预警的台阵布局优化[J].沈阳建筑大学学报(自然科学版),2009,25(1):1-5.

[17] 周诗广,郑健.日本高速铁路的地震对策[J].铁道工程学报,2008,12(6):35-43.

[18] 李伟.法国高速铁路防灾安全预警系统考察报告[Z].武汉:铁道第四勘察设计院考察报告,2004.

[19] 阳建鸣,刘春雨.日本上越新干线列车脱轨事故探究[J].中国铁路,2006,44(8):42-45.

[20] Misu Y,etc. Study on the Strong Wind Estimation and Train Operation with Wind Observation and Numerical Analysis[C]//The 20th Symposium on Wind Engineering,2008.

[21] 张晓武.高速铁路地震预警系统研究[J].中国铁路,2012,50(8):51-53.

[22] 李龙安,陈蜀俊,何友娣.高速铁路桥梁地震反应预警系统的研究[J].铁道工程学报,2008,12(6):169-175.

[23] 马强,李山有,于海英,宋晋东.高速铁路地震防灾系统的应急处置范围确定[J].铁道学报,2013,35(6):110-115.

[24] NAKAMURA Y. UrEDAS, urgent Earthquake Detection and Alarm System, Now and Future[C]. 13th world Conference on Earthquake Engineering. Vancouver: International Association for Earthquake Engineering,2004.

[25] 王勇.关于高速铁路信号系统与地震预警系统接口方案的探讨[J].铁路通信信号工程技术,2012,9(3):16-18.

[26] 赵纪东,张志强.地震预警系统的发展、应用及启示[J].地质通报,2009,28(4):456-462.

[27] 孙利,钟红,林皋. 高速铁路地震预警系统现状综述[J]. 世界地震工程,2011,27(3):89-96.

[28] 叶珂. 针对京沪高铁的地震预警系统的研究[D]. 成都:成都理工大学,2012.

[29] 刘林,阎贵平,辛学忠. 京沪高速铁路地震预警系统的方案及关键参数研究[J]. 中国安全科学学报,2002,12(4):75-79.

[30] 王彤,史宏,贺晓玲. 高速铁路地震灾害紧急处置方案的研究[J]. 铁道运输与经济,2009,31(8):81-84.

[31] Arai H., Watanbe I., Motoyama H. Calculation model to evaluate effects of lighting protection measures on railway signaling equipment [C]. 2011 International Symposium on Lightning Protection. Fortaleza, Brazil, 2011:247-250.

[32] 赵紫辉,吴广宁,曹晓斌,等. 基于电气几何模型的接触网避雷线架设高度计算方法[J]. 中国铁道科学,2011,32(6):89-93.

[33] Taniguchi S, Tsuboi T, Okabe S. Improved method of calculating lighting stroke rate to large-sized transmission lines based in electric geometry model [J]. IEEE Transaction on dielectrics and Electrical Insulation, 2010, 17(1):53-62.

[34] 谷山强,冯万兴,赵淳,卢泽军. 高速铁路牵引网雷害风险评估方法[J]. 高电压技术,2015,41(5):1526-1535.

[35] 周利军,高峰,李瑞芳. 高速铁路牵引供电系统雷电防护体系[J]. 高电压技术,2013,39(2):399-406.

[36] Glickenstein H., High-speed trains [J]. IEEE Vehicular Technology Magazine, 2009, 4(4):9-14.

[37] 王顺超,何金良,陈维江. 高速铁路桥面10 kV电缆雷击过电压的仿真分析[J]. 高电压技术,2011,37(3):613-622.

[38] 余海军,陈水明,朱建军,等. 雷电定位系统监测雷电日与人工记录雷电日的比较[J]. 高电压技术,2012,38(10):2742-2929.

[39] Wu G N, Gao G Q, Dong A P. Study on the performance of integrated grounding line in high-speed railway [J]. IEEE Transaction on Power Delivery, 2011, 26(3):1803-1810.

[40] Dong A P, Zhang X Y, Deng M L. Impact of integrated grounding

wire on traction return current in direct power supply system [J]. Journal of Southwest Jiaotong University, 2010, 45（1）: 88-98.

[41] 徐雨晴, 何吉成. 中国铁路雷电灾害时空分布特征[J]. 电气化铁道, 2015, 21（1）: 47-50.

[42] Rodrigues R B, Mendes V M F, Catalao J P S. Lighting data observed with lighting location system in Portugal [J]. IEEE Transactions on Power Delivery, 2010, 25（2）: 870-875.

[43] 赵立进, 袁明仁, 谭进, 等. 高原山地500 kV输电线路雷电屏蔽特性试验研究[J]. 高电压技术, 2011, 37（6）: 1663-1669.

[44] 刘靖, 刘明光, 屈志坚, 等. 接触网雷击跳闸率的新算法[J]. 中国铁道科学, 2010, 31（2）: 73-78.

[45] 阮羚, 谷山强, 赵淳, 等. 鄂西三峡地区220 kV线路差异化防雷技术与策略[J]. 高电压技术, 2012, 38（1）: 157-167.

[46] He Z Y, Zhang J, Li W. Improved fault-location system for railway distribution system using superimposed signal [J]. IEEE Transactions on Power Delivery, 2010, 25（3）: 1899-1911.

[47] Li J B, Hu J, Chen Y H. Minimum distance of lighting protection between insulator string and line surge arrester in parallel [J]. IEEE Transactions on Power Delivery, 2009, 24（2）: 656-663.

[48] 陈小林, 叶礼旭. 宁波轨道交通工程施工网络视频预警系统设计与实现[J]. 铁道标准设计, 2009, 22（12）: 130-133.

[49] 霍宏伟, 张宏科, 张思东. 一种面向铁路轨道监测的无线传感器网络模型研究[J]. 西安电子科技大学学报（自然科学版）, 2007, 34（1）: 35-38.

[50] 王玉泽, 王森荣. 高速铁路无砟轨道监测技术[J]. 铁道标准设计, 2015, 59（8）: 1-9.

[51] 吴绍利, 王鑫, 吴智强, 等. 高速铁路无砟轨道结构病害类型及快速维修方法[J]. 中国铁路, 2013, 51（1）: 42-44.

[52] 陈小平, 赵卫华. 桥梁温度跨度对纵连底座板受力及配筋的影响[J]. 铁道标准设计, 2013, 15（10）: 6-9.

[53] Chakmbarti A, Sabharwal A, Aazhang A. Communication Power Optimization in a Sensor Network with a Path-Constrained Mobile

Observer[J]. ACM Trans on Sensor Networks, 2006, 2(3): 297-324.

[54] 马永刚. 高新技术在铁路视频预警领域的应用[J]. 铁路通信信号工程技术, 2007, 4 (1): 26-29.

[55] 齐峰. 高铁防灾系统在城际铁路的运用实践[J]. 上海铁道科技, 2014, 18 (1): 115-117.

[56] 易兰珍. 铁路远程雨量监测与防洪调度系统的研究[D]. 长沙: 中南大学, 2006.

[57] 张孟彬. 沿海铁路防灾(风、雨)安全预警系统试点工程研究[J]. 铁路通信信号工程技术, 2009, 6 (5): 36-38.

[58] 邓红利. 西南山区铁路雨量监测系统方案探讨[J]. 专网通信, 2013, 7 (5): 100-102.

[59] 汤家法, 姚令侃, 蒋良维等. 成昆铁路(北段)汛期降水的时空统计特征及雨量警戒区段的划分[J]. 中国铁道科学, 2002, 23 (6): 95-99.

[60] 叶边. 高铁防灾系统风雨报警与优化处置研究[J]. 科技创新与应用, 2015, 10 (8): 46-47.

[61] 陈正军. 南昆铁路泥石流的形成及防治措施[J]. 铁道运营技术, 2009, 15 (4): 26-30.

[62] 李倩. 贵州省规划铁路网滑坡危险性评估[J]. 中南大学学报(自然科学版), 2011, 42 (10): 3170-3175.

[63] 李朝安, 王良玮, 廖凯. 山区铁路沿线泥石流灾害预警研究[J]. 岩石力学与工程学报, 2014, 33 (2): 3810-3816.

[64] 唐博. 高速铁路沿线泥石流灾害预警方案[J]. 中国铁路, 2013, 51 (10): 11-16.

[65] 李朝安, 胡卸文, 王良玮. 山区铁路沿线泥石流泥位自动监测预警系统[J]. 自然灾害学报, 2011, 20 (5): 74-81.

[66] 李朝安, 胡卸文, 王良玮. 泥石流源地降雨渗透深度检测仪的研制及应用[J]. 水土保持通报, 2012, 32 (2): 168-171.

[67] 谭深根, 李雪冰, 张继业等. 路堤上运行的高速列车在侧风下的流场结构及气动性能[J]. 铁道车辆, 2008, 46 (8): 4-8.

[68] 于梦阁, 张继业, 张卫华. 平地上高速列车的风致安全特性[J]. 西南交通大学学报, 2011, 46 (6): 989-995.

[69] 任尊松，徐宇工，王璐雷，等. 强侧风对高速列车运行安全性影响研究[J]. 铁道学报，2006，28（6）：46-50.

[70] 李雪冰，杨征，张继业，等. 强风中高速列车空气动力学性能[J]. 交通运输工程学报，2009，9（2）：66-73.

[71] 黄林，廖海黎. 横向风作用下高速铁路车桥系统绕流特性分析[J]. 西南交通大学学报，2005，40（5）：585-590.

[72] 马志福，周晓斌，马韫娟，等. 京沪高速铁路（京徐段）强侧风和横风防护措施及对策研究[R]. 北京：国家发改委宏观院，2010.

[73] 马韫娟，马淑红. 我国高速铁路客运专线桥梁设计风速研究[J]. 铁道技术监督，2009，18（10）：34-37.

[74] 张田，夏禾，郭薇薇. 风屏障导致的风载突变对列车运行安全的影响研究[J]. 振动工程学报，2015，28（1）：122-128.

[75] 庆宽，杜彦良，乔富贵. 日本列车横风和强风对策研究[J]. 铁道学报，2008，30（1）：82-88.

[76] 孙建设. 列车横风倾覆稳定性分析及铁路防风预警自动预警系统设计[J]. 郑州铁路职业技术学院学报，2009，21（1）：5-12.

[77] 钱征宇. 西北地区铁路大风灾害及其防治对策[J]. 中国铁路，2009，47（3）：1-4.